阅

阅读成就思想……

Read to Achieve

The InsurTech Book

the Insurance Technology Handbook for Investors, Entrepreneurs and FinTech Visionaries

InsurTech
保险科技权威指南

[英] 苏珊娜·奇斯蒂（Susanne Chishti）
萨宾·L.B.范德林登（Sabine L.B.VanderLinden）
肖恩·M.米莉（Shân M.Millie）
妮可·安德森（Nicole Anderson） ◎ 编著

卢斌　王鹏　张小敏 ◎ 译

中国人民大学出版社
·北京·

图书在版编目（C I P）数据

InsurTech：保险科技权威指南 / (英) 苏珊娜·奇斯蒂等编著；卢斌，王鹏，张小敏译. -- 北京：中国人民大学出版社，2020.4

书名原文：The InsurTech Book: the Insurance Technology Handbook for Investors, Entrepreneurs and FinTech Visionaries

ISBN 978-7-300-28008-0

Ⅰ. ①I… Ⅱ. ①苏… ②卢… ③王… ④张… Ⅲ. ①科学技术－应用－保险业－指南 Ⅳ. ①F840.3-39

中国版本图书馆CIP数据核字(2020)第054518号

InsurTech：保险科技权威指南

【英】 苏珊娜·奇斯蒂（Susanne Chishti）
萨宾·L.B.范德林登（Sabine L.B. VanderLinden）
肖恩·M.米莉（Shân M.Millie）
妮可·安德森（Nicole Anderson） 编著

卢斌　王鹏　张小敏　译

InsurTech：Baoxian Keji Quanwei Zhinan

出版发行	中国人民大学出版社		
社　址	北京中关村大街31号	**邮政编码**	100080
电　话	010—62511242（总编室）		010—62511770（质管部）
	010—82501766（邮购部）		010—62514148（门市部）
	010—62515195（发行公司）		010—62515275（盗版举报）
网　址	http：//www.crup.com.cn		
经　销	新华书店		
印　刷	北京联兴盛业印刷股份有限公司		
规　格	170mm×230mm　16开本	**版　次**	2020年4月第1版
印　张	21.75　插页2	**印　次**	2020年4月第1次印刷
字　数	304 000	**定　价**	99.00元

The INSURTECH Book

本书赞誉

在保险业内谈论保险科技是一次很好的机遇，但是后续真正跟进或付诸实践的人却寥寥无几。不过，推进保险科技的革新是必要的，因为这一伟大的行业正面临着一场真正的生存危机。我们的传统工作和服务方式对客户来说越来越无关紧要了。从长远来看，能够生存下来的保险公司更像是一家零售企业，抢先满足客户的需求，以客户想要的方式与他们进行互动，将创新和技术视为机遇而非威胁。《InsurTech：保险科技权威指南》这本书中列出了许多观点、洞见和优先事项，我们需要把这些讨论从纸面落实到日常对话和思考中去。

阿曼达·布兰克（Amanda Blanc）

安盛集团首席执行官

保险科技正在彻底改变着保险行业。理解保险数字革命背后的理念、趋势和驱动力，比以往任何时候都更重要。《InsurTech：保险科技权威指南》这本书在帮助我们建立知识基础和扩展可能性意识方面发挥着巨大的作用。未来已经以某种形式呈现在我们面前，这本书将帮助我们建立对瞬息万变的保险世界的理解。

休·埃文斯（Hew Evans）

英国保险协会总干事

这个营业额和利润率都面临着巨大压力的行业，还有一群虎视眈眈的资本新参与者，它们时刻准备着抓住新机遇进入这个行业。传统保险行业的参与者更像油轮，而非游艇。保险对参与者来说是一个“不成功便成仁”的行业，但是成功不可能只停留在表面，一艘油轮不可能仅仅通过在烟囱上挂一张帆，就能变成一艘游艇。这个行业必须寻求、接受和吸收变化。竞争优势可以通过融合那些意想不到的数据源来实现，这些数据可以被集中处理，为保险商提供其梦寐以求的丰富知识。预测分析可以推动预测风险控制，进而促进预测承保。譬如，在火灾开始前致电消防队，使保险公司能够以前所未有的姿态主动管理风险。《InsurTech：保险科技权威指南》这本书将会给你带来挑战，让你思考保险业的未来发展。

朱莉娅·格雷厄姆（Julia Graham）

FBCI、FCII 特许保险风险经理

保险终于醒了！互联网已经诞生 20 年了。虽然全球经济运行都离不开保险业，但是保险行业的技术从 20 世纪开始就一直没有改变过。不过，保险科技正在改变这一点。保险公司将重点从传统业务转移到了新技术和创新方式上，以数字方式与客户及其生态系统进行互动。《InsurTech：保险科技权威指南》是第一本涵盖全球保险业各个方面快速发展的权威性著作。对于那些对保险科技感兴趣的人来说，这本书都是必读的。

里克·哈克斯特普（Rick Huckstep）

数字保险公司董事长

《InsurTech：保险科技权威指南》这本书是人们期待已久的、将保险与科技全面结合起来的一本书，具有标杆作用。本书向全球所有现有和准专业人士宣告了一个令人信服的事实：这个时代就是保险科技的时代。这是一本值得专业人士认真阅读的书。

纳米尔·卡恩（Nameer Khan）

数字策略师

来自科技和保险行业的企业家们带来的思想财富、创造力和新的工作方式都会实实在在地启发人的灵感。在过去几年里，我见证了这种合作关系是如何改变这个行业的。这是一段激动人心的旅程，尽管它才刚刚开始。为了继续推进并引领变革，我们必须宣传保险科技专家和保险公司正在做的工作。我们需要讲述它们的故事和想法。仅凭我们的力量，无法详细谈论目前正发生在保险行业的所有事项，这就是为什么我推荐《InsurTech：保险科技权威指南》这本书，书中讲述了让这一切发生的思想。这本书会引起一些人的兴趣，启发一些人，毫无疑问也会吓到更多的人！

保罗・贾丁（Paul Jordine）

信利保险集团首席体验官

《InsurTech：保险科技权威指南》这本神奇的保险科技书汇集了全球保险行业和保险科技领域一些最聪明的人才，他们在分享自己最发人深省的想法和建议。那作者们可以给你带来伟大的新想法，并且积极渗透到你的公司，帮助你的公司到达下一个阶段。我的建议是，接纳变革和新想法，因为保险业即将以一种几年后让人认不出来的方式进行变革。这些伟大的保险科技作者可以指导和激励你度过这些美妙的时刻，他们也确实激励着我对未来进行更深入的思考。

斯皮罗斯・玛格丽斯（Spiros Margris）

风险投资家及顾问

《InsurTech：保险科技权威指南》这本书探讨了保险科技，其内容涵盖了保险科技的定义、现状以及对未来的影响。尽管许多人预言了这场数字革命，但区块链（支持和增强信任，以及充分利用和应用数据的能力）等新的编程路线，以许多人意识不到的方式，改变了金融服务业。保险行业通过创新和持续的数字创新，已经开始了一场彻底的变革，这可能会导致保险业务的快速增长，也可能导致公司的失败。只有那些能够抓住新机遇的人才能重塑自身的使命和商业模式，利用保险科技的创新优势。对于那些在这个行业中领导、管理和工作的人，以及那些想进入这个行业的人来说，除理解这些影响深远的行业变化外，这本书都将是必不可少的读物。

林恩・马丁教授（Lynn Martin）

英国安格利亚鲁斯金大学创业与创新学院创始人

2020年，通过数字平台与运营商互动的保险客户比例将翻一番，达到80%。显然，保险公司必须采用数字化来扩展能力，并解决这种未来不可避免的问题。我强烈建议你读《InsurTech：保险科技权威指南》这本书，为未来不可避免的数字化转型做好准备。它将让你洞察支持改进定位的战略、流程、组织和技术需求。

威廉·皮埃罗尼（William Pieroni）

国际保险信息化标准协会总裁兼首席执行官

我很高兴与伦敦创业训练营保险技术加速公司合作，展开了一些导师计划和活动。让技术人员和保险专家坐在一起，确实是一件值得的事情。《InsurTech：保险科技权威指南》这本书带你经历了这些项目的旅程，而这些项目目前正在塑造着保险科技领域，我相信你在读这本书的时候，会感受到那种兴奋和创新的灵感。

希恩·斯坦威（Hélène Stanway）

信利保险集团数字领袖

多年来，保险业一直处于停滞状态。保险科技的突飞猛进，正在彻底改变保险公司的运作方式。这种变化背后的基本原理是基于相关的主要驱动力，包括新科技的出现、消费模式的转变、顾客的需要，以及请求实时和按需的做事方式。保险业的发展速度非常快，在不久的将来，保险业必将重塑和转型。《InsurTech：保险科技权威指南》这本书以一种非常聪明的方式引导你了解保险技术的不同方面，并帮助你为应对未来趋势做好准备。

西尔文·塞维纽德（Sylvain Theveniaud）

安联加速器创始人兼总经理

2014年，通过在安盛公司的工作，我意识到一个名为保险科技的新市场正在形成。三年过去了，保险科技领域最具创新性的创意仍处于萌芽阶段，因为保险科技投资仍处于起步阶段，或者在时间和投资趋势方面落后金融科技二至五年。尽管早期存在股权差距，但保险科技公司不断推出非常有趣的产品、平台和主张，以解决保险结构中的基本问题，使保险公司能够携手合作并进入新的市场。对于那些还在疑惑为什么保险科技会发生在现在，并希望掌握影响保险业的一些关键趋势的人，我建议你们读一读《InsurTech：保险科技权威指南》这本书。

明・弗兰（Minh Fran）

地产科技资本管理公司合伙人和联合创始人

保险公司和整个保险价值链已经意识到，数字相关服务和产品能为它们和客户做些什么。然而，这种变革的愿望并没有渗透到保险公司的所有层面，在新产品开发、新伙伴关系、新索赔方法和新数据技术的变革过程中仍然存在着重大阻力。虽然这是可以理解的，但因为没有人希望他们舒适的生活被打乱，所以事实上保险业并没有其他选择。现实的情况是，我们要么适应新的环境，要么面对一个不确定的或导致行业终结的未来。《InsurTech：保险科技权威指南》这本书从不同的角度概述了这些变化的本质。它为那些在必要变革中发挥核心推动作用的人提供了广泛的入门知识，同时也为他们继续这项工作提供了战斗口号。保险是幸运的，因为它有资金和能力，它所缺乏的只是时间。这本书提醒我们要“跟上时代的步伐”。

罗布・维尔兹奇（Rob Wirszycz）

探索者集团执行主席、董事长

保险科技正在崛起，将不可逆转地改变保险业，并迫使现有的保险公司进行调整。要适应这种变化，我们首先需要了解和理解这个生态系统。这就是为什么需要阅读《InsurTech：保险科技权威指南》这本书。行业生态环境很重要，合作是关键，这也是保险的未来。你可以从这本书了解到，保险科技初创公司是现有商业模式变革的推动者。对我来说，现任者的互操作性是关键，既是技术堆栈的互操作性，也是我们行业人才的互操作性。

齐亚・扎曼（Zia Zaman）

大都会亚洲首席创新官

The INSURTECH Book

清华五道口互联网金融丛书序

廖理教授

清华大学五道口金融学院常务副院长

从 20 世纪末开始，以互联网为代表的信息技术呈现快速发展的势头，也给人们的生产和生活方式带来了巨大的改变。在金融领域，互联网技术和金融业务的结合产生了我们称之为“互联网金融”的产品和业务模式。从目前的发展来看，“互联网金融”大致可以划分如下四类：传统金融业务的互联网化、基于互联网平台开展金融业务、全新的互联网金融模式，以及金融支持的互联网化。

第一类：传统金融业务的互联网化。这一模式包括互联网银行，也叫直营银行（Direct Banking）；互联网券商，也叫在线折扣券商（Online Discount Brokerage）；互联网保险。直营银行的主要特点是没有物理营业网点，依靠互联网、电话和 ATM 机等手段提供服务。直营银行发源于欧美，是利率市场化和互联网技术发展的直接结果，目前在美国最为发达。如果从独立法人资格、基本没有营业网点以及在美国联邦存款保险公司投保的标准来看，美国总共有 16 家直营银行。虽然直营银行发展迅速，但是美国的直营银行无论是存款总额还是资产总额在美国银行业的占比均不到 5%，总体上还没有对传统银行业造成很大的影响。但是经过 20 多年的摸索，应该说直营银行开始显现出清晰的商业模式和迅猛的发展势头。以在纳斯达克上市的直营银行 BOFI 为例。BOFI 于 2005 年上市，股价在 2010 年前几乎没有太大变化。而从 2010 年至今，在业绩的带动下，其股价翻了八倍，已拥有 100 多家机构投资者，这也从另一方面说明直营银行的商业模式开始得到认可。

在线折扣券商的发展也是以美国为代表，是在20世纪70年代美国证券交易佣金自由化与互联网技术发展相结合的背景下产生的。在线折扣券商以极低的佣金吸引客户，并在此基础上向客户提供财富管理服务，在混业经营的背景下，美国的不少折扣券商也开展直营银行的业务。例如，嘉信理财集团（Charles Schwab）和E*Trade都有银行牌照并提供直营银行业务，但是嘉信理财集团本身也有实体营业网点，而E*Trade则是相对纯粹的互联网折扣券商。从美国20多家在线折扣券商的情况来看，虽然各自在佣金费率、交易工具、研究支持和客户服务等方面都不相同，但是总体的特点是佣金费率低而且收入呈现多元化趋势，主要体现在佣金收入下降、资产管理收入和直营银行收入上升等。

互联网保险在初期主要是指直营保险（Direct Insurance），即基于互联网销售车险和财险产品的业务模式，在欧美各国均有不同程度的发展。在美国，直营保险的代表为Progressive和后来被Allstate收购的Esurance。从全球各国的发展情况来看，目前比较突出的互联网保险的创新模式有检测驾驶习惯的传感器结合里程数的互联网车险创新，有基于移动端应用健康数据的互联网健康险创新，以及基于社交网络的互联网保险营销创新。总体上看，互联网保险的商业模式似乎仍在探索之中。

目前在我国，这类互联网金融模式的发展主要还体现为网上银行、证券网上交易以及保险产品的网络和电话销售，众安保险作为第一家互联网保险公司以及前海微众银行作为第一家互联网民营银行开始了积极探索。

第二类：基于互联网平台开展金融业务。这里的互联网平台包括但不限于电子商务平台和互联网第三方支付。这类互联网金融模式主要表现为在网络平台上销售金融产品，以及基于平台上的客户信息和大数据面向网上商户开展的小额贷款和面向个人开展的消费金融业务。前者的典型代表包括早期的Paypal货币市场基金和近期发展迅猛的余额宝，也包括众多金融机构在淘宝上开设的网店以及专门销售基金等金融产品的第三方网站和手机应用。后者的典型代表包括阿里小贷和京东白条，以及美国的Kabbage和Zestfinance。需要指出的是，阿里小贷和京东都是基于自己平台的客户开展业务，而Kabbage则是完全基于第三方平台的客户信息和全网络数据对网商进行放贷，Zestfinance 更是利用大数据开展金融业务的典范。该公司采用机器学习的方法和复杂的统计手段对大数据进行分析，专门面向美国不能享受银行服务的人群提供贷款业务。应该说，大数据的发展以及其在信用风险模型上的应用，使银行和非银行的贷款业务进入了一个“技术含量较高”的阶段。难怪著名的问答网站 Quora 上有句著名的评论：“未来的银行只是有银行牌照的技术公司！”

从目前的发展情况来看，上述两类互联网金融模式只是现有金融业务的补充，说颠覆还为时尚早。互联网银行规模尚小，互联网券商仅仅是提高了获客和交易的效率。阿里小贷和 Kabbage 主要面向小微企业，Zestfinance 主要面向传统金融没有覆盖的个人等，做的也都是传统银行不做的业务，还不至于很快动摇传统金融的根基。

第三类：全新的互联网金融模式，主要是指 P2P 网络贷款和众筹融资。在美国，P2P 网络贷款的先锋是分别于 2006 年和 2007 年成立的 Prosper 和 LendingClub。这两个网络贷款平台开启了基于互联网的、个人对个人的金融交易时代。这种去中心化的小额借贷平台一推出就受到了普通民众的广泛欢迎。在跟美国证交会进行了深入的沟通之后，用来作为交易载体的本票最终被认定为证券，因此确定了美国证交会作为 P2P 主要监管机构的地位。这样一来，P2P 平台就必须在证交会注册并必须如同发行股票一样进行严格的信息披露。可以说，注册和信息披露构成了美国 P2P 行业的进入壁垒。这个进入壁垒连同完善的个人信用体系，以及完备的证券、借贷和消费者保护方面的法律，构成了保障 P2P 健康发展的三驾马车。

Prosper 和 LendingClub 目前都发展顺利，其中 LendingClub 的累积交易总额已经超过了 60 亿美元并成功上市。

在美国，既有 LendingClub 和 Prosper 这样的综合型 P2P 平台，也有 Sofi 这样专门服务于高校学生而投资人限定于合格投资者的所谓垂直型的 P2P 平台。当然我们也看到综合型平台也开始在借款端引入中小企业，而在投资端引入越来越多的机构投资者。从我们在 2014 年夏天对美国互联网金融的考察来看，P2P 网络借贷并没有在美国经济生活中引起很大的波澜，很多人包括华尔街的从业人员甚至都没有听说过 LendingClub，这可能是因为美国已经形成了多层次的资本市场和高度发达的金融服务体系。随着 P2P 在欧美地区和其他各国逐渐发展，在我国也已经形成燎原之势，目前已经有接近 2000 家 P2P 平台投入运营，P2P 在我国的迅猛发展，跟我国金融环境一直以来的高度管制以及民间金融的规模巨大是分不开的。与此同时，监管机构也在积极制定法规防范风险的发生和扩大，但是由于国内还没有建成完善的个人征信体系，P2P 平台面向个人借贷的服务会遇到很大的瓶颈，而那些面向特定资产的、对投资者资格也有所限定的细分市场的 P2P 平台倒有可能脱颖而出，成为初期发展阶段的赢家。

众筹融资的英文是 Crowdfunding，是指基于互联网面向公众为产品特别是创意产品进行融资的平台。众筹模式最早出现在美国，代表平台为 Kickstarter 和 Indiegogo。众筹融资的方式包括债权、股权、捐赠和预购。其中，债权融资可以通过 P2P 平台进行，股权融资受限于美国证券法对于公开募集和人数的规定也很少进行。因此，除了有少量的捐赠融资之外，目前众筹融资的主要方式还是产品的预购。目前，全球已经出现了数百个众筹平台，大部分集中在欧美国家。在这些众筹平台中，Kickstarter 一枝独秀，已完成的累积融资额超过 15 亿美元。

众筹模式的相应监管又是怎么样的呢？ 2008 年金融危机之后，美国政府一直在努力寻找走出危机的途径，其中的重点之一就是为中小企业融资提供更加宽松的环境和条件。众筹平台在这样的背景下出现，并很快引起了国会和监管层的关注。在经过了一系列的努力之后，奥巴马政府在 2012 年 4 月颁布了《促进创业企业融资法案》（*Jumpstart Our Business Startups Act*，简称 JOBS 法案）。该法案第三章专为众筹制定，修改了证券法，使得通过互联网面向公众的股权融资成为可能。因此我们可以看出：美国对 P2P 的监管完全采用了现有的法律，而对众筹的监管则是制定了新法。这反映了金融监管的原则性和灵活性，值得我们借鉴。

我国在 2011 年开始出现了第一拨众筹网站，到目前也发展到了几十家，但是总体形势可以说是不温不火，主要是因为股权众筹的运作模式跟我国的证券法也有冲突，更重要的是，初创企业的高风险特征跟我国普通投资者低水平金融普及教育程度、风险认知程度以及较低的风险承受能力从根本上是错配的，因此我国股权型众筹的出路在于建立合格投资者制度和投资者进入门槛。而预售型众筹被大众接受可能也需要一个过程，这跟我国的创意产业不发达、信用体系不完善以及知识产权保护不到位都有关系。一些众筹平台开始推出基于“粉丝经济”的众筹项目，或许是个好的尝试。同时，类似于P2P，那些针对界定清晰的创意产品细分市场的预售型众筹平台有可能率先成长起来。

国内的P2P和众筹平台出现得都不算晚。P2P的代表平台有2007年创办的拍拍贷和之后的人人贷，众筹的代表平台有2011年创办的点名时间和之后的天使汇和众筹网等。但是，由于国内信用体系的不健全以及监管的未及时到位，P2P平台出现了诈骗、破产等风控缺位和运营不善所带来的诸多风险。因此，信用体系的建设和监管的及时到位已经成为我国P2P网络贷款发展的当务之急。不同于P2P，众筹在我国还处于非常早期的发展阶段，众筹平台的发展和监管还在摸索之中。令人欣慰的是，中国证券业协会于2014年12月发布了《私募股权众筹融资管理办法（试行）（征求意见稿）》，在互联网金融监管方面迈出了可喜的一步。但是，不管是P2P还是众筹，在我国要达到成熟运行的阶段都还有很长的路要走。

第四类：金融支持的互联网化。前三类互联网金融模式在本质上都属于金融业务，也都需要被监管。而这类互联网金融模式不属于金融业务，它们起到了为金融业务提供“支持”的功能，包括但不限于以下几项：金融业务和产品的搜索，比如美国的Bankrate和我国的融360；家庭理财服务，比如美国的Mint、Personal capital和我国的挖财网；理财教育服务，比如美国的Learnvest、Daily worth和我国的家财网；金融社交平台，比如美国的eToro、Seekingalpha等。这些网络平台虽然不提供金融服务，但是却能大大提升人们对于金融产品和业务的认知，从而提高金融体系的运营效率，也是互联网金融的重要组成部分。

互联网改变了我们认识世界和变革世界的方式。在改变了传媒、商业等诸多领域之后，互联网也正在深刻地改变着金融业。在变革来临之际，顽固不化和狂妄自大都是不可取的。面向不可预知的未来，我们应该满怀敬畏。在这样一个变革的时期，观察、学习和思考变得非常必要也非常重要，基于这样一个理念，我们策划出版了互联网金融新知丛书和互联网金融案例丛书，这个工作由基于清华大学五道口金融学院建设的清华大学国家金融研究院下属的两家研究机构，亦即互联网金融实验室和阳光互联网金融创新研究中心共同承担。

让我们共同关注与推动互联网金融在中国的发展！

推荐序

君子务本，本立道生

王和，保险学者，《保险的未来》作者

“盲人摸象”的成语出自《大般涅槃经》，讲的是，如果我们只是从一个局部观察对象，就可能执于己见，以偏概全，难以得出真相。但在科技赋能的今天，赋予了“盲人摸象”以全新的内涵、可能与价值，因为如果N个盲人的信息能够有效共享，就可能勾勒出真相，而这个真相，或许要比一个视力正常的人看到的更为立体、全面和真实。

尽管“保险科技”已是一个耳熟能详，甚至有点“如雷贯耳”的概念，但“保险科技”的外延和内涵究竟是什么，仍是一个“见仁见智”的问题。中国人讲究名正言顺，“保险科技”的“名分”问题，不仅让“保险科技”企业家有点“尴尬”，也让研究、监管和发展“保险科技”面临着现实的挑战。于是，本书的编者找来了75位“各路精英”，让他们从不同角度摸“保险科技”这头“大象”，同时，希望将本书作为一个平台，集思广益，通过个体的信息共享与合成，回答“保险科技”是什么。

孔子说：“君子务本，本立道生。”当下，人们看到更多的是“保险科技”在做什么，或者能够做什么。但可以肯定的是，这些都不是“保险科技”的全部，更不是“本”。这个时代的科技给人类社会带来的最大改变是认知科学，而保险的本质属于认知科学，因此，认识和理解“保险科技”的一条重要线索是认知科学，其核心和关键是回答认知，尤其是风险认知将如何被科技改变。因此，回答“保险科技”是什么，要回到保险的“本”，即认知本身。

《奇点临近》的作者有一个观点：面向未来，最大改变不仅是认知能力的提升，更是认知本身。那么，什么是“认知本身”？过去的认知，是“由外而内”，即透过现象看本质。未来的认识，则是“由内而外”，是一种基于基本、本质、逻辑和算法的“根本解”，并迎来“真相时代”。面向未来，在科技赋能的背景下，人们将从一种“看”的境界上升到“是”的彻底，实现从“实然”向“应然”的跨越，正如英国保险协会总干事休·埃文斯指出的“保险科技正在从里到外地彻底改变着我们的行业”。

如果用“由外而内”的视角和思维，人们看到“保险科技”带来的“表象”改变，如数字化、物联网、人工智能、区块链、基因组学等，再如脱媒、比价、垂直、离散、敏捷、一体化、无缝化等，但通过“认知众筹”，则可以赋予“兼听则明”以全新的内涵与可能。沿着保险价值链的路径，透过一个个“点”的感知，“保险科技”的轮廓渐渐清晰，即科技赋能的本质是“三个更加”，即更加透彻的感知、更加全面的互联互通和更加深入的智能化。从根本上看，“三个更加”给保险带来的改变，均是围绕“三大基础领域”，即预测、集合和信用，而这一轮改变的特点具有根本性、革命性和迭代特征，不仅提升了效率，更创造了可能。

如果用“由内而外”的视角和思维，人们看到“保险科技”带来的不仅有“本”的觉悟，更有“道”的升华，即回答什么是保险的“初心”，如何更好地成就“初心”。回到保险的出发，不难发现保险是人类社会文明进程中的一种觉悟，即不让个体陷入可能的无助与无奈，让人性中互助友爱的光芒普照。于是，就有了互助的概念，并进一步演化出了“他助”与“自助”模式，演化出了现代保险制度、市场与公司。从历史的视角看，可能、合理和选择总是基于条件和能力的。在科技赋能的背景下，互助的实现有了全新的可能和更多的选择，因此，科技给了保险重新出发的机会，而这个机会的本质是基于“新可能”的“再存在”；因为社会的风险分散、互助和保险的需求永在，但传统的实现与存在不再，这或许才是“保险科技”的基础逻辑、终极目标和最终皈依。

最后，还是回到“保险科技”是什么。佛家说：所有名相，皆为虚幻。道家说：名可名，非常名，讲的是同一个道理：不执着。人世间，有许多“名”，但这些“名”都是“假借”之用，是达到目的的“舟”。因此，有两点非常重要：一是“舟”只是过河的工具；二是过河后，千万不要再背着“舟”。科技无疑是保险不断进化的工具，是保险到达“彼岸”的“舟”。因此，保险科技最重要的是避免陷入“我执”，要不断地跳出来自我，看看保险，问问初心，真正理解保险的本质是“成人达己”，“保险科技”也一样。于是，就明白“保险科技”是什么，其实没有那么重要；还有，“保险科技”是什么，是需要通过不断的探索与实践去回答和丰富的。正如本书作者之一詹纳特·沙赫·拉詹所感悟的：“最好的保险科技或许不是保险科技。”

The INSURTECH Book

前言

《Fintech：全球金融科技权威指南》是威立公司 2016 年出版的第一本关于金融技术革命的全球众包书籍，并且已经畅销世界。它的销量远超预期，与此同时，该书的平装本、电子书和有声读物等以五种语言在 107 个国家发行。来自 27 个国家的 160 多位作者提交了 189 篇摘要，其中大约 50% 的贡献者被选中，成为这本书的最终写作者。当我们 2017 年在全球推出《Fintech：全球金融科技权威指南》时，我们的作者和读者有很多见面机会，这也加深了我们与全球金融科技业内人士的互动。

2017年，我们决定扩展金融科技图书系列，撰写三本新书，介绍新商业模式和技术创新将如何改变全球资产管理和私人银行业、保险业和监管合规。我们遵循之前的创作方法：即集聚行业内顶尖专家的思想，为你提供最前沿的洞察力，帮助你了解行业中正在发生的变化。《InsurTech：保险科技权威指南》是全球第一本采用这种方法为金融科技新手、领导者和经验丰富的专家提供思考的书。

我们之所以决定去全球金融科技和保险社区寻找该书的贡献者，是因为金融科技在全球范围内应用于保险行业中的技术十分分散。世界上没有任何一位作者、一个团队或某个地区能够以详尽的方式，涵盖保险科技的所有方面和细微差别。更重要的是，在接触真正的全球贡献者时，我们不仅要忠于金融科技和保险科技的精神，还要利用技术沟通渠道来接触、选择和审查有潜在意愿的贡献者，尤其是那些对保险科技发展方向有着截然不同看法的人，以及保险业发展中由于其固有的基础设施而面临的独特挑战的人，进而确保全球每个角落都有机会发表意见。我们希望将那些闻所未闻的声音传播给全球读者，这是创作这本书的重要目的之一。我们非常享受编写《InsurTech：保险科技权威指南》的旅程，并真诚地希望你也能和我们一样享受阅读它的旅程。

在创作本书的过程中，有来自 25 个国家的 250 多位作者提交了 244 篇摘要。之后，我们又咨询了全球金融科技和保险科技社区的从业者，结合他们的建议选择《InsurTech：保险科技权威指南》摘要，进行拓展。

最终，在所有这些贡献者中，我们选择了 75 位作者。他们撰写的文章，众包起来就形成了本书的内容。为深入了解他们的背景和专业知识，我们在所有选定作者中提前进行了问卷调查。数据统计结果显示，超过 70% 的作者拥有研究生学位（见图 P–1）和许多领域的专业知识（见图 P–2），77% 的作者之前发表过文章。

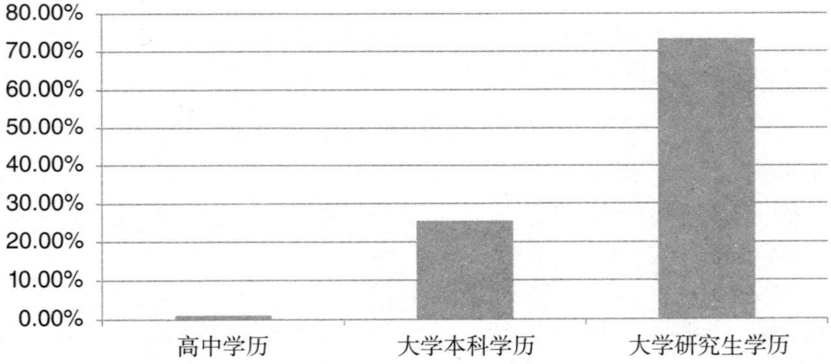

图 P–1　75 位作者的最高学历

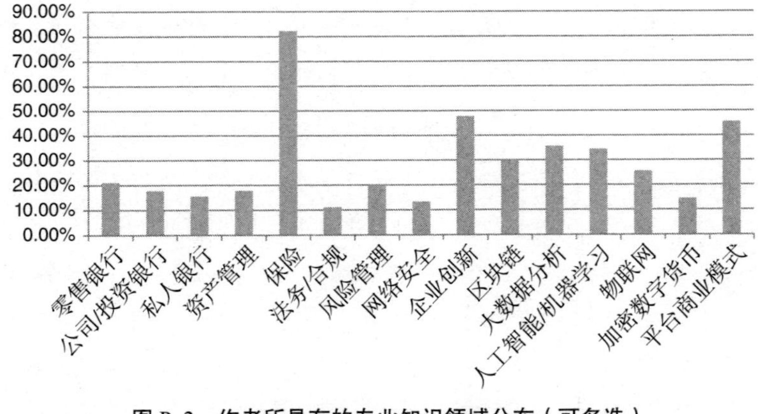

图 P–2　作者所具有的专业知识领域分布（可多选）

图 P–3 和图 P–4 显示，35% 的作者是在保险科技创业公司工作的创业者（其中许多是创始人团队的一员），40% 来自成熟的金融和科技公司，另有四分之一来自咨询公司或法律等服务提供商——为金融服务和保险业提供服务的公司。

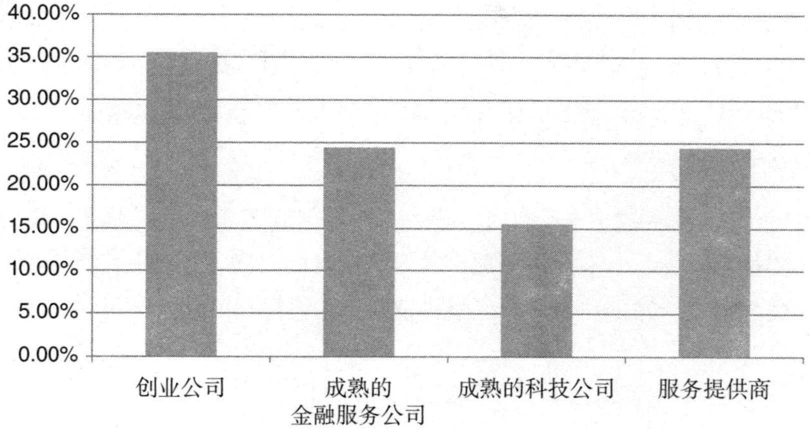

图 P–3　作者们所在公司的类型

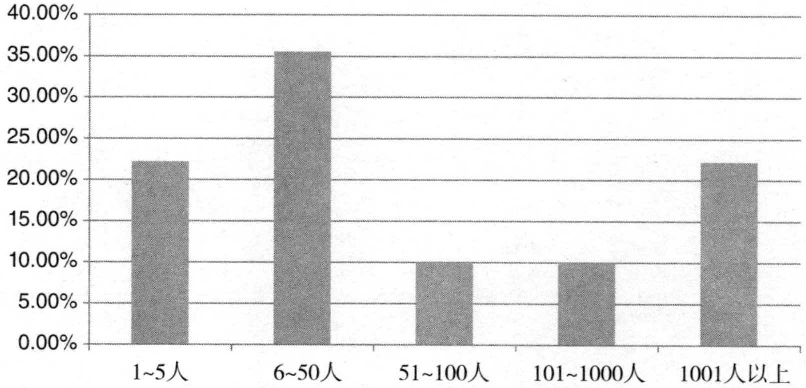

图 P–4　作者们所在公司的规模

20% 多的作者在人数超过五人的创业公司工作，35% 来自企业规模在 50 人以上的创业公司 / 中小型企业，另外 22% 的作者受雇于企业规模在 1000 名员工以上的大型公司。

总而言之，这些作者们不仅个人素质高、专业知识强大，还对保险科技充满热情，我们也为此感到自豪。他们既有小型企业的创业者，也有大型企业中的

“内部创业者”，他们都致力于推动全球金融科技和保险科技的革命。这些了不起的人愿意在本书中与我们所有人分享他们的见解。

因此，如果没有《InsurTech：保险科技权威指南》的所有贡献者（那些提交他们最初摘要供全球金融科技社区审核的人，以及那些你即将在本书中阅读到他们文章的作者）的奉献和努力，这个项目是不可能继续的。此外，我们要感谢威立公司的编辑，是他们的悉心指导和帮助确保了这本书最初的设想，才让这本书得以呈现在你眼前。

最后，我要感谢这本书所有的主编——萨宾·L.B. 范德林登、肖恩·M. 米莉和妮可·安德森。编写一本众包书通常需要几个月的时间。我们很高兴能利用并分享他们强大的专业知识和对全球保险科技未来的愿景！

The INSURTECH Book

编者介绍

苏珊娜·奇斯蒂

苏珊娜·奇斯蒂是 FINTECH Circle 的首席执行官，同时她还是“伦敦金融科技巡礼”（London FINTECH Tours）的创办者，以及 FINTECH Circle Innovate 的主席。她曾被评为“金融科技领域 100 位女性领袖”之一、Fintech UK 最有影响力的 15 位意见领袖之一以及“2015 年欧洲数字金融服务领域最有影响力的 50 人”之一。

苏珊娜是一位经验丰富的资本市场管理者、创业者以及投资人。同时她还是 SWIFT Innotribe、巴克莱 TechStars 加速器、剑桥大学 Judge 商学院以及 Startupbootcamp 金融科技加速器等金融科技活动的导师、评委和教练。她曾供职于德意志银行、劳埃德银行集团、摩根士丹利以及埃森哲咨询公司伦敦和香港分公司。她被《金融城早报》（*City A.M.*）评选为英国金融科技领域最具影响力的人之一。苏珊娜同时也发表了多篇关于金融科技主图的文章，并在多场金融科技会议上发表过主题演讲。现在她致力于经营在线金融科技社群——FINTECH Circle。该社群目前已拥有超过 10 000 名成员，他们不仅包括来自传统金融机构和科技企业的专业人士，而且还有多位思想 / 意见领袖。

萨宾·L.B. 范德林登

萨宾·L.B. 范德林登是伦敦保险科技公司创业训练营的 CEO 兼总经理。该公司是欧洲领先的针对保险科技初创企业的早期的独立加速器，是 Rainmaking 公司的企业创新发展项目，主要关注保险和保险科技领域。她还是 Proposition Circle 的创始人。这个创新咨询平台主要为初创企业和投资者提供指导。成熟的初创公司尤其可以借助这一机制获得更多个性化支持和建议，以促进业务的发展。

在伦敦创业训练营中，范德林登为一大批领先的保险商、投资者和顾问提供专业培训，以便在三个月内的周期内将多个区域、前景良好的初创企业的创新推向市场。在 Rainmaking 的官方网站上，范德林登引导保险领域的企业进行创新，制定支持保险公司、经纪人和其他保险供应商的方案，帮助它们应对核心挑战，并设计创新和执行有效的计划。

范德林登被认为是保险科技领域为数不多的杰出女性之一，名列一系列保险影响者排行榜，是保险技术领域 20 位最有影响者之一。她拥有 20 年企业高管经验和丰富的运营以及增长战略专业知识，这些经验和知识来自她与 IBM、FICO、Pegasystems 和 SSP 等大公司以及数百家知名金融服务机构的合作，她为这些公司制定了独特的增长战略。

她还为这些利益相关者带来了专业的保险科技知识。她是少数几个影响者之一，在 2014 年年末将保险科技确定为成长型市场，并提出将保险科技作为保险和科技领域新投资项目的事实术语。

她的写作主题包括战略执行、保险科技创新、数字化商业模式和体验设计，以挑战当前的市场实践并优化价值创造。 她是一位国际性的会议主旨发言人，是保险科技领域的思想领袖。

她毕业于约翰·卡斯爵士商学院，获得了 MBA 学位，并获得了 IBM 公司颁发的“杰出成就奖”“突破性思维奖”和“执行奖”。她获得了英国特许保险学会的五项保险考试认证。她是新加坡金融管理局金融科技委员会成员，也是 TIA 科技咨询委员会成员。

肖恩·M. 米莉

肖恩·M. 米莉是一名经验丰富的创新和战略沟通专家，专注于增长、服务产品设计和企业故事宣讲。她是一位备受尊敬的、拥有极广人脉的社交网的中间联络人、UK General Insurance 公司的评论员。她为英国保险协会（ABI）创建了技术与创新协会，是伦敦保险科技创业训练营常驻企业家，也是英国保险经纪协会创新集团（BIBA）的创始人。

她拥有成功的媒体和内容事业，为专业领域的受众打造和引导优质的产品、团队和品牌，涉及财富、金融衍生品、资产管理、零售银行等领域，并担任过《保险时报》（Insurance Times）的出版总监。她很早就识别出了保险科技的“浪潮”。在早期保险科技出现的关键时期，她为初创企业提供连接创意和人才的平台，包括设计最早的内容项目之一，以及致力于保险行业创新和颠覆的领先会议。作为一名值得信赖的行业导师，她于 2016 年 5 月成立了 Bright Blue Hare 公司，借助策略沟通，与初创公司、规模不断扩大的公司以及成熟企业建立伙伴关系，在客户和内部参与以及销售方面展开合作。Bright Blue Hare 公司还无偿地与初创公司合作，为种子轮和初创公司提供商业模式和价值主张设计方面的建议。

肖恩满怀激情地帮助个人、团队和公司解决问题，并助力它们讲好企业故事，从而真实地、巧妙地、最大限度地影响客户、同事和公司盈利。

妮可·安德森

妮可·安德森是一名创投建设师和投资家（擅长企业创投、风险投资、家庭办公室和 ICO）。曾多次成为科技创业公司的 CEO 或创始人，是一位创新思维领袖，对密码技术、区块链、数字身份有深入的了解。她对能够挑战现状、为全球范围内的人们提供更具包容性的科技商业模式情有独钟，专注于新兴技术和实体或虚拟新兴市场的创新交集点。

她被评选为 2017 年南非商会的创新者、2016 年英国创新金融协会前 100 名金融科技女性，以及 2015、2016 和 2017 年的金融科技女强人。同时，安德森还活跃于伦敦和欧洲其他地区的初创企业加速器、孵化器和增长平台，担任 Level39、伦敦创业训练营的顾问和导师。

她是 FINTECH Circle Angel Network 的创始成员，它是欧洲金融科技界最大的独立投资者网络。她曾担任微软风险投资伦敦地区的顾问，多次担任 SWIFT

创新部落、欧洲和非洲金融科技奖，以及法国巴黎银行全球黑客松的评委。

作为一名行业思想领袖，安德森频繁在各大论坛和演讲活动亮相，比如伦敦金融科技周、法国 Rencontres Economiques、伦敦非洲科技商业论坛和非洲金融科技年会。

关于 FINTECH Circle

FINTECH Circle（www.fintechcircle.com）是欧洲第一个专注于金融科技投资的天使投资人网站，由苏珊娜·奇斯蒂创立。它是一个全球性的金融科技品牌，旨在为金融科技领域的投资者、创业者、企业家以及其他具有影响力的人物搭建一座沟通与交流的桥梁，其成员可以共享知识和见闻、通过天使投资人网络（Angel Network）获得接触顶尖金融科技投资的机会、内推董事会和非执行董事职位，而且有机会参与金融科技与天使投资教育研讨会。

此外，“伦敦金融科技巡礼”（www.fintechtours.com）为英国之外的金融科技企业家访问伦敦，并借助伦敦的投资人和客户资源发展业务提供了机会。FINTECH Circle Innovate（www.fintechcircleinnovate.com）的成立是为了响应越来越多的银行和大型机构的需求，它们需要弥补企业战略与金融科技可持续创新之间的差距。FINTECH Cirle Innovate 借助全球金融科技行业的帮助为它们提供指导，并为它们寻找合作、孵化、投资和收购的最佳目标。

The INSURTECH Book

目录

01 什么是保险科技

02 保险科技的现状和未来

06 现有价值链的重塑

07 未来可能的商业模式

08 打造科技与用户需求结合的企业文化

01
什么是保险科技

本章所选取的六个部分汇集了多种多样的预测观点，提供了一系列丰富的、信息量巨大的、引人入胜的对话，探讨了保险科技是什么、为谁服务、由谁提供以及为什么要发展等问题。

瓦伦蒂诺·里查迪（Valentino Ricciardi）督促我们要切断保险科技的“噪声”，致力于如何清晰、简单并全面地定义保险科技，使其能积极塑造下一代研究者和参与者的构想。里查迪所阐述的保险科技既包含了科技的早期应用、默认数字化的特征，又聚焦于特定的利基市场，更重要的是，它是客户或企业的价值创造者，或者同时为二者创造价值。

史蒂夫·滕斯托尔（Steve Tunstall）也将保险科技视为促进保险业务和客户保持联系的必要手段。他在对自己深爱的行业衰落的原因进行无情剖析的同时，也向我们提出了这样的问题：保险需要保险科技，那保险科技需要传统的保险吗？滕斯托尔解释了为什么当前 CEO 面临的企业风险仅有 10% 与保险解决方案相关，以及当前的失败如何导致新兴经济系统性的低集中度。对他来说，保险科技可能不是全部答案，但其中最重要的方面一定是由数字化驱动的。

对于亚历克斯·鲁斯迈尔（Alex Ruthmeier）来说，保险行业的数字化转型就是保险科技。他发现四个主要的革命性变化：客户透明、直接的客户联系、极少数规模化、低利润的市场玩家，以及需求驱动型（客户）集中策略。在鲁斯迈

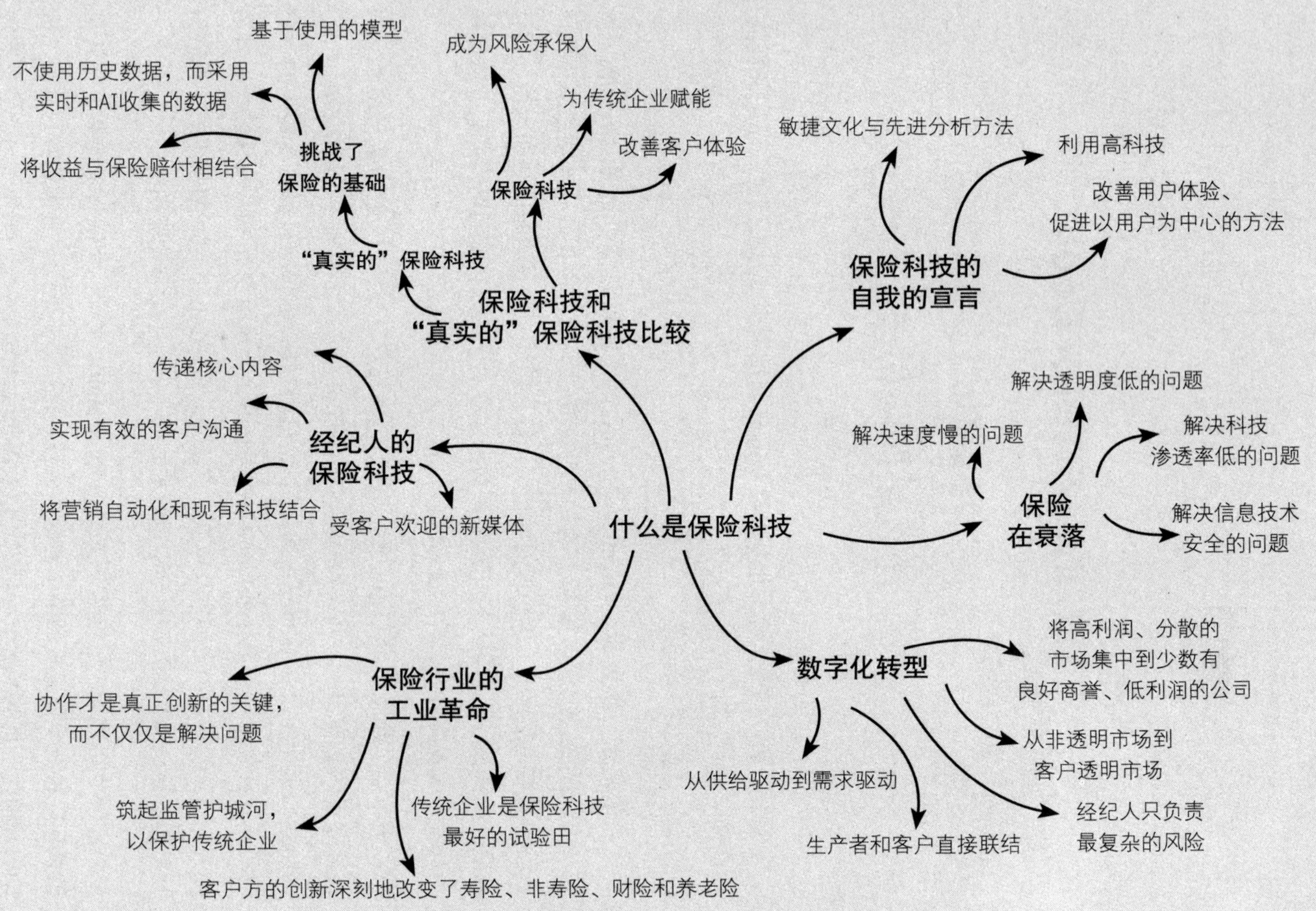
什么是保险科技
保险科技和
“真实的”保险科技比较
保险科技
成为风险承保人
为传统企业赋能
改善客户体验
“真实的”保险科技
挑战了
保险的基础
基于使用的模型
不使用历史数据，而采用
实时和AI收集的数据
将收益与保险赔付相结合
保险科技的
自我的宣言
敏捷文化与先进分析方法
利用高科技
改善用户体验、
促进以用户为中心的方法
保险
在衰落
解决速度慢的问题
解决透明度低的问题
解决科技
渗透率低的问题
解决信息技术
安全的问题
经纪人的
保险科技
传递核心内容
实现有效的客户沟通
将营销自动化和现有科技结合
受客户欢迎的新媒体
数字化转型
将高利润、分散的
市场集中到少数有
良好商誉、低利润的公司
从非透明市场到
客户透明市场
经纪人只负责
最复杂的风险
生产者和客户直接联结
从供给驱动到需求驱动
保险行业的
工业革命
协作才是真正创新的关键，
而不仅仅是解决问题
筑起监管护城河，
以保护传统企业
传统企业是保险科技
最好的试验田
客户方的创新深刻地改变了寿险、非寿险、财险和养老险尔对保险科技的展望中，讲到未来除了专门处理复杂风险的保险经纪人以外，其他人类保险经纪人都会以一种远超想象的速度消失。

迈克尔·詹斯（Michael Jans）也看到了经纪人将面临的巨大挑战，同时他认为保险科技是保险经纪业复兴的巨大机遇。在美国，有超过四万独立的经纪人或代理企业，詹斯预计未来中介机构对经纪合作伙伴的忠诚度将会下降。他将保险科技视为达成经纪人的核心主张的捷径，即让客户内心平和的价值主张，以及使客户内心愉悦的科技和标准。

詹纳特·沙赫·拉詹从保险行业变革中出现一些变化趋势来定义保险科技，例如，客户变化、寿命预期增加、人生阶段的变化所导致的寿险、财险、养老金和非寿险的改变。她认为，“监管护城河”对传统企业的保护理论意味着合作将是未来的秩序，这也是她得出的公理。她说：“传统企业是新保险科技这个命题最好的试验田。”

在本章的最后部分，卡尔·海因茨·帕斯勒（Karl Heinz Passler）让我们看的不仅是全球1200多家保险科技公司，还有一幅关于保险科技和“真实的”保险科技的细分景观图。他发现了两个不同的群组：第一组包括改善客户体验，为传统企业赋能，以及自身变成风险承保人的企业；第二组是那些对保险的潜在假设和基础技术表示质疑的企业。他认为，“真实的”保险科技应该是：那些回避了历史数据而采用实时的、AI收集的数据的技术；那些基于使用的模型；那些把企业收益与保险赔付相结合的方法。这些既有区别又有交叉的定义，都有一个共同的核心，那就是坚信保险科技将直接为保险设计、融资、构建和实现的重塑做出贡献。

保险科技的自我宣言

瓦伦蒂诺·里查迪

麦肯锡公司保险和保险科技咨询师

21世纪10年代的最后几年，保险科技取代了金融科技成为新的金融服务领域。像 Square、Transferwise 和 Stripe 这样的企业也加速了由美国的 PayPal 和中国的移动支付发起的支付方式变革，保险科技业由此而诞生。然而，我认为保险科技目前尚未形成一个清晰的、被广泛认可的定义。

保险科技的定义除包含保险和科技的结合之外，还应该包括原生客户导向的理念，科技为企业价值链的赋能或成为打破传统企业牢固的商业模式的潜力。这个定义应该是开放和包容的，可以容纳现在和未来相关的创新科技。所以，保险创新前沿的所有科技，比如人工智能、面向客户的聊天机器人和在数据驱动的保险领域寻找合适的使用场景的高级分析技术，都需要去适应并找到它们自身在保险科技中的定义和概念。图 1–1 展示了 2015 年 9 月至 2017 年 6 月保险科技的增长是非常显著的。

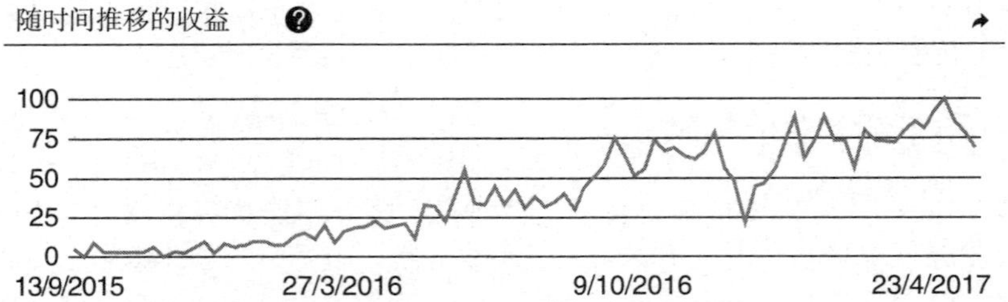

图 1–1　谷歌搜索显示的保险科技四年的利息回报率

来源：谷歌趋势数据（2015 年 9 月至 2017 年 6 月）。

关于保险科技定义的三大谜团：是谁？是什么？怎么做

传统企业、初创企业、风险投资基金和许多其他的利益相关者都是保险科技领域的玩家，对于保险科技，它们都有自己的观点和布局。保险科技没有公认统一的定义这一事实，导致利益相关者可能会基于自身的理解去定义保险科技。这经常导致出现片面的定义，或者不被保险创新领域广泛接受的定义。这些“噪声”无助于清晰地定义保险科技。关于保险科技的定义，应该做到能解答“是谁”“是什么”“怎么做”这三个简单的谜团。

第一个谜团是：谁是保险和保险科技领域内部转型的引擎和主体？保险科技是否可以识别初创企业或保险科技领域中运营的多家企业组成的整个生态系统的特定种类？

通常专家、实践者和博主所说的保险科技，是由许多经营保险科技的企业组成的生态系统。这些企业是新科技的早期使用者，它们专注于数字化，且一直专注于同一领域。相对于传统的保险企业缓慢地评估、接受，保险科技更早吸纳了大数据、机器学习、云计算和互联网这些创新科技。而这些早期接纳者的优势在于采用数字化默认操作方式，而不用通过传统模式的 IT 系统或者过于复杂的过程和操作来为创新赋能。

垂直领域是保险科技的另一个突出特征，其成功取决于其在特定业务领域、价值链或客户细分方面的专注程度。目前，没有任何保险科技可以做到同时专注于多条业务线和客户细分方面。像 Lemonade、Trov 和 Oscar 这样成功的保险科技企业只专注于特定的业务线，它们分别专注于家庭、财产和健康保险。它们在保险科技领域中寻找小众市场，这使得它们在应对挑战或者帮助受限于规模或组织因素的传统企业时拥有更高的可信度。

一旦有了保险科技生态系统的概念，把保险科技企业定义为这个领域的企业或初创企业，也就变得更加容易理解了。但它们不是这个领域仅有的参与者，成熟的创新型公司也完全有资格被包括进来。可以证明的是，第一批保险科技企业实际上是直接给汽车行业的传统零售企业（如英国的 Admiral 公司和美国的 Geico 公司）带来威胁的保险企业，比价网站在英国盛行，IT 和 ERP 系统供应商 Guidewire 和 Tia Technology 也聚焦在保险领域。

第二个谜团是：那些初创企业在保险科技生态系统中在做什么，它们的主要目标是什么？

保险科技颠覆了传统企业的商业模式，提出了能吸引客户的创新性客户价值命题。例如，保险科技可以实现全部保险产品的数字分销。通常来说，保险科技通过提供创新科技和解决方案来提高运营效率和完善现有保险企业的价值链。例如，可以自动化保险价值链的相关过程。然而，如果我们不考虑保险科技的主要目标，那得到的答案相对就比较片面。保险科技的主要目标是为客户或保险企业创造价值，或为两者共同创造价值。当然，创造价值是任何一个新产业想要存活下去、并长期繁荣发展的必要条件。保险科技企业能够聚焦于通过客户进程，发现现有保险企业不能识别的客户需求，来为客户创造价值，或者通过找到现有保险企业无法提高效率的商业或运营模式中的痛点，来为传统企业创造价值。

第三个也是最后一个谜团是：保险科技如何创新保险业务？这个问题对理解保险科技和传统企业所做之事至关重要。

至少有三种方法可以描述保险科技的工作方式。

1. **利用最先进的技术。**最具创新性的技术是任何保险科技解决方案的核心。保险科技企业是创新技术的早期使用者，并将其运用于保险业务，发展了 PoV，将解决方案产品化并提供给传统企业，为特定的技术创造以前保险业务未开发过的需求。保险科技企业对所提供的技术有着深刻的理解，所以它们比传统企业更早地发现技术的应用场景就不足为奇了。同样，汽车远程信息处理、无人机、区块链这些技术被保险科技企业而非现有的保险企业带入市场也就不足为奇了。
2. **聚焦于改善体验，促进以用户为中心的方法。**专注于提升体验的保险科技企业，有利于改善客户的购买体验，在风险评估中为担保人提供支持，或者在定损中帮助理赔师。无论如何，保险科技企业执着于（也必须执着于）在以用户为中心的前提下改善体验。保险科技企业提出新的客户价值命题，即在明晰性和使用性方面落后于其他行业的地方，简化客户使用过程，开发新产品来提高用户的中心性。保险技术人员在这一领域的创新是跟上时代步伐的根本，尤其当今时代是通过数字渠道，而不是传统的保险代理渠道，来测量客户的购买体验的。然而，这种对以用户为中心的执着还将被扩展到内部用户上。事实上，聚焦于传统企业价值链的保险科技企业，在寻求改善传统企业“前端”时，也为对可用性和简易性有同样关注的员工提供了解决方案。这些简化改善了核保程序的解决方案、优先分配机制和索赔管理对盈亏底线的影响，这与专注于客户体验的保险科技对盈亏底线的影响一样重要。
3. **拥有敏捷的文化和方法，利用先进的分析方法制定业务决策。**保险科技初创企业通常是由年轻的数字原住民、科技驱动型创业者创办的。他们带领着由激情四溢的专业人士组成的小而精的团队，这些专业人士更习惯于初创企业的思维而非强大的金融机构的思维。他们不惧在精益和敏捷方式下快速发展、测试，并为市场带来创新。他们在日常的管理实践和运营中嵌入先进的分析方法，形成观点并做出商业决策。他们也为创意的失败做好了准备，并从失败中学习，这也是硅谷初创企业最好的传统。

保险科技的自我宣言

上述提到的三个谜团，其答案是准确并全面定义保险科技的关键。这一定义将被开创者认可并经得起时间的考验。结合上述回答，我们将保险科技定义如下：

> 保险科技是以创新为基础的垂直领域企业（常常是初创企业）组成的生态系统。这些企业遵循精益的、以用户为中心的方法，通过保险价值链利用科技手段去颠覆或者解决问题，为客户或者传统的保险企业创造价值。

保险科技的这一定义，也是它的自我宣言。这一定义足够清晰、简单和全面地为想进入保险科技生态系统的企业家和保险专家们展示了这个正在不断发展进化、前途光明的领域。这一定义有助于消除“噪声”，也定义了组成保险科技生态系统和商业模式的创新。也就是说，不能体现保险科技是以“为客户或现有的保险企业创造价值”为目标的，不能聚焦科技或不遵循以用户为中心的定义都算不上完整、准确的定义。

因此，我希望对于保险科技这一“公平竞争赛场”的清晰定义，将为下一代科技和保险人才重塑愿景，吸引他们参与保险行业的数字化转型，以及客户价值体验的变革。

保险为什么衰落了

史蒂夫·滕斯托尔

Inzsure 首席执行官和联合创始人

保险行业常常在个体、家庭和贸易最艰难的时候为他们提供巨大的支持。社会确实从保险行业的良性运行中获益颇多。然而，保险的益处无法为购买者提供即时的满足。我将解释历史上保险界是如何解决这个问题的，并思考这个问题如何导致了全行业的系统性弱势，除非以下挑战能够被处理，否则这种弱势可能会危害到我所热爱的保险行业。

挑战

大多数保险交易中没有有形的产品，风险厌恶者会购买保险，风险偏好者将自担风险。然而，没有人真正地想要保险，除非他们真的需要它。客户只有在艰难的时候才会购买信托或信托承诺，从而诱使中间商使用恐慌或商品化的策略来销售保险。佣金前置的委托会导致不考虑需求的保险销售。这种趋势可能导致虚报现象的出现，而虚报会带来不满，诱惑会带来欺骗，怀疑和信任的崩塌会带来理赔系统的功能失调。长期以来，保险行业中骗保的恶性循环会危害到保险的良好初衷。整个行业除了信任没有别的产品可售，在交易中除了承诺也没有什么可以被拿走。如果客户觉得承诺不值得信任，那就不会有任何交易。

保险行业处于持续性、周期性的市场疲软状态，同时在利率史无前例地接近零的时期，新资本不断流入，这些都持续不断地给盈亏底线施加了压力。其意想不到的结果就是，很多保险行业中的企业在科技和创新方面投资不足，大多数企业仍在使用 20 世纪 80 年代的系统、步骤和实践。当保险部门发展停滞的时候，商业世界和其他行业却发生了翻天覆地的改变。最近 10 年，人们已开始享受着智能手机、社交媒体、电子阅读器、视频网站、谷歌地图、云端和虚拟现实技术带来的便利。在相同的时间框架下，在某个全球市场处于支配地位的企业也发生着巨变。我们都知道 GAFA（谷歌、苹果、Facebook 和亚马逊）效应。优步和爱彼迎等公司带来的交通部门的改变甚至更剧烈，在自动驾驶、住房和租赁市场出现的新商业模式，将客户的期望永久性地改变了。金融服务中的保护主义已被金融科技颠覆，很显然，保险企业也急需通过保险科技和客户保持联系。更大的问题是保险科技是否需要保险行业里现有的企业。在解决这个问题之前，让我们先回头看看我们正在讨论的问题。

历史

保险和风险管理技术由来已久，风险转移的方法早在 3000 年前就被中国的商人实践过了。现代保险大约有 300 多年的历史。保险企业帮助我们所有人管理部分风险。不管是个人还是企业，都以期缴的保险费作为交换，保险企业在某个预先设定的事件发生时一次性提供所有资金，比如自然灾害、人为火灾或者死亡。保险企业通过构建风险池并重新分配各种不同类型的风险来创造价值。它通过从所有承保的企业处收集负债（比如保险费），然后把它们支付给少数实际需要它们的企业来实现上述过程。保险企业能有效地把这些负债再分配给那些面临困境的个人或企业。虽然个人或企业需要的资金比他们现有的要多，但因为不是所有在这个池子里的人都会实际遭受到用完所有保险金的事件，所以再分配的功能降低了池子里每个人的风险管理成本。

把风险、保险和系统性失败联系起来

对个人和企业来说，保险产品的购买过程应该是一个重要的决策过程。然而，它通常是人们最后求助时或者事后的想法，尤其是当某件事真的变得糟糕时人们才想到买保险。人们并不愿意花时间思考生命中不好的事情，因为我们都希望生活在相对吉利的环境中。富有争议的是，在优先级排序中，人类的天性会倾向于把降低个人和商业风险的保护措施排在较靠后的位置，除非我们受到震惊而采取行动。

有一句话说得好："保险是被卖掉的，不是被买下来的。"随着时间的流逝，解释为什么保险是个好东西，似乎成了和客户直接接触的中介机构（代理商和经纪人）的一个任务。如果中介能解释好，就能够带来大量的合作：反之，客户会觉得他们得到的是不好的或者偏颇的建议。在很多居间过程中，到底谁为谁服务显得很不透明。如果理赔也直接或间接地变成一个问题，那就真正威胁到了整个信任的过程。个人和组织都会质疑这个解决方案的价值，并有可能寻找他们觉得更值得信赖的其他能够缓解风险的措施。

在个人层面上，如果法律没有明确的规定，那这将导致保险应该何时买和为什么买会变得很模糊。人们有一个根深蒂固的观念，即保险企业及其合作者会向任何人卖任何东西，然后为避免理赔可以不择手段做任何事。有时，这个行业看起来除了客户外没有任何事可以成为主要的驱动力。CNN 曾将保险公司的目标总结为对任何合法要求的拖延、否认和争论。有调查显示，25% 的美国人现在买保险的目的都是为了故意欺骗保险公司。正如 Lemonade 公司的首席执行官丹尼尔·施雷伯（Daniel Schreiber）所总结的："在美国，仿佛存在一个对保险公司充满恶意的蓄水池，大多数人把保险看作必然之恶，而非社会之好。”

在企业层面，透明度和治理意识的缺乏，通常会被转化为购买过程中的不信任。其结果就是，企业通常将购买保险安排给那些身兼数职、没有经验的初级员工。于是整个购买过程就变成了服从性购买，而不去关注保险单背后的根本原因、承保范围，以及最重要的安全性。而这些职级相对低的员工与经纪人或代理商之间的交易关系是如此混乱，有时甚至做出交易决策的内部购买团队自己都不清楚保险交易背后的结构及其重要性。

每个人都迷失在这种情景中。个体在面对灾难性的、足以改变人生的事件时没有做好准备，而抱有此类思维的公司首席执行官则错失了巨大的合作机遇。同样，保险经纪人或者代理人业失去了教育的机会。针对风险和保险管理更加积极健康的辩论和态度能够带来巨大的益处。保险单背后的承销商或市场往往对被保护的风险质量没有任何概念。于是市场会提供一些廉价而令人愉快的保险，尤其是在当下市场疲软的情况下，并尽其所能地在发生意外时推迟或避免赔付。

北美的保险渗透率已经达到了数十年来的最低点并持续下降。我认为，在会议室中，保险通常和首席执行官面对的 25% 的企业风险相关。根据英国劳埃德机构的研究，如今这个数字已降至 10% 以下。在新兴经济体中，保险业务正方兴未艾，丑闻、绩效不佳和随之产生的不信任，意味着在现有模式下的渗透率将不可能达到经济合作与发展组织（OECD）国家的水平。

透明度和尽职调查：这个行业从这里出发会走向何方

1. **解决科技的低渗透率问题。**总的来说，与金融服务部门相比，保险显得过时了。遍及保险行业的企业失败逐渐显露出其所面临的大量技术升级问题。许多保险交易更多的是面对面的、效率极其低的，这一点很难解决。在保险行业里普遍存在强烈的不信任，以至于客户在理赔时仍然迫切期待与承保人面对面交流。
2. **解决透明度低的问题。**在保险采购交易中谁能获得收益？保险行业几乎没有透明度，这使得它持续不断地受到批评，有来自业内的，也有来自全国监管者的调查。很显然，仍然有客户根本看不到竞争过程中那些固有的肮脏和违反伦理的事情。
3. **解决速度缓慢的问题。**保险落地需要花费很长的时间，并且通常包含大量填写表格的事情。就像上面讨论的，在很多情况下，没有什么比理赔过程更令人丧失信心的了。

4. **解决 IT 安全性低的问题。**和金融服务行业的其他领域相比，保险部门的数据管理流程的效率很低，不断有小规模数据丢失的情况发生。这个行业在客户心目中的名声已经受损，即使道歉也于事无补。

保险科技能解决这些问题吗？尽管这一点仍存在争议，但是我们可以清楚地看到保险行业正以某种形式在发生改变，这本书也是保险行业进行自我批判的一种极好的方式。

影响保险行业数字化转型的四个共同因素

亚历克斯 · 鲁斯迈尔

ONE Insurance 保险科技服务商及联合创始人、运营商

克里斯汀 · 马赫特（Christian Macht）

VAI 董事会成员

我们生活在数字化转型的时代。正如其他时代一样，它有着自己的特征，也会影响到经济和社会。我在已被严重影响的行业里发现了四个共同的基本因素。这些因素同样对保险产生着潜在的影响，保险可以被看作新兴技术和数字进步的晚期采用者：

1. 从不透明市场转变为客户透明市场；
2. 中间商将被替代，生产商和客户直接联系；
3. 从高利润、分散的保险提供商到少数有良好商誉、低利润的公司；
4. 从供给驱动（关注生产企业）到需求驱动（关注客户）。

接下来，让我们逐一来分析一下这些因素。

从不透明市场转变为客户透明市场

过去，客户市场相互影响，无论是购买服务还是交易商品，都表现为在有限的可能性下对当地的代理商或者零售商进行比较。随着随时可访问信息的出现，客户的关注点变广了，并且可以实现 7 天 24 小时动态的比较和竞争，比如，通过线上直接销售和比价网站。在大多数企业对客户（B2C）领域，客户现在也能够通过大众的评论来支持其购买意图，这再一次降低了不确定性，至少在感觉上是这样的。透明度的下一个层级是将客户的可得数据和自动化定制产品之间匹配的复杂性降低，而这已成为时尚、新闻、音乐和电影等行业的市场标准了。

对于保险行业来说，尤其是在销售财产险、意外事故险或者其他标准化的一目了然的产品方面，这意味着未来将发生显著的变化。总体来说，直接销售的透明性应该能减少委托、代理问题和信息的不对称性，因此传统的中间商（代理商或经纪人）将被取缔。更多可以获得的相关信息，比如关于售后表现的评论、更强的价值链碎片化和产品专业化，将会导致客户整体透明度的提高，就像在 moneysupermarket、Check24 和 GoBear 这样的比价网站上看到的那样。对于复杂的个人保险也同样如此，因为传统影响力的平衡将会受到挑战，个人的预先决定可能会导致个人和保险陷入困境，从而很可能会潜在地导致国家对基础保险的介入。应用透明性已经产生了重要的影响，仍以比价为例，这一点在车险领域更为显著，典型的表现是，现在客户已经开始在线上购买车险。这种新的数字化中介的透明度将最终扩大保险规模。

中间商被替代，生产商和客户直接联系

数字化的提升使得企业可以直接为客户提供产品和服务。在线平台、生态系统和引擎是新中介，它们正在取代（或部分取代）传统的供应链和销售渠道。很多行业的新玩家已经涌现，如零售领域的亚马逊、阿里巴巴和乐天，交通运输领域的优步、Gett，以及食品运输领域的 UberEats、Takeaway.com。它们从优质的客户服务和专业化的产品开始，最终延伸至多种多样的产品供应，并与先前的线下中介展开竞争。

类似的机制也正发生在保险（销售）领域。如今，在这样一个“线上 / 云”对客户都很常见的世界中，中介将基于社交媒体分析、需求的自动识别，以及有

指导的、简短的客户数据输入提供服务。购买（和取消）产品的便捷性、直接以事件为导向的销售，以及自动的、实时的、可追踪的理赔过程最终将替代传统的经纪人。当客户逐渐习惯像 Lemonade、Trov、One 和 Element 这样新的创新型市场玩家之后，他们就不会感受到这些快速发生的变化。

未来的价格竞争将更激烈，并随着理赔率的提高而导致保险产品的利润降低，而经纪人则做不到提高规模，因为他们不能在碎片化的保险覆盖范围内监控客户潜在的触发点。然而，经纪人将依旧是值得信任的、提供复杂产品建议的人，而对于像养老金计划、个人巨额保险产品等复杂的保险产品，以及暂时对线上产品还不熟悉的客户而言，未来的保险产品也不可能实现完全在网上销售。

从高利润、分散的保险提供商到少数有良好商誉、低利润的公司

数据的不断聚集及其自动化的处理过程，使可扩展的数字化商业模式能够在产品利润较低的情形下存活下来。透明度和保险中介的转型已经为当地分散的市场玩家（如出租车服务、彩票、时尚零售和互联网服务）带来了根本性的改变。那些以往可以享受相对较高的利润（这还得感谢私人的客户关系、信息不对称和地方保护）的市场玩家，如今受其规模较小（有限的销售范围和可拓展性，尤其是固定 / 半固定成本与可变成本之间的比率居高不下、风险规避的融资原则和其他类似因素）的限制，只能挣到较低的利润。随着数字化转型的不断深入，深受其影响的行业将导致许多小玩家的利润不断被摊薄，甚至破产。另一方面，一些规模大的玩家或获得绝对高利润（或者像亚马逊一样的内部投资）和相对低收入的企业出现了。尤其在保险领域，我们仍然可以看到，在一些区域性的分散市场，众多小规模玩家分布在各个部门，而几乎所有的部门都是充分整合的、自建的重资产价值链。

例如，新的玩家是那些纯粹的白标保险公司，就像 Element 公司或那些通过开源性应用程序编程接口（APIs）链接到其客户系统的“保险工厂”。它们的关注点将聚焦在核心业务系统上，比如核保核赔专业化流程、从 B2C 到 B2B2C 的个人系列保险产品，从单个产品到大规模推出，这能让它们都以前所未有的速度迅速成为行业领导者。数字化的在线社交营销，与无与伦比的产品价格相结合，提供了突破边界的潜力。但它们仍需要在大多数传统企业已拥有的领域进行大量

投资。透明度、数字化中介和可扩展性最终会成为新进入者最大的优势，这些优势将通过公司治理、组织结构和企业文化体现出来，但它们对传统企业来说是转型过程中最难的部分。

从供给驱动（关注生产企业）到需求驱动（关注客户）

在企业层面聚焦于以客户为中心的趋势正在不断扩大。保险产品将通过诸如生态系统、保险企业的主要联系点，以及保险公司可见度的提高来实现购买。聚焦客户的影响力将超过企业本身的影响力（如图 1–2 所示）。

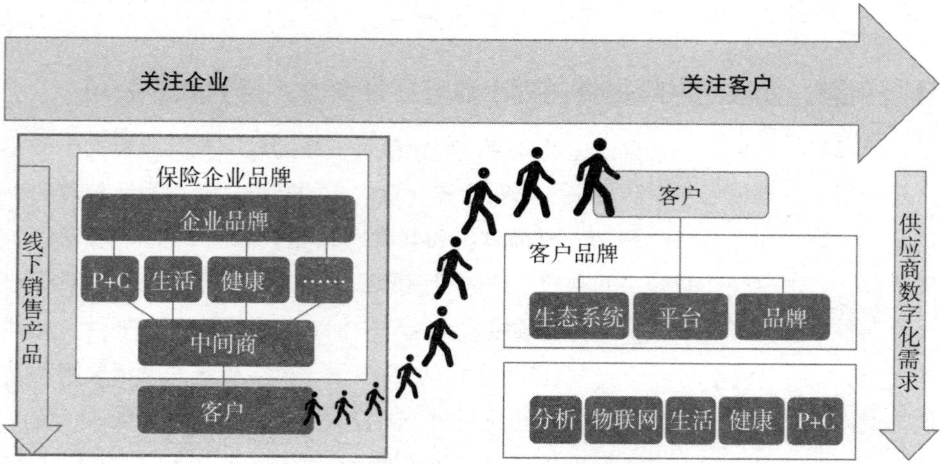

图 1–2　从关注企业到关注客户

如今，产品提供者和保险销售人员都拥有更大的权力，大多数是在大的传统企业中经垂直整合的、具有独立性的业务单元。然后，它们将受到成为供应工厂、按需提供，以及在最低的单位成本下提供高效服务的影响。最重要的是，不论是否直接关联产品（像汽车、电子产品），它都可以通过经充分整合的多元化销售渠道 [通过客户关系管理（CRM）系统]、外部拉动消费的营销方案，以及内部直接销售或者产品生态系统，随时随地、通过任何中介服务来满足客户需求。保险产品要从客户视角去开发、去捆绑销售、去分散和实现专业化，而不仅仅是遵循当前的市场推广规则。

随着客户在保险覆盖范围、一体化解决方案或者综合服务整合方面的需求的不断变化，保险产品也将得到进化。保险的提供者将关注个人数据的保护和防止在脆弱的数字化环境下身份信息被盗用，例如德意志银行的数字身份识别。移动通信提供商可以提供全面的服务，客户不用每一步都发出指令。而这种用卫星提供核心服务的趋势将创造出“安全—服务—生态系统”，从而整合客户的所有需求，替代那些附加的、外部的服务需求。不论现在的承保人是整合外部数字解决方案还是内部构建，都取决于它们的规模、对大规模投资的意愿，以及吸引所需人才的能力。

传统企业将是赢家之一

创新在保险行业中并不少见。然而，当前数字转型化的浪潮来得更猛烈，最根本、最重要的是，随之而来的是新的重要竞争者。许多初创企业正不断涌现，数十亿的资金被下注到新技术上，就像其他行业刚开始时的那样。然而，一些传统企业已经意识到它们所面临的挑战，并通过自我转型，避免不被像安盛、安联那样新兴的颠覆型创新型企业超越。对于小企业来说，对新技术、新的客户需求、史无前例的（外部）生态系统和平台的灵活性将是其制胜之道。大企业也可以选择和那些愿意为品牌的高感知度付费的客户保持联系，并从他们身上获利，但这仅限于全数字化价值链中最先进的数字产品。挑战者们也将面临诸多障碍，比如由法规所带来的高进入壁垒、复杂的国家特性、高获客成本，以及（和银行业相比）整个保险价值链上仍未出现被解构分解的、易于实现的 B2B 模式（例如，没有承保服务）。

2010 年到 2016 年期间，大多数投资最终都用于客户获取，只有一小部分投资用于真正的数字化、科技进步，以及像初创企业 Digital Fineprint 所阐述的机器学习在保险行业的专业应用。对传统企业来说，这也释放出了明显的竞争信号。一旦拥有了正确的数字化战略、大量的科技投资、人才以及创新文化，传统企业就会处于有利的地位。传统企业也正在尝试和初创企业的合作，但由于监管、速度、对新技术的接受度以及销售和企业层面的大批购入等方面的差异，这种合作也存在一定的困难。由于保险行业在绝对相关的货币条件上非常有吸引力，并且目前还没有实现端对端的数字化，所以我们会看到大量的投资和很多成功的模式。作为完全整合的数字化拥护者，其中的少数投资将最终收获绝对高的利润和估值。

保险科技是代理商和经纪人的问题还是解决方案

迈克尔·詹斯
迈克尔·詹斯咨询公司首席执行官

20年前，在哪里可以让成千上万的经纪人聚集一堂？也许全国性贸易联合大会能做到。如今，你在哪里能发现成千上万的经纪人？举办一场科技大会即可，因为科技可以驱动保险业，甚至包括经纪人。

最大的变革即将来临！

很多经纪人至今可能都没意识到，许多专业人士和市场专家正在即将到来的保险科技的“技术海啸”中与其对赌。有些专家预测那种缓慢蚕食的平缓趋势将被迅速瓦解。很显然，保险行业的宏观趋势将会将那些陈腐的保险提供者（比如马鞭制造商）远远抛在后面。另外，其他的挑战也让我们警醒，我们应该奋起直追并取得胜利。

保险科技革命对当今的代理渠道意味着什么呢？大多数保险科技的投资对传统的保险经纪商来说，是不友好的甚至是充满敌意的，但也并非全都如此。事实上，部分投资能够帮助经纪商成为保险科技革命中重要的一部分。正确的科技还可以帮助经纪商实现其他渠道未做出的承诺，即为真实的客户提供人工服务的承诺，提供人类联通性、个人建议和个人主张的承诺，以及一直陪伴在客户身边让其感到舒适和自信的承诺。这是一种柔软而有力的魔法，它能把各个物种联系在一起，即将它们从最深层次的心理层面联系起来。尽管如此，经纪商所面对的威胁也是真实存在的。

保险客户的快速改变

现在，很多经纪商就如何跟上保险客户的脚步而感到困惑。大约10年前，某位作者最受欢迎的报告就是“25种撰写杀手级黄页广告的方法”，而现在这篇报告早已不见踪影，被人遗忘了。如今，保险客户家里的厨房抽屉中早已找不到任何黄页书了，因为他们都拥有智能手机，可以通过智能手机搜索其想要的信息。

毫无疑问，本书出版之日，以下清单中所列的数字会比撰写本文时的更高（通常在几周内就有所增加了）。以下数据提供了保险客户行为改变的大致面貌（也是我们了解为何现在的保险经纪商开始担心落后于时代的一个窗口）。

在美国：

- 81% 的客户在购物前会先上网做调研；
- 88% 的人会像信任朋友和家人的推荐一样，信任网上的评论；
- 做出购买决策之前，客户平均会看 4 ~ 52 条（或更多）网上评论；
- 98.4% 的客户每天都会查看邮件。39% 的人查看的次数是一天 10 次；
- 值得注意的是，他们每天不连续地接触（如滑动、点击或轻拍）智能手机 2 617 次。

不久前，经纪商还只限于在 Rotary 这样的慈善团体和当地的青年体育联盟与客户接触，那时他们绝对不会想到"数字化营销"将成为像报价和销售一样的商业技能。他们也没有意识到自己与热衷于数字化的客户之间日益加大的鸿沟，而这恰恰是许多保险初创企业想要投身的领域。

经纪商能跟上快速变化的科技吗

显而易见，新的、有吸引力的和实用的科技正促使客户的行为发生改变。早在 2013 年，麦肯锡公司就宣布："现在，种种迹象表明……传统代理模式经济将被瓦解。"科技可以把经纪商排除在保险公式之外，例如，无人驾驶汽车、科技带来的共享、即时手机辅助保险，以及保险产品的自营销。在大多数情况下，新技术可以把经纪商边缘化。保险科技革命经常被描述为"保险科技与传统的对抗"，这暗示传统的保险公司将深陷传统习惯和体系的泥沼里，而野心勃勃的初创企业正慢慢靠近它们并吃掉它们的午餐。

来自传统行为的压力不仅会影响保险公司，也会波及经纪商。例如，在美国，许多经纪商都急切地盼望着里根咨询公司（Reagan Consulting ）发布"最佳实践研究"报告，好将其作为指导，但它们没有意识到这是一个针对历史行为而非创新的研究。《福布斯》《财富》或者《连线》等杂志从未正向地强调过经纪渠道创新的重要性。"改变是渐进的""传统是合适的"等教条延续了几百年。然而，对大趋势的误读是致命的。保险科技对经纪渠道的威胁必须得到重视。

- 一些客户想要某一保险科技商业模式所承诺的便捷和高效。目前来看，这仍只是有多大比例能被看到的问题，虽不是 100%，但也不是没有。
- 独立经纪商渠道的独立性将传递出不一致的响应。像这样独立的经纪商，仅在美国就有 40 000 家。而每一家都是由自己引领和管理，它们没有大老板或者公司构架来指导它们这样做。因此，它们中的一部分将在挑战中不断进步，而另一部分毫无疑问地会被淘汰。
- 部分保险公司将提高忠诚度。许多保险公司吹嘘它们和经纪渠道的合作关系，虽然最终它们只忠于其股东或它们的利益。经纪商必须为排名靠前的保险公司的更多可替代的分销机制实验做好准备，尤其是当传统保险公司与初创企业合作，以规避行业严苛的制度、保险精算和承销障碍时。

能适应的经纪商有赢得这场战斗的机会

经纪渠道是庞大的。独立的承销商几乎销售了世界上近半数的保险产品。很显然，这种现象是不可能持续下去的，但却有很多人相信它。这正是它们所偏爱的保险的“特色”。贝恩企业 2014 年的研究揭示了现代保险客户进行购买决策背后的心理。

- **客户想要最好的价格。**经纪商通常会输掉这场价格大战。因为高效直接的渠道更有利于好的价格获取，而即将出现的数字化渠道给它们带了挑战。
- **客户想要便利。**没有周末服务？没有夜间服务？不能在线购买？一点也不方便。直接渠道再次赢得了这场战斗，但数字化渠道也威胁了它们曾有的优势地位。
- **客户也想要内心的宁静。**客户在意保险中心的价值支撑，即保护。本地的或专业的经纪商能让客户体验到舒适的承诺，其承诺也能得到履行。

当经纪商以客户“内心的宁静”履行承诺时会发生什么？客户会变得更加“忠诚”，他们和经纪商的关系会更持久，会购买更多的保险产品，也会推荐给更多的朋友和同事。根据贝恩公司的研究，高忠诚度的客户一生中带来的价值比低忠诚度的客户要高七倍多，比中度忠诚度的客户高三倍多。然而，正如我们之前观察到的，目前经济正处于艰难困境中。保险的低佣金阻碍了经纪人建立“如触手般延伸”的客户渠道和相应的网络化体系。也就是说，不是经纪人鲍勃不想更多地接触客户，而是每当他这样做时，结果往往适得其反。更重要的是，他的客户可能很看重这种“关系”，但是他们并不想接他的电话。2015 年，Mblox 公司所做的题为“消除关怀的差距：保险行业的影响因素”的报告中提到，84% 的客户不想接听保险提供者的电话。这对经纪商的获客渠道来说，似乎是一个无法破解的窘境。保险科技不仅给经纪渠道带来了挑战，它还为经纪商提供了解决方案。麦肯锡公司报告称，保险科技对保险分销机制创新的关注比对其他方面的关注多。当然，尽管大多数创新机制是反对经纪渠道的，但并不完全都是。是什么让保险科技创新能够支持经纪渠道固有的以关系建立为中心的价值主张的？

1. 保险科技用现在客户接受的新媒介替代或补充了旧媒介，比如移动电子邮件、SMS 等（直销协会宣称电子邮件的回复比为 43∶1）。
2. 保险科技把现有的技术（代理商或者经纪人管理系统与自动化市场营销新技术）整合起来，从而盘活了目前存储在管理系统中的丰富的客户数据，并利用它们来传递持续的价值，建立有意义的关系。
3. 保险科技使得有价值的任务和沟通自动化。在客户的整个购买过程中，为客户提供“愉悦”的真实时刻。经纪商能够很容易地实施建立客户忠诚度的接触，并履行支持他们基本承诺的活动。随着客户的不断进化，复杂的系统可以触发有意义的沟通。当它们经过紧张的理赔程序、备用账户甚至生日等渠道来到“新客户”身边时，整合自动营销系统可以帮助客户感受到来自经纪商的关爱，否则经纪商可能会因忽视了他们而后悔不已。
4. 保险科技传达了满意度。这种满意不仅仅是金钱上的满意，更是发自内心的满意。很多经纪商并不打算成为令客户满意的市场营销人员或者广告文字撰稿人。有效的解决方案为经纪商和客户的接触——从账户调整到培养通信，再到防灾准备等，提供了大量的信息。就像史蒂夫 · 乔布斯所说的：“科技本身是不够的，只有科技和人文的结合才能让我们的心灵歌唱。”

这就是保险科技对经纪商的承诺，正是这种对市场占比巨大的群体的平等、强制性承诺，真正体现了对客户内心平静的关心，希望经纪商能站在客户身边，这样就能让保险客户的心灵歌唱。

最好的保险科技或许不是保险科技

詹纳特·沙赫·拉詹
安盛战略投资的风险投资人

保险科技比我们所看到的和所理解的范围更广，一部分人试图将保险科技从金融科技里分离出来，这样做也未尝不可。因为迄今为止，金融科技已渗透到银行业的相关活动中：其业务支付和外币兑换在过去 20 年里不断进化，而在此期间，保险科技既不是一个流行词，也没有取得很大的进步。21 世纪初期，一些比价网站开始出现，正如 1991 年涌现的 Direct Line 等强大的非寿险利基品牌一样，紧随其后的是英国保险公司 Esure 和 Churchill，这些公司也推动了行业价格比对和竞争（其他所有都保持不变），进而导致整个行业的保险组合比率进一步压缩，盈亏底线不断下滑。在我看来，作为一种财务安排，保险公司一直以来就被金融机构包围着，其中不乏银行、资产与财富经理，以及金融行业的其他参与者。在我看来，保险科技就是金融科技的子集，但我们仍需要弄清楚保险科技字面的含义，因为这关乎市值 50 000 亿美元的保险行业的问题，以及这一行业未来的创新。保险科技的玩家们既可以直接活跃在这一行业里，也可以在其外围为保险客户和保险提供者提供服务，让人们对保险的体验更好。银行业最先开始了数字化革命，但银行主要关注存款的吸收，对定价和承担风险方面的数字化关注力度不如保险等金融机构。

保险行业的问题和挑战

保险行业面临重新洗牌，从各方面因素 [如客户期待、旧制度、人口结构变化以及标的资产（至少在非寿险和健康险上）] 和相关客户行为的改变综合来看，保险行业的变革也迫在眉睫。新生代正在远离资产所有权，而客户到客户（C2C）的市场模式的到来使其成为可能。人们工作方式的改变意味着酬劳和福利的改变。科技影响着价值链的许多方面，其中包括分销、定价、承销、更好的风险模型的大数据、赔偿处理和再保险等环节。

在保险部门，传统企业和新进入者处于一种有趣的动态中。但在其他行业，可以将科技进步和新的商业模式作为产品或是选择的解决方案，直接超越并取代其所在行业的传统企业，比如，娱乐流媒体对 DVD 和 VHS 的取代。然而同样的事情却没有发生在保险行业。这是因为制度环境对顶尖的保险企业具有护城河的作用，而对新进入者来说，这却是壁垒。作为一个全栈式的保险企业，当它需要做所有的事情——获得客户、风险定价、承销以及理赔时，就需要监管资本的资产平衡表的支撑。大多数传统企业不可能一夜之间建立起来，都需要数十年甚至百年的时间耐心地建设，才能具备这些必要的资本。传统企业是保险科技新主张最好的试验田，因为它们已拥有资本、储备金、行业渠道并熟悉具体操作，最重要的是它们还具有客户基础。

对于想要保持竞争力的保险企业来说，必须想出除了单一的价格竞争之外的其他办法。尽管保险购买行为通常伴随着一系列理由和时机，但终究是一种非自愿的购买行为，更多的是法规要求、风险规避或者因害怕而产生的行为反应。保险科技应该致力于使其成为一种更好的体验，以及一种更便捷的方式。现有的保险企业也面临着来自后台系统的挑战，那些系统无法像今天建立的系统那样实现业务之间的顺畅交流。当我们接触客户的时候，尤其是在政策性购买、潜在理赔和续保时，相应的弊端就会显得很突出。

保险科技是为解决行业弊端而生，还是行业创新呢

世界充满了创新的机会，保险也不例外。新的产品线将被创造，而人们对新产品线的基本期望正是科技与敏捷性。在不远的将来，会产生许多新的产品创新方式，其中网络保险将变得更加普遍。它们不仅针对大企业客户，也将渗透到中型企业、中小型企业甚至个人客户保单中。大多数人现在都有数字资产，而这些资产的损失可能会导致财务损失，就像如果被盗劫，那人们的物理资产就会遭受损失一样。保险企业肯定想提供针对数字资产的新业务种类，但它们是评估这类风险的合适机构吗？现有的保险行业对网络风险又了解多少？可以肯定的一点是，它们并不是做这类风险评估最合适的机构，这就如同网络安全企业并不合适做精算统计分析一样。相对于传统保险行业，保险科技更适合评估网络风险。网络保险这样的新产品，其未来取决于那些能够管理和提供保险能力的保险企业之间的合作与协调，以及可以评估风险并帮助保险企业定价的网络风险专家，当然并不止这些。就像其他业务一样，预防将是重点，网络企业最适合去管理风险并提供相关风险预防的建议和服务。以健康保险为例，这是一种收益保险，而不

是遭受损失时赔付的保险。许多保险企业鼓励客户锻炼、戒烟，从而促成健康的生活方式，最终改善它们自己的保险理赔支付。同样的预防态度也可以被用于金融损失产品，如在前述网络风险的例子里，通过鼓励人们更好地对待其数字化资产，提高其数字资产的安全性。

与保险相关的增值服务，将让保险对客户更具吸引力。房地产科技、农业科技、人力资源科技和健康科技等，都可以为客户提供附加服务并成为新的销售、数据收集、订立合同和预防的机会。英国的 Buzzmove 是一个科技型的搬家预订平台，也是伦敦房地产科技生态系统的一部分。在了解客户新家地址并帮其搬完家具之后，Buzzmove 就拥有为客户进一步提供家具和内容保险的优势，因为 Buzzmove 可以为客户提供便捷的网络服务，其客户不用到 Buzzmove 去购买保险。

新型的产品也将兴起。保险企业也正在努力创新产品类型，因为这样做是值得的。其他金融产品已经历过普惠金融的浪潮，而金融系统服务也将逐渐惠及那些金融未覆盖到的人群。Pockit、Monzo 和 Revolut 这样的新兴银行对客户规则有更加深入的了解，随之而来的是更多的人开设新的银行账户。在保险领域，类似的现象也正在发生，保险企业正致力于开拓新客户基础并创造新产品。客户可能希望购买养老保险、存款型保险或者寿险等产品，但在目前的经济形势下，考虑保费的规模可能没有意义。随着健康领域的小额保险的出现，保险科技随处发挥作用已成为一种趋势，比如非洲的 BIMA 公司正在做的事情。

哪里才是保险科技的赛道

对于保险科技及其周边企业来说，最好的行业改革方式就是合作。很多传统企业欢迎并愿意与新企业接洽，以提高自己的服务，比如安盛集团、泛美集团、美国家庭保险集团、平安集团和万通集团，它们保持着在各自业务范围内的领域专家地位，以为新企业提供建议作为回报。监管护城河意味着，对于新成立的保险科技公司来说，要想实现这一切，或被称为“全栈保险技术”，这一过程是缓慢的，上升的同时需要投入大量的资本。保险企业拥有资产负债表和专业技能，而保险科技企业则拥有技术并清楚行业的未来方向。

保险科技的现在和未来

对很多人来说，保险科技描绘了全栈式保险企业的图景：作为数字化原主保险企业，它能够解决并实现我所描述的所有事情，通过承诺更好的价格和服务体验来获取客户，同时提供比防范风险更多的东西，为客户创造更好的生命价值。对我来说，保险科技的范围更广阔，在某种情况下，它可以使现有的保险企业被隐形、被参数化。我们甚至不能认为一个产品、一种技术或者软件能够变革保险行业，最好的保险科技可能并不在保险科技的定义范围内。

保险正在经历产业革命，未来价值链的各个方面都会因保险科技而主动进化，反过来，保险科技也会产生服务于整个生态系统的新的解决方案。从广义上来讲，保险将根据价值链（销售、理赔、承保等）以及涵盖寿险、非寿险、健康险等不同的保险产品线来进行分类，但这一分类也会随着新的流行词和行业趋势的出现而不断进化。

随着汽车和汽车行业的发展，相关的保险行业也会随之发展。当增加的预期寿命被划分为不同的生命阶段，再被划分为学习、工作和退休阶段时，生命、财富管理和养老金产业也会随之改变。现在正是进入保险科技的最佳时候！

“真正的”保险科技初创企业有着不一样的做法

卡尔·海因茨·帕斯勒

Basler Versicherungen 公司产品经理和初创企业发掘者

几十年来，保险行业一直在循规蹈矩地做生意。2010 年，垂直市场出现了一类新的科技企业，开始为已有的风险承保人、中间商以及它们的客户提供基于科技的创新服务。2017 年，这类所谓的保险科技初创企业的数量激增，在全球超过了 1000 家。仅凭第一印象，你几乎无法把保险科技初创企业彼此区分开。那么其中关键的区别是什么？哪一种潜力能深层次地改造甚至颠覆保险行业呢？

保险科技初创企业引领下一个浪潮

“保险科技”这个术语用来描述科技驱动的保险行业中客户、运营和商业模式等问题的创新解决方式。保险科技初创公司通过调研保险人、中间商和客户的痛点，并提供科技导向的解决方案，以减缓痛点。这类初创企业借鉴在其他行业取得成功的科技解决方案（比如金融），并将其运用到保险行业中。

这类初创企业可以被划分为以下三类：

1. 改善客户体验的初创企业；
2. 服务于现有保险提供者的初创企业；
3. 作为风险承保人的初创企业。

改善客户体验的初创企业

保险客户希望从保险提供者那里获得像奈飞、亚马逊和 Facebook 等公司所提供的便利的数字化服务。传统的保险企业是无法满足这一需求的，而且它们仍受到其落后的管理系统的限制。

这为保险科技初创企业创造了机会。作为中间商，它们通过自己的平台账户为其保险客户提供便利的服务。例如，Check24 和 CoverHound 提供价格比较，以帮助顾客寻求最低的保费，或为购买特种保险聚合大量的购买需求；PolicyGenius、Knip 和 Clark 提供了数字化经纪业务，为客户提供最新的产品选择。这些初创企业为保单持有人提供了一种更为便利的、低价且量身定制的卓越客户体验。

服务于现有保险提供者的初创企业

大多数保险企业低估了科技进步的速度，而其自身正受制于传统系统及其相应的流程。这就为保险科技初创企业助力现有的保险企业创造了机会。这种“自助”将在整个价值链上都有所体现。

- Simplesurance 和 KASKO 是提供线上保险自助服务的平台，它们能使电子商务商店的交叉销售解决方案和新的按需保险产品的交付得以实现。
- BoldPenguin、Virado 和 massup 支持在线上直接向客户销售白标、低利润的利基金融产品，或通过经纪人改进新政策和现有政策的报价、约束和服务要素。

- SPIXII 和 Insurista 分别提供了自动化保险代理和消息传递的聊天机器人。
- Rightindem 和 Snapsheet 提供了友好型的数字理赔管理平台，以提升客户体验。
- DreamQuark 和其他初创企业利用存储的数据提供大数据分析和机器智能解决方案。
- DataRobot 和 Neosurance 等公司通过利用 AI 识别最好的适时产品，提供业务自动化流程。

这些基于科技的服务使得现存的风险承保人和中间商能够更好地服务合作者和客户，降低成本，加快业务流程自动化的速度。

作为风险承保人的初创企业

随着移动互联网的到来（得益于 2007 年 iPhone 的强势推动），保险客户和销售合作者开始在难以撼动的传统保险企业的保留系统和设有权限的操作层面寻求解决方案。新的全栈式保险科技初创企业拥有最先进的科技，在提供更好的、流畅的服务方面和传统企业竞争。Lemonade 公司便是一个人们普遍认同的案例。通过对行为科学的应用，客户对风险承保人的不信任，和（因欺骗）收取高保费的现象得以减少。Lemonade 公司的业务中包含视频理赔、固定费率成本模式，以及运用 AI 加速理赔支付的自动化进程，并将理赔后的剩余保费捐献给慈善组织。另外一个案例是 Element 公司。中间商和保单持有人对简单、透明的产品和服务的需求促使 Element 公司为传统的保险商业模式配备更加灵活的产品引擎，让保险分销商能够销售顾客最需要的产品给他们。

颠覆性保险科技初创企业的带头作用

颠覆性保险企业从根本上挑战了该行业，它们从最新的客户和科技视角，重新评估了现有的商业模式。除了那些已经广为人知的方案，它们也给行业带来了创新的解决方案。它们利用先进的科技作为基石传递与众不同的产品，并利用科技来不断扩展商业模式。

其他的例子还包括颠覆性保险科技企业在新行业里的风险掌控能力。如果没有近年来数字科技的进步，那这样的想法根本不可能实现。

这一类型的初创企业可以分为以下三组：

1. 提供出色产品的初创企业；
2. 挖掘新市场的初创企业；
3. 运营新商业模式的初创企业。

提供出色产品的初创企业

农民可以掌控生产过程中的很多因素，但他们不能掌控天气。无法预测的天气和气候变化是 90% 农作物损失的原因。美国气候公司运用最新的科技方法，消除了农业领域中与天气相关的风险。

这一独特的科技平台从实时和历史来源中持续收集大量的天气数据（大数据），结合复杂的数据分析（AI），基于云计算环境进行模拟，并生成个性化的（精确农田的）天气保险覆盖范围。当不寻常的雨量或雪量或者长时间的干旱发生时，平台会自动给农户赔偿（不用检查农田），而不是根据历史数据提供地区性保护和人工审批理赔。这种精确到农田的保险覆盖范围和美国气候公司独特的服务，帮助农民保护了他们的生计。像美国气候公司这样能提供精确的评估方案的新的初创企业正在涌现。Aerobotics 正是这类初创企业中的一员，用先进的科技来判断农场土地的健康程度，从而为农民提供更加精准的核保核赔。

挖掘新市场的初创企业

共享经济（成就了像优步、来福车和爱彼迎这样卓著的企业）带来了新的客户需求和服务。使用新经济服务的所有者、承租人和出租人都希望找到能涵盖他们想投保的所有产品和时限的、即时可得的保险。保险科技初创企业能够为企业和个人用户提供各种创新的选择：例如，Slice 可随供需关系的变化，来为工人（如优步的司机）提供按次计费的保险；为（在爱彼迎、HomeAway 和 FlipKey 上）出借房屋的业主提供房屋共享保险；当你需要借用一个朋友的汽车时，Cuvva 可以让用户买一小时的短时保险，同时只要用智能手机简单地为汽车拍个照，保险便能生效；Metromile 和优步公司合作，为优步用户提供按里程付费的个人驾驶保险，它能与为企业定制的按公里计费的汽车商业保险计划无缝切换；Trov 是另一个让用户（借用人）在其所期望的时间段内为某一特定物品（如笔记本电脑、相机或者自行车）购买保险的方案，其用户可以通过手机应用软件简单操作来开启或者终止对被保物品的投保。

共享业务是这些商业模式的核心，这些企业提供的新型保险产品改变了个体对保险的认知。不用签订冗长的合同或者联系传统的代理人或经纪人，就可以在任何需要的时候投保，这也降低了客户获取服务的成本。

运营新商业模式的初创企业

客户习惯基于保险精算模型预估未来的损失，加上保险企业的费用和利润，以此来支付保费。这种传统的业务模式造成了客户和承保人之间的利益冲突，因为更少的赔付会带来更高的保险公司经营利润。LAKA 公司开发了一种创新商业模式，协调了经营者和保单持有人之间的利益。客户只需基于已完成的理赔，加上初创企业的管理费来支付保费，其中管理费用于支付初创企业的运营成本。要感谢保费上限的存在（传统的再保险的保证），这保证了客户即便在竞争性供给的情况下，也不用支付多余的保费。为了鼓励客户增强责任意识、减少欺骗行为，如果客户能更有效地保护自行车，那他们就可以以更低的保费转到“更好的群组”中去。团队可以开始测试它们对自行车定制的保险产品。随着时间的推移，相信保险产品的范围将会更广。

企业通过采用新型商业模式化解了类似的利益冲突。使得不支付理赔款（将利润和发生索赔联系起来）或者像传统保险提供者那样增加销售利润不再具有激励性。多亏了最先进技术的运用，企业才得以在成本效益高的情况下运营，同时也能提供极好的客户体验。

未来期待更多

随着新技术的出现以及客户行为的改变，保险科技和具有颠覆作用的保险科技初创企业都在寻求不同的方法和不同的结果。

保险科技初创企业通过大胆采取创新举措来改善当前的行业结构，它们常常把其他行业的科技解决方案运用到保险领域，例如，美国气候公司极大地改善了客户体验，也为成熟的保险提供者赋能。这些初创企业有的从数字科技赋能者开始，有的作为全栈式承保人起家，它们都取得了巨大的飞跃，从而改变了保险企业的运营方式。它们通过质疑基本假定、重新评估，创造了全新的风险承保产品。它们运用实时数据和 AI，分析人们需要什么以及什么时候需要，并把企业利润和客户利益联系起来。

这并不是故事的结尾。下一阶段的改变将带来保险科技初创企业之间，以及初创企业和传统企业之间的独特合作。我们已经看到了，随着 KASKO、Snapsure 与瑞士保险企业 Baloise 的合作开始，会有很多其他的合作关系出现。新旧合作的新阶段无疑会带领我们迈向令人激动的保险科技新时代！

The INSURTECH Book

02 保险科技的现状和未来

摘要

本章阐述了关于“保险科技的现在下一步发展”的九种不同的观点。保罗·库莫（Paolo Cuomo）的“制图员的梦想”一文将保险科技比喻为一块尚未被标记的迷人的未知领域，等待着人们去发现、命名和分类，其关于探索历程和这一领域的相关观点并非夸夸其谈。

约翰·沃伯顿（John Warburton）构想了保险科技对保险从业人员的影响，尤其是对那些负责商业保险（Commercial Lines，CL）经纪和承销业务的保险工作者的影响。他还就科技驱动的改革、工作的未来、机器人流程自动化以及 AI 进行了展望，提出能让商业保险经纪商和承销商主动从科技中盈利的五项行动计划，并劝告众人一定要夯实自身的知识体系、提升共情能力等核心专业优势。

尼尔·汤姆森（Neil Thomson）提供了一种非常特殊的个人视角来帮助人们理解保险科技，他认为保险科技与传统企业的关系，好比学龄前儿童与长辈的关系，他们会从社会上的类似事物中学习。接下来的三篇文章将物联网或物品险（Insurance of Things，InsoT）看作展望未来的起点。尼克·比洛多（Nick Bilodeacc）认为，通过数字互联性、整合型保险产品、损失防范，以及以基于使

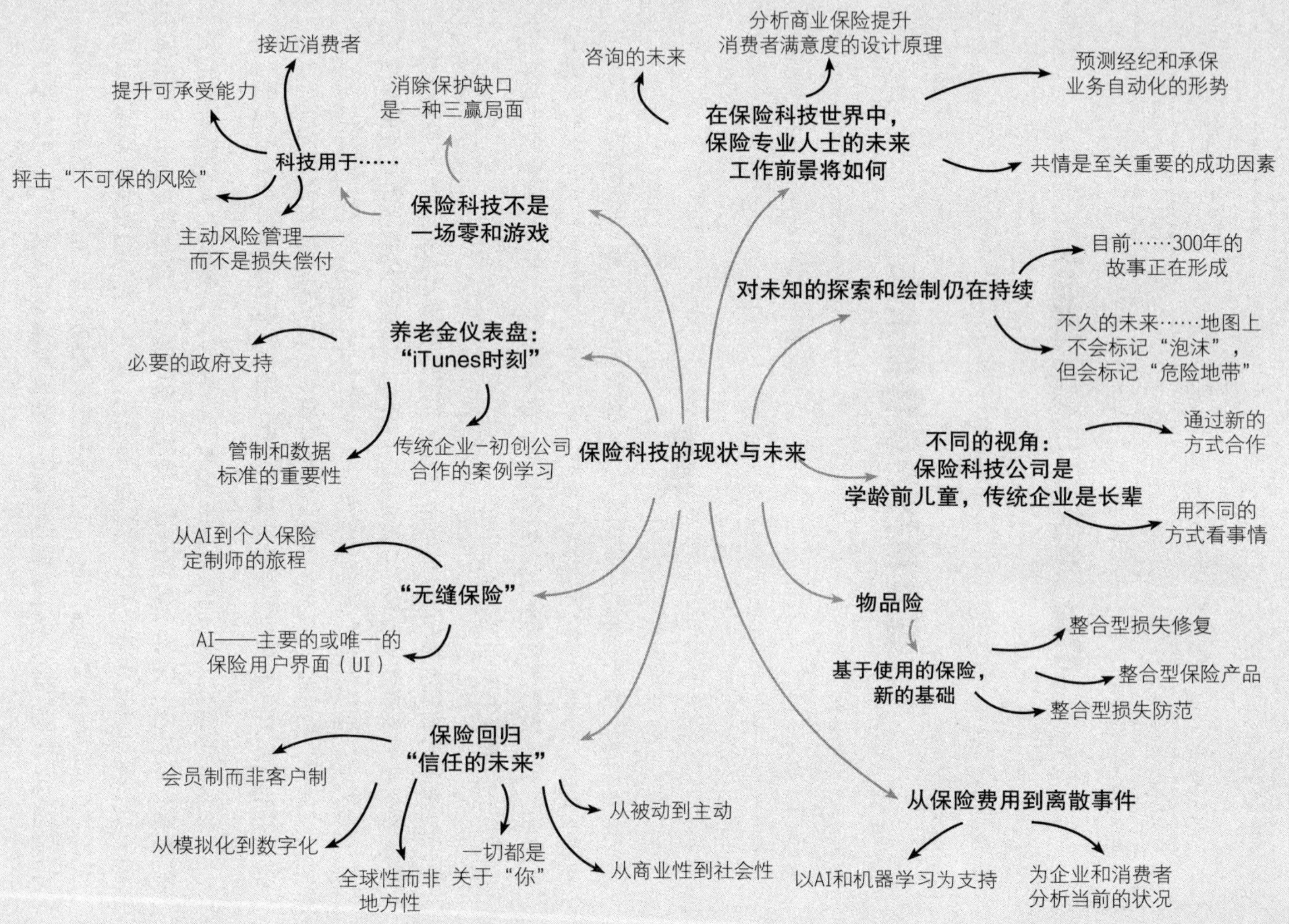

保险科技的现状与未来
在保险科技世界中，保险专业人士的未来工作前景将如何
咨询的未来
分析商业保险提升消费者满意度的设计原理
预测经纪和承保业务自动化的形势
共情是至关重要的成功因素
对未知的探索和绘制仍在持续
目前……300年的故事正在形成
不久的未来……地图上不会标记“泡沫”，但会标记“危险地带”
不同的视角：保险科技公司是学龄前儿童，传统企业是长辈
通过新的方式合作
用不同的方式看事情
物品险
基于使用的保险，新的基础
整合型损失修复
整合型保险产品
整合型损失防范
从保险费用到离散事件
以AI和机器学习为支持
为企业和消费者分析当前的状况
保险回归“信任的未来”
会员制而非客户制
从模拟化到数字化
全球性而非地方性
一切都是关于“你”
从被动到主动
从商业性到社会性
“无缝保险”
从AI到个人保险定制师的旅程
AI——主要的或唯一的保险用户界面（UI）
养老金仪表盘：“iTunes时刻”
必要的政府支持
管制和数据标准的重要性
传统企业-初创公司合作的案例学习
保险科技不是一场零和游戏
消除保护缺口是一种三赢局面
科技用于……
接近消费者
提升可承受能力
抨击“不可保的风险”
主动风险管理——而不是损失偿付

用的保险为基础的修复功能，就能够创造出下一代防范技术。

西尔维亚·迈克尔沃斯基（Sylvia Michaelowski）为个人保险和商业保险提供了保险行业的发展设想，即保险业将根据客户的定义和选择为他们的特殊时刻和特殊风险提供支持。

亨瑞克·沃尔皮（Henrique Volpi）以一个特殊的视角论述了相似的主题，提出了“无缝保险”的理念，并预测了 AI 经由 AI 私人助理演化为定制型私人助理这一不可阻挡的变化趋势。沃尔皮认为，AI 即使不是唯一的，也会成为最主要的用户界面。

伊冯·布劳恩（Yvonne Braun）分享了英国养老金仪表盘项目的发展情况，这将会是养老金的“主调时刻”。这一项目研究不仅证明了如何通过保险科技能够接受的方法（科技冲刺、协作、透明度、以消费者为中心）来缔造成功，也说明了规章制度和立法（包括数据标准）对项目最终得以实现的重要性。

苏珊娜·莫莱加德（Susanne Møllegard）对保险业持有积极的看法，她认为共享经济下的科技和共存将让信任回归，并引领整个产业走向未来。她提出的促进保险业转型的六大趋势包括会员制、社交媒体影响力、数字化自助服务以及全球影响等。

在最后一节中，尼克·马丁（Nick Martin）敦促我们局限于狭隘的保险科技争论，要抓住机会，解决保护和沟通之间的缺口问题，提升全球保险的可负担性及保险的渗透率，承保过去不可保的风险。某些新市场将会扩张到整个产业的规模，这不仅会增加市场参与者的利益，更重要的是会提高整个社会的福利。

关于保险科技的现在与未来预言，或许我们每个人都能参与其中并有所期待。

绘图员的梦想：探索并绘制新的未知领域

保罗·库莫

伦敦保险科技公司（InsTech London）共同创始人

“旅途的开端”这一常用短语正好可以用来描述保险科技目前所处的境遇。这个新兴产业如此稚嫩，以至于直到2016年，人们才达成一致，用“InsurTech”这个合成词来定义它（这个词是“InsureTech”的简单变形）。保险科技领域的大片空白也让我们感到自己仿佛是过去的地图绘制员。海上绘图员的专业用语“危险地带（Here be dragons）”也适用于形容21世纪早期保险科技定义路线图的情况，就像它适用于16、17世纪定义美国和澳大利亚的国土形状一样。前方的未知是迷人的，发现是惊人的，故事传说是扑朔迷离的，但幸运的是，这一次危险程度并没那么强烈。没错，在无疾而终之前，在因用户数量不足而导致风投资本打水漂之前，保险科技领域的第一批创业公司大多得到了迅速发展。那些因传统企业阻挠或因资金短缺而梦想破灭的企业，可能会像1912年斯科特船长[①]被冻死在南极洲时的感觉一样凄凉，但事实上并没有什么真实的生命会因此陨灭。我们的家人可能会抱怨总见不到我们，但我们身处一个可以视频聊天的时代，也不必真的要到一片从未探索过的领域；一餐比萨饼加馥芮白咖啡也许会对身体的胆固醇指标不利，但至少番茄酱可以预防坏血病。

我尝试着置身事外地去观察20世纪90年代晚期的手机和网络繁荣，去关注早期的工作。尽管我发现很难找到除克里夫·辛克莱（Clive Sinclair）和理查德·布兰森（Richard Branson）以外的真正的创业家，但我依然乐意去掌控这次保险科技的浪潮。尽管可能会冒着被猎杀的风险，但却不会有在完全无人涉足的森林中被野猪所伤的风险。

2015年初还没有保险科技。事实上，那时只有一些新兴企业在保险领域聪明地利用科技进行创新。人们用好奇和困惑的眼光看待这些与众不同的做法，却没有意识到它们正在创造新生事物。自从发现社交媒体能够聚集一批有着相似思维的客户后，英国互联网保险公司Bought by Many在英国做得风生水起的，这

① 英国海军军官和极地探索家。——译者注

实际上就是“大数据分析”的一种代理模式。10 年前，德国 Friendsurance 保险公司就在德国开始实行以科技为支撑的 P2P 保险概念。InShared 在新西兰开设了一家“百分百网络服务”“百分百自助服务”的保险公司。这些及其类似公司正在开辟新天地，它们忙于事务，以至于甚至不需要专门定义一个名词来描述它们所做的事情。直到 2015 年，我们置身历史悠久的、规模高达数万亿美元的保险行业，看着（或者更准确地说是“听着”）金融科技向传统金融服务领域发起攻击，才开始思考“我们又该何去何从呢”？

现在，不要再相信保险不具备创新性这一说法。的确，目前大多数保险的标的产品还遵循着同样的根据某些数据点算出的年保政策，这些政策始终没有改变过。同时，纸质保险在商业保险领域依旧流行，但这并不意味着保险业完全不懂科技，它早在 1744 年就已经开始使用数据分析了。当时，两名苏格兰教师就运用雅各布·贝尔内利（Jacob Bernelli）的前沿“大数定律”，通过数据分析首次测算了寿险的定期缴款，这也催生了如今市值数 10 亿美元的苏格兰寡妇投资公司。半个世纪前，商业保险市场在伦敦发迹。当英国伦敦处于全球中心地位时，咖啡店已成了英国人进行社会交际的场所，而到了 21 世纪，网络效应开始起效，市场上只有少数赢家才能脱颖而出。在位于塔街的爱德华·劳埃德咖啡店里，船主们聚集在一起分享信息，最终找到了分担风险的方法，这逐步演化为如今的保险业（分担风险的个人，在揭示风险内容的信息下签署名字，表示愿意承担风险，从而诞生了“承保人”的术语）。

在 300 多年前的模式中的诸多元素得以保留的同时，保险产业（包括寿险、健康险、个人险、商业险）也在持续进化。比价网站是 Web1.0 的一大成就，有了它，个人保险比银行业更早地接纳了互联网。人们常常讨论，以价格为首要考虑因素的比价网站究竟是有助于还是有碍于客户投保风险，但是从科技运用的角度看来，比价网站是走在最前沿的。就科技而言，商业保险在这方面的进化相对较慢，但那些有远见的保险公司总是想方设法承保各种新型风险，从而推进保险业的创新改革。我们生活的世界充满了各种风险，包括网络攻击、数据泄露、复杂的供应链、无人机对飞机的威胁、无人驾驶汽车、虚拟货币、商业性太空探索等，也有不断增长的“旧”风险，如灾难性气候、政治动荡等。保险公司想尽办法来更好地理解这些风险，这就要求它们掌握包括区块链、防火墙、可重复使用型航天器在内的所有知识。

很显然，在这样一个动态的产业中，“保险业的金融科技”地图不会空白太久。事实上，随着2015年的到来，探索家们已经纷纷出发了。2015年4月，20个人在伦敦一家昂贵的酒吧内开创了伦敦保险科技公司。发展的速度令许多创业公司为之自豪。通过由那些准备走向未知领域的探索家们组成的高尚圈子，保险科技生态系统迅速繁盛起来。这个圈子中不仅有绘制旅程图的制图员、造船者，还有愿意资助旅程从而分得宝藏的资助人。在过去，像哥伦布、麦哲伦、达伽马那样勇敢的白人在君主的资助下起航开启探险之旅，如今这些探索家们则与之不同，他们通常更加谦逊，很少由皇室资助，更多的是由风险投资基金和传统保险公司资助（再加上家人、朋友以及众包）。

创业公司的形式众多。发展创新分销模式的保险科技公司专注于个人保险业务，例如，从聊天机器人前端到通过机器经纪人销售的使用型保险（UBI）。同样发展迅速的还有许多为业主和保险公司提供更多风险信息的智能家居和通信产品，因为这既可以降低风险，又可以形成市场差异化。有一些企业家考虑创建全栈式个人业务保险公司，已取代传统保险公司的位置，2017年初创立的Lemonade公司就是一个典型的例子。但更多睿智的创业公司发现，寻求与传统保险企业（尤其是那些在面临内部创新挑战的困境，需要寻求出路的传统保险企业）的合作将会是一种更加简单的方式。

对于商业保险公司而言，不再需要建立P2P业务。通常来讲，可以通过成为管理总代理（Managing General Agent，MGA）来创建自己的保险公司，毕竟大多数想要分一杯羹的企业家并未想过要摧毁市值达数10亿英镑的龙头企业和利基市场玩家的价值链。因此，大多数创业公司通过在传统企业价值链需要大量科技赋能的地方寻找与之合作的机会。我们也看到了许多令人惊喜的触点解决方案，例如，低成本卫星图可以利用机器学习协助侦查诈骗，以支持索赔程序（包括索赔发生前的看法），在线新闻网站能够提升保险公司的见识，而物联网有助于监测一切移动的或具有传感器的物体。为避免让人们应接不暇，InsTech London（我在2015年参与创建的一个网络社区）创造了“TRAMBID”一词来表示一些关键的科技，每个字母分别代表：远程信息处理（T：telematics）、机器人流程自动化（R：robotic process automation）、增强现实技术（A：augmented reality)、机器学习(M：machine learning)、区块链(B：blockchain)、物联网(I：Internet of Things)、无人机(D：drones)。这其中的每一项科技都能使承销过程的多个环节逐渐变得流行起来。

市场不可避免地会出现一些空谈，并且毫无疑问，一些愚蠢的想法会获得不合理的投资，而一些好的想法却会由于种种原因而落空。投资者从互联网泡沫1.0时代中学到了许多，同时在过去五年里，众多保险科技投资集团在金融科技市场上进行了很多尝试。随着专注于保险科技领域的投资者的成长，以及逐步与各类新思潮对接的产业社区的形成，关于保险科技的种种设想将逐步得以实现。无论机器人、AI和数据使用是否会遭到抵制，仅对保险和保险科技而言，放缓改革的速度显然是一个更大的问题。

尽管有一些英雄式的失败(如英国的斯科特船长)成了特例，但在过去下大多数情况下，按照当时的时代标准，只有成功的探险家才会被当作胜利者铭记，而失败者将被迅速地遗忘。10年后，我们在反思如今狂热的改革浪潮时，一切都会显得自然而清晰。我们已迎来当前的关键时刻，要时刻提醒自己，虽然未来要走的路被迷雾笼罩，但毫无疑问“潜龙”就在前方。

保险科技将保险人置于何地

约翰·沃伯顿
Konsileo 创始人

专家警告：30年内，机器人将接管大部分人类工作。

《每日电讯报》(*Daily Telegraph*) 2016年1月13日

根据我们的预估，美国大约有47%的岗位正面临危险。我们将进一步证明工资、教育成就与职业的计算机化的可能性呈显著的负相关关系。

卡尔·本尼迪克特·弗雷(Carl Benedikt Frey)
麦克尔·A. 奥斯本(Michael A. Osborne)

就业的未来：工作对计算机化到底有多敏感呢？

牛津大学，2013 年

如果你对未来的工作不加思考和规划，那你将没有未来。

《未来工作》的作者雅各布·摩根（Jacob Morgan），2014 年

机器人流程自动化和 AI 对就业的影响引起了广泛的争论。有一些评论家（如牛津大学的弗雷和奥斯本）认为，超过 50% 的公共政策效应会因此消失，并给人类带来巨大挑战。此外，RPA 和 AI 还会对人们的工资产生极大的负面影响，从而带来更大的公共政策和安全难题，转型期间尤其如此。

在某种程度上，未来是悲观的。有人预测未来充满灾难，到那时，人们从属于机器本身或是大型强制性的公司。普华永道公司曾谈到未来的三种“世界”：“橙色世界”由专攻特定市场或拥有特定才能的小型机构组成；“绿色世界”由具备强烈企业或社会责任感的公司组成；“蓝色世界”则由强势且贪婪的大企业组成（参见普华永道的《未来工作：2022 之旅》）。随着“为生活而打拼”的时代的终结，随着工作和生活的虚拟化、无处不在的科技运用以及工作文化的标准化改变，这些场景变得令人信服且充满挑战，而且我们已经观察到这种趋势的苗头。

保险、科技以及未来工作

我们不得不接受职业不再可能“上升”的现实，我们不能将一辈子的所有希望都寄托在一家公司身上。

约什·波森（Josh Bersin），福布斯网站

对于保险业而言，科技驱动的改革有着一段十分错综复杂的历史。保险业早在 20 世纪六七十年代便开始接触科技，算是科技的早期采用者，这导致它成为第一个经历了科技“后遗症”挑战的行业之一，即在当时建立的复杂且让人难以理解的流程和系统上进行创新。这也导致保险业的就业人数一直相当稳定，美国有大约 240 万人，英国有 30.5 万人。然而，目前保险还行进在作者杰里米·里夫金（Jeremy Rifkin）所说的“第三次工业革命”的道路上。保险科技有望将保险业推向世界经济论坛创始人克劳斯·施瓦布（Klaus Schwab）所定义的“第四次工业革命”，形成物理、数字、生物世界的大融合。

保险业的“未来工作”问题尤其难以管理，这不仅仅是因为这个行业的历史遗留问题，也因为保险业内人士实际做的事情的真实本质。保险的核心是在特定事项发生时进行赔付的承诺。保险业得以发展起来的原因有以下几点：

- 预测事件发生的可能性极具挑战性（因此催生了保险精算师）；
- 平衡所有的因素并进行定价十分困难（因此有了承保人）；
- 追踪所有不同的承保承诺实属不易（因此发展了保险业的信息科技）；
- 人们不知道自己正面临着哪些风险（因此需要经纪商）；
- 计算出事件发生时合理的赔偿金额相当棘手（因此出现了索赔和理赔师）；
- 所有这些人都需要管理者，等等。

如果机器人或 AI 能够处理复杂而又重复的步骤，从而使业务变得更直观简便，难道就不怎么需要人工来参与这项工作了（也因此引发了争论）？很多人认为这次的科技应用浪潮将会减少就业机会，因为保险科技能减少复杂性，并满足客户对更清晰的、低接触式体验的需求。所以，保险产业的就业未来将会如何呢？哪些岗位将会幸存下来并持续繁荣呢？

奥特尔等人在 2013 年发展了用于理解“计算机化”对工作影响的经典框架（如表 2–1 所示）。该表描述了 IT 和各类工作之间的互补性。例如，对于一些工作任务而言，科技可以提升其效率和产能；对于另一些任务则截然相反，科技将成为劳动力的“本质替代品”。我们也可能想到一些会受到类似影响的保险工作。广义上讲，日常工作将逐渐消失和 / 或者被降低工资，而非日常工作则会持续获得合理的薪酬。自 2003 年以来，AI 方面的科技发展无疑将会将表 2–1 右列的一些工作转移到左列，如货车驾驶、医疗诊断等。

然而，需要考虑的一点是，以上所有的分析都是基于任务而非角色层面。显然，如果在工业化进程中，一个角色只负责一项高度重复的任务，那么当这一任务实现自动化时，角色本身就岌岌可危了。“去技能化”是自动化进程其中的一步，并且已经成为保险业中运营改革的特点，就像生产制造业在 19 和 20 世纪所经历的发展一样。就像更多制造业技术是建立在六西格玛原则和自我组织团队基础之上一样，保险机构也开始意识到赋权团队自己管理效率和有效性的价值，尤其是在隐性知识和共情至关重要的领域更是如此。隐性知识和共情的结合将持续推动保险业发展出令人满意的职业。

表 2–1　　关于计算机化对四类工作业务产生影响的业务模型的预测

	例行业务	非例行业务
	分析式及交互式业务	
一般的例子	• 记录 • 计算 • 重复性的客户服务	• 形成 / 测试假设 • 医疗诊断 • 法律写作 • 劝服 / 销售 • 管理他人
保险的例子	• 简单的产品报价 • 运转精算模型	• 复杂的索赔决策 • 寻找保险经纪商 • 发展 / 设计精算模型
计算机的影响	本质替代	• 高度互补性
	手工业务	
一般的例子	• 挑选或分类 • 重复性组装工作	• 保洁服务 • 货车驾驶
保险的例子	• 填报工作 • 填写暂保单	• 车身修复 / 维修 • 家庭紧急服务 • 物联网安装 / 配置
计算机的影响	本质替代	• 有限的替代性或互补性

资料来源：After Autor et al., The skill content of recent technological change: an empirical exploration, *Quarterly Journal of Economics*, 2003.

注：保险的例子由作者添加。

商业保险经纪与承销：科技助力卓越

大多数早期的保险科技活动都专注于加速日常业务的自动化进程。最明显的机遇就在于能够直接提升用户体验和效率的个人业务（即面向消费者的业务）。此外，其他许多市场中的消费者已证明了他们对自助服务的意愿。但在商业保险市场中，事情就不那么明朗了，况且正如图 2–1 所示，商业保险市场也没那么容易实施自动化。

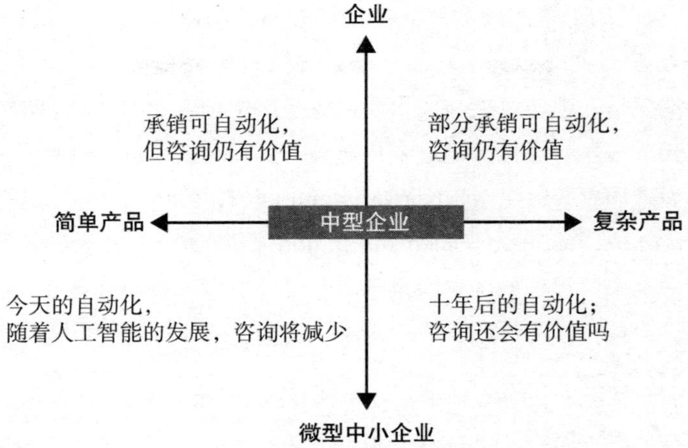

图 2–1　自动化的机会

资料来源：Konsileo，PKF Littlejohn。

正如表 2–2 所示，有许多因素加速或阻碍着商业保险承销的商业化进程。实际上，客户和经纪商希望在企业变得更大更复杂的同时保留人工交流，这阻碍了保险公司主动商品化市场的意愿与经济需要。

表 2–2　**影响商业保险承销商品化进程的因素**

需求方：经纪商及客户		供给方：保险公司	
加速因素	阻碍因素	加速因素	阻碍因素
• 经纪商对于与保险公司进行自动化数据交换需求的增长 • 客户的自助服务得以发展，因此保险公司能够掌控整个流程 • 个体和小组的安排，会阻碍个人承销商和经纪商之间的交易 • 对科技的逐渐熟悉	• 经纪商软件中心不能提供正确和丰富的数据 • 面对复杂风险的客户更看中咨询建议且希望拥有更多的保险公司选择 • 个人经纪商和承销商偏好开放式市场交易关系 • 比起承销商所在的公司，经纪商更信任承销商本身，一旦承销商跳槽，经纪商也会跟随	• 保险公司希望节约成本 • 运用 AI 处理复杂的评级模型及专家判断 • 对于投资商业新科技的兴趣增加	• 比起高额的运营费用，保险经济对糟糕的承销决策更敏感 • 数据是混杂的，且源数据组异常复杂 • 投资只关注于管理流程的自动化而忽略了承销商

数据来源：Konsileo，PKF Littlejohn，“Future of Commercial Insurance Broking”，Chartered Insurance Institute，April 2017.

“电子贸易”的迟缓进展和对商品化趋势的抵制被认为是不利的，但另一种解释是，市场参与者感知到了在当下的贸易关系中存在可替代的、非理性的利益。在这种情况下，惯性可能会成为商业保险市场和就业的持续力量之源。这意味着共情、长久关系、隐性知识对客户而言是有经济价值的。这样看来，商业保险市场的发展遵循着狩野纪昭（Noriako Kano）教授 1984 年在《日本质量管理杂志》（*Journal of the Japanese Society for Quality Control*）上发表的《魅力质量与必备质量》一文中所提倡的用户满意度产品设计原理。该原理被亚马逊这样的企业广泛运用，并包括以下几点。

1. **“必备属性”**。人们有所预期的、一旦缺失就会引起不适的最低要求（如保险中不能缺少说明和精确的文件）。
2. **“一维属性”**。能够带来满意度且一旦缺失就会引起不适（如能够快速联系上的保险经纪商）。
3. **“魅力属性”（或惊喜属性）**。不被预期但会得到称赞（如能够帮助客户理解风险的额外数字工具，或经纪商所做的额外分析工作）。

问题在于，为了节约成本，保险行业内的大多数流程创新都只针对“必备属性”和“一维属性”进行小小的改进。这意味着许多客户对创新持负面看法。同样地，相对少有的“惊喜属性”通常在一段时间后就变得平淡无奇（如索赔追踪），没有能够进行真正创新以保持持续惊喜的渠道。由于缺乏客户体验创新，加上商业保险本身极具挑战性与多样性，商业保险的自助服务和新提议发展迟缓。图 2–2 总结了客户在评估新提议时的想法。根据他们对自助服务保险挑战的认知，客户在便利与风险之间进行平衡。小型企业的风险被认为相对较低，而随着企业规模的扩大，风险将呈指数增长。

个人经纪商或承销商宣言

科技对个人承销商和保险经纪商的职业影响意味着他们应该：

1. 发展创新技能以及执行（即非例行工作）的隐性知识；
2. 发展基于共情的客户关系，而非仅仅依靠信息和市场可得性的不对称性；
3. 利用科技本身来满足客户或是利用科技空出更多的时间来与客户互动，从而传递客户价值；

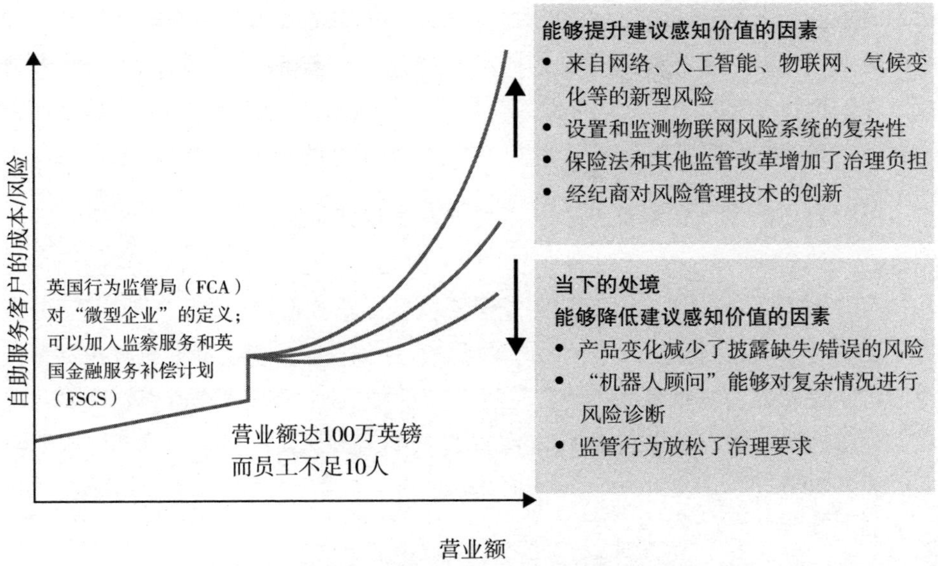

图 2–2　能够提升或降低建议感知价值的因素

数据来源：Konsileo，PKF Littlejohn。

4. 运用数据支持判断决策和提升专业知识；
5. 灵活处理工作方式、工作地点以及同事关系。

在保险行业工作的经纪商和承销商有机会成为他们一直为之努力的专业服务人员。但是，他们需要转变对自身角色的态度，同时也需要他们所效力的机构为其提供支持。

保险科技公司：奇妙的想法及其他成功秘诀

尼尔·汤姆森
Freelance 保险科技咨询公司战略销售总监

我们已经听过太多保险科技所带来的颠覆性威胁，以及我们所熟知的传统保险业将如何被倾覆。我坚信这些都是不真实的，实际上应该正好相反。我见证了保险科技与保险公司的结合，创造出了许多非常令人惊叹的机遇。保险的现状前所未有地好，未来看起来也十分可观！但是，这一切都是真的吗？保险科技和传统保险公司能够一起繁荣，一起变强，一起成长吗？本节的内容将从另一个视角探索保险科技与保险公司之间的关系，以及合作带来的广阔机遇。通过分享经验和知识，我们能够克服创新障碍，并为客户带来更好的方案。

保险科技的发展始终保持着一定的加速度，其对保险和更大市场的影响已经成为一种全球现象。尽管没有官方证明，但人们普遍认同保险科技这一词是在2015年7月首次提出来的。这意味着保险科技自正式命名以来，只经历了短短四年多的时间。我们感觉保险科技似乎已经存在很久了，但实际上只有四年多！我们将刚过四岁的小孩称为“幼儿”。我认为幼儿与保险科技公司有着许多共同点，分析这些共同点（见表2–3）能够帮助我们理解保险科技公司是如何取得如今的成就的。

表2–3　保险科技公司与幼儿间的共同行为特征

行为特征	幼儿	保险科技公司
要求很高	√	√
知道自己想要什么	√	√
更重要的是，知道自己不要什么	√	√
即时的满足，现在就要，而不是明天	√	√
想象力无穷，拥有“奇妙的想法”	√	√
想法的产生没有边界或限制	√	√
挑战现状，不断发问	√	√
快速且敏捷	√	√
不会将“不”作为答案	√	√
有限的耐心	√	√
注重现在与未来，而非过去	√	√

如你所见，保险科技公司与婴幼儿之间存在着许多共同的发展特征。这些行为特征能够很好地解释保险科技公司“不断成功发展”的原因。它们知道客户想要什么，它们拥有无穷的想象力，它们没有耐心，它们总是不断挑战现状。如果

通过比较婴幼儿和保险科技公司的特征能够帮助我们理解它们的成功的话，那么与传统保险公司相比又会如何呢？请注意，有些保险公司的历史已经超过300年了，甚至超出了人类的发展里程，如果将保险科技公司比作两岁的幼儿，那么我们也许应该将保险公司比作老年人！或许这样的比喻能够在某种程度上解释保险公司目前所面临的困境。长者有自身的优势，他们德高望重，拥有丰富的经验和领悟力，因此通常知道哪些行得通，哪些行不通。尽管经验带来的好处十分有用，但保险公司依然在其他方面受到了阻碍，尤其受其老化的科技系统所累。这些系统也许适用于20世纪90年代晚期（网景浏览器、掌中宝、迷你光碟播放器、电子宠物的时代），却难以在当今的时代中竞争，更遑论未来的竞争。

保险公司其实知道客户想要什么，但它们未能满足这些要求，反应也不够敏捷。它们通常被沉重的成本、官僚主义以及老化的科技所压垮。保险公司克服这些困难的方法之一就是与保险科技公司合作。慕尼黑再保险集团创建于2016年5月的Digital Partners全球公司已经与九家公司建立了合作关系，其中包括Blink、Bought By Many、Jetty、Next Insurance、Simple Insurance、Slice、SoSure、Trov、Wrisk等公司。2017年，英杰华公司（Aviva Ventures）向Neos公司投资了500万英镑，这是英国第一家结合了智能家居科技和家庭保险的公司。

拥有300多年历史的保险公司能从三年多的保险科技公司身上学到什么呢？

在进一步探索这个问题前，我想通过一个经典的保险之外的例子（绝对外部企业的案例）重点说明各个群体之间的合作将如何创造机会。美国西雅图的普罗维登斯山圣文森特医疗中心（Providence Mount St Vincent Care Home）不仅照看老人，也照看学前幼儿。每周有五天的时间，六周到五岁的孩子们与平均年龄92岁的护理院老人会进行互动，从音乐时刻、故事时间到艺术课堂，活动形式多种多样。护理中心的工作人员表示，贯穿人生整个阶段的人们都相聚在此，这通常既是一种欢乐，也是一种挑战。与学前幼儿们的相处改变了老人们，促进了他们的思维和身体活动。孩子们是开心舒适并且具有创造力的，他们通常想出许多新奇的玩法，来自得其乐。在2017年上映的电影《成长的季节》（*The Growing Season*）就是以普罗维登斯山圣文森特护理中心为原型的。电影名意味着幼儿与老人这两个群体在“当下”相处得十分融洽。在我看来，这就相当于将保险科技公司和传统保险公司混合在一起。保险科技公司敏捷而好问，且想象力无限，它们不断挑战现状并发展出更好的新主张。不断提出“为什么”是它们的一大特点，帮助它们颠覆现有的保险模式。尽管人们普遍认为保险科技公司对传统保险造成了威胁，但也有许多传统保险公司与新生代的合作案例，它们能够通过发展新主张来创造价值。像美国大都会集团（MetLife）、英杰华集团、安盛集团（AXA）、安联保险（Allianz）、信利保险集团（XL Catlin）这样的行业领导者已经发现了协同合作的重要性，并建立了专用的企业孵化器。

纵观整个保险业，保险科技公司和保险公司并不是合作进程中唯一的环节。创业家和投资人也应该被考虑在内。现阶段，投资人对保险科技的投资兴趣十分高昂，让我们一起追随资本吧！投资人和创业家的结合，保险科技创业公司及其狂野的想象力，传统保险公司广阔的客户基础和雄厚的财务实力，二者的合作将会是完美的，并能带来巨大的潜在收益。投资人在寻找能够解决大难题、创造价值的公司，而不只是对现有保险公司或系统进行细微修补的企业。投资人会追随利益，并投资在它们看得到巨大潜在收益的企业身上。在“X 因素”流行的时代中，新的想法和新的创业公司快速发展，投资人会选中那些拥有能够实现阶段性改变的想法的企业。拥有“X 因素”想法的公司会被投资人选中并对其进行指导和培养。其他的则会被淘汰，或者独自苦苦挣扎。保险科技公司和投资人热衷于探寻保险链中的每一个环节，这无疑将会带来更大的颠覆。保险科技公司及其新主张将深入有关降低成本和提升客户体验方面的探索，简化所有流程，甚至让索赔程序变得令人愉悦。

在 2017 年春天，我和我的孩子们漫步在伦敦街头，这是我第一次见到“大拇指”雕像。艺术家大卫·史瑞格里（David Shrigley）用青铜雕刻了这座 23 英尺[①]高的大拇指雕像，它的名字应该叫“真棒”。这座雕像积极地展示了最好的我们，它传递出一种乐观的信息：我们能让这个世界变得更好。我认为史瑞格里的“大拇指”巧妙地概括了保险科技和保险业的现状，即一切都是关于如何积极地通过想象力和专业性来让世界变得更好。

① 1 英尺 ≈0.3048 米。——译者注

物品险和保护扩散

尼克·比洛多（Nick Bilodeall）
加拿大美国运通公司市场营销部、保险部负责人

保险行业将变得更加有趣。近些年来，互联网、科技和大数据被融合到人们日常生活的各个方面和日常物品中。为此，人们写了许多文章来探讨这种现象。其实除了文献，我们只需看看周围的市场，就能明白这种现象将深刻地改变我们的生活方式。从 FitBit 公司的运动追踪器和 Nest 公司的智能恒温器，甚至到能够提供实时物品清单的智能冰箱和提供个性化护肤流程的智能镜子，我们都已开始窥探到即将到来的一切了。

这一切又和保险有什么关系呢？随着时间的推移，不断发展的数字互联，即通常说的物联网将产生连锁反应，在其持续进化的过程中，为众多产业带来广泛的增值效益与服务。保险最终将成为这些受益产业中的一分子，并更广泛地融入我们的日常生活中，这就是所谓的物品险。

物品险的世界将带来新一代的保护。到那时，传感器、实时大数据以及先进的分析学将结合投保人的简介，更深刻、更全面地了解投保人本身及其所处的环境，以及他所需承保的风险。反之，不论是以保险产品、损失防御还是恢复支持的新形式，这种更深入的了解和互联性都将有助于更广阔地传递保护和风险缓释。

一体化的保险产品

在产品端，装备导向型和数据共享型社会将使保险公司能够无缝地为客户提供不间断的保护机会。大多数产品奖变得更加个性化和紧密相关，这将对人们的行为和生活改善产生积极的影响 。

以基于使用的保险（Usage Based Insurance，UBI）为例。尽管 UBI 在十多年前就已经存在，但科技的进步显著提高了其市场渗透率，将其推向了更大的市场，并使得“使用才支付”的理念在十年后变得更加流行。车内的移动应用和系统自带的远程信息处理系统能将实时的驾驶表现数据录入驾驶记录，并根据个

人的驾驶习惯提供个性化评级。自动化保险公司的领军者 Progressive、Allstate、State Farm 等公司已经落实了一些项目，其他企业也紧随其后。UBI 还可以提升可得性，新的保险项目将承保原先不可保或难以得保的驾驶员。此类项目将帮助这些驾驶员学习更好的驾驶习惯，从而有机会获得定制化保费。

对于寿险和健康险而言，穿戴式设备使得对持续风险的剖析和根据“使用才支付”定价变得可能。比如说，寿险不仅能为你提供保护和心安，还能够让你活得更久。利用游戏化原理和科技，寿险将会根据个人饮食习惯等因素设计动态保费（食物成分识别软件将收集和追踪这些信息），链接的健康设备则会收集和追踪运动水平和关键指标。现在可以找到此类计划的一些早期形式，如约翰·汉考克寿险公司（John Hancock）和苏黎世保险公司（Zurich）推出了一些保险项目，并且为那些达到健康目标或采取其他有益健康活动的人提供折扣。

由于数字化提高了保险业的分销、承销以及管理的效率，降低了其成本并提升了与其他产业融合发展的进程，我们将会看到即期小额保险产品的显著发展。从锁定低油价到在飞机起飞前几分钟获得增值寿险，高度个性化和环境相关型的保险方案将融入人们的日常生活中。

一体化的损失防御

物品险环境下的数据将不仅仅用于更好地理解客户需求和提供个性化产品。同样重要的是，这些数据将用于进行早期损失发现和风险预防，并最终减少事故和索赔发生的频率和严重性。相连的汽车、家庭、健康设备，以及实际上联结任何其他事物的能力都将提供实时监控、反馈以及缓释措施。

围绕预防的角色和责任的定义界限将在跨产业时渐渐变得模糊。类型相去甚远的机构之间的合作将变得越发流行。保险公司是最需要发展的——从被动地参与索赔，发展为主动地、合作性地提供防损支持。

除了通过产品和定价结构影响防御，保险公司也将直接或间接地与制造商、科技公司、公用事业公司、公营单位以及其他各种机构达成合作，逐步构建复杂的风险缓释功能网络。它们将共同实施不间断的监测系统，预测和识别潜在问题，并在客户受到警示前就主动解决问题。韦莱韬悦（Willis Towers Watson）是一家全球性风险管理、保险经纪及咨询公司，近期与智能家庭科技公司 Roost 所达成的合作，为房地产保险领域此类生态系统的构建树立了良好的示范。这两家企业计划与其他机构一起创建一家家庭远程信息处理公司，以最大化应用物联网。这家公司将收集并分析家庭数据，以检测家庭远程信息处理设备对减少与水火相关的损失的效用。

新的损失预防系统最终究竟会带来怎样的创新呢？我们可以同时观察天气预报和家庭基础湿度仪，以密切关注即将来临的雷暴。如果水位上升过快，它们可以调节与其连接的地下室排水泵，并通知房主、管道工以及评判员，以便在出现故障时，将损失最小化并记录情况。

我们还可以进一步看到商业运输车队利用远程信息处理和传感器来更好地监控车辆的机械部件和地理位置，以提升维修服务质量。例如，传感器可以识别汽车发动机故障并触发停止维护，让车辆在路上自动和远程协调，以防止发生故障，造成潜在的交通事故。尽管尚未实现这一目标所需的全面一体化，但思科和 Sierra Systems 等公司已经提供了值得注意的车队解决方案，以帮助运输公司跟踪车辆，监测轮胎压力等指标，并可绘制和重构路线。

一体化恢复支持

数据驱动的保险业也将增强索赔服务水平和更主动的事故管理能力。其目的在于通过使用自动化和更简单的流程帮助客户减轻与索赔呈递相关的大量工作。

只要智能对象、智能合约和区块链技术抓住未来五到十年的时间，我们就可以看到索赔呈递、诊断、报告和服务提供商协调实现完全自动化。这将带来更快的处理、支付和恢复，更不用说更高的透明度和客户满意度了。

例如，促进 UBI 并鼓励安全驾驶的传感器同样能够在事故发生时通知第三方。它们能够检测事故，寻求救助（如救护车、警察、拖车），并向正确的人发送正确的信息（如谁在车上、他的病史、紧急联系人是谁等）。然后无人机就可以通过评估现场和拍照以记录损坏来开始索赔（某些保险公司已经在试行这些项目）。如果有人受伤，将自动提交医疗索赔，启动收入损失赔偿，并安排康复专家的预约。

接下来是什么

目前，我们关于物联网最终会对保险业产生的影响的探索只是些皮毛，显然还会发生很多变化。尽管科技最终会将保险普遍且无缝地融入我们的日常生活中，尽管我们已经开始看到一些变化，但完全实现这些仍需要一定的时间。它需要在不同但相互关联的产品和服务中进行广泛且实时的大数据集成。更重要的是，从历史来看，在某些地区改变法规和隐私控制的进程十分缓慢，这最终需要进行调整，以适应截然不同的信息交换方法和水平。幸运的是（对毫无准备的人来说，不幸的是），我们不是在谈论几十年后，而是在谈论未来五到十年。由于这已被证明可以提高安全性，在某些情况下，我们甚至会看到某些地区通过授权物品险的因素（如 UBI）来加速运用。

这些变化也将改变行业动态。除了与其他传统上不相关的行业（如制造业和零售业）建立运营合作伙伴关系，以及扩展到新开发的市场部分（如地理定位软件开发和传感器分析）之外，保险公司还将面临新的竞争对手。这些对手可能是熟悉数据运作的新进入者或一些著名企业，如谷歌、亚马逊或 Facebook。为了应对这一切，随着保险范围的扩大，一些保险公司将寻求专业化并缩小其关注范围。其他公司将利用其规模，与不断扩大的价值链一起成长，并发展自身所缺失的能力，以便适当竞争。一些保险公司将在内部开发这些能力，而另一些保险公司将对科技公司进行独特的收购和兼并。

无论实现物品险的方法和确切的途径是什么，我们最终都会看到一个全新构思的并永远转变的行业。

从保险费用到离散事件

西尔维亚·迈克尔沃斯基（Michalski）
米哈尔斯基咨询公司战略顾问

安联公司发布的 2016 年全球保险市场报告认为，全球市值达四万多亿的保险业在近 75 年里从未发生任何变化，尽管保险公司正在分销、政策比较、保险范围等方面开发新的商业模式。消费者经常在不了解保单涵盖或排除了那些内容的情况下就支付保费，购买家庭险、寿险、汽车险等。企业也会购买各种保险以覆盖其运营过程中的一般责任、错误和遗漏等。它们通过为自己投保，以降低风险。英国、美国、中国和德国的创业公司正在发展其他保险方式，如团体购买、汽车按行驶距离付费、危机众筹、社会风险（婚姻、儿童安全）以及包括偿还一部分保费。总部位于伦敦的 Bought By Many 是一家使用社交媒体和搜索数据来销售保险的保险科技公司，专注于研发消费者保险（以集体团队的名义购买保险），为一些特殊的要求提供保险产品，如宠物保险或私人医疗保险。保险创业公司既专注于为大大小小的企业买家发明更好的全新数字保险产品，也专注于特定行业，既可以为处于特定成长阶段的创业公司提供保险，也可以为顾问或餐馆这样的特殊职业或行业提供服务。提供差异化保险产品的公司包括：

- 美国 Metromile 公司，提议应该让消费者根据行驶距离支付驾驶费用；
- 美国 Lemonad 公司，提议应该让消费者购买形成公共资产池的保险，以支付其慈善或社会事业；
- 中国同聚保公司，提供家庭婚姻、失踪儿童和家庭团聚等领域的同伴风险分担；
- 美国 Insureon 公司，为中小型企业提供数字保险产品，在 15 分钟之内对各垂直行业（如零售、餐馆、IT、咨询、医疗等）提供报价。

提供目标保险产品的新公司都明白，消费者必要时会选择直接需求，而不是接受可能导致过度投保的全面投保。Metromile 公司指出，65% 的驾驶员会多付钱来补贴高里程的驾驶员，该公司定位于低里程驾驶员，每年可能为目标客户节省高达 500 美元。

保险业正在从普遍投保转向离散事件投保，这或许意味着它可以只覆盖特定领域，如生活事件，或聚焦于让消费者和企业可以缴纳更少的保费。

进化中的保险选择——消费者离散事件

根据与发生离散事件相关的消费者的独特情况，新的商业模式可以为其提供可选择的保险产品，无论期限是一天、一个月，还是由消费者自定义的时间参数。此处罗列的具体消费者情景证明了不断变化的选择是可能的，但事实上，消费者情景是无穷无尽的（取决于具体的国家和州的监管限制）。

- **不经常飞行、经常飞行或中转飞行的航空旅行者。**作为航空旅行者，我应该投保我乘坐的航班还是所有航班？投保那些可能取消或延迟的航班？我是否会被告知天气或承运人的运营记录，或是其他可能影响航班取消和/或延迟从而影响我购买保险的决定性事件？
- **不经常或经常开车的驾驶员。**我应该根据行驶时间还是行驶距离来买保险？计算保费时是否真的会考虑我的驾驶记录和驾驶区域，从而决定事故或盗窃发生的可能性？如果有人将我的车借走几个小时或一天，我应该让他们自己支付保费吗？我应该通过拼团来购买车险吗？
- **拥有众多私人财产的租客或房东。**我应该为所有的还是一些特殊的私人财产投保？我是否应该为新购买的物品购买买家担保险，还是完全不用考虑？我是否应该为那些有或没有担保人的租赁契约投保？已经有一些很好的案例说明保险科技能够这样帮到消费者。安盛公司已经和几家欧洲的创业公司达成合作，为客户提供更具创新性的保险产品，其中包括法国的拼车保险创业公司 BlaBlaCar、西班牙的家庭交流社区 MyTwinPlace，以及 P2P 德国保险公司 Friendsurance。

进化中的保险选择——企业离散事件

德国的 Simplesurance Group 和美国的 Next Insurance 这样的新型保险公司既为企业提供购买和比较保险产品的数字平台，也提供特定职业的专业产品。像安盛这样更加创新的保险公司正为一些产业提供担保特定气候事件的参数化保险产品。通过部署复杂的模型和分析，保险公司可以根据特定的离散事件提供企业保险，这些事件可能导致其他领域发生运营障碍和经济损失。美国气候公司旗下的 The Climate Insurance Group LLS 提供参数化保险产品，通过大数据分析农业，从而降低农民的风险。以下列出了一些特定的业务场景，说明了保险买方的实际业务需求，这些情况在保险购买过程中可能会遇到：

- **天气事件——预测事件或自然灾害。**作为农业公司，我们应该投保所有预测事件还是那些与干旱或雨涝相关的事件？作为零售公司，我们是否应该投保气候对于季节性销售的潜在影响？国家是否应该为一些或所有气候事件设立灾后基金以应对自然灾害？
- **安全事件——内部与外部。**公司运营可能会因为内部和外部的事件而中断，无论是黑客企图窃取信息和客户数据，还是员工违反公司政策。如果公司安装了可能阻止此类攻击的最先进的基础设施，它们是否还需要为网络安全投保？

企业通常会为网络责任、一般责任、主要官员、董事和高级职员责任投保，因为这是强制性的。这种类比与消费者情景类似，即要考虑需要多大的覆盖范围以及离散事件发生的可能性有多大？保险科技以这种方式支持商业保险有一些很好的例子，如 Indio 公司的例子。Indio 是一家总部位于美国的创业公司，为传统的商业保险经纪人开发了一个工作流程管理平台，可以将从不同运营商处检索报价和处理客户保险申请的手动流程自动化。通过 Indio 平台，经纪商可以访问平台所链接的商业保险市场、集中报价和数字工具，以便与终端客户相联系。今天，在数据和分析的支撑下，保险不断发展，为消费者和企业提供了多种选择和保险范围（全部或部分）来降低风险。成熟的保险公司会更加频繁地与创业公司合作，以提供更好的数字体验，一切都正在变化中。然而，随着 AI 和机器学习技术变得更加优越并被更广泛地采用，更复杂的模型将被开发出来，为消费者和企业提供高度专业化的保险。从保险费用到离散事件的征程即将完成，但这绝对已经是保险现在和未来的一部分。

无缝保险的实现就在当下

恩里克·沃尔皮

作家、保险科技创业家、Kakau 共同创始人

互联世界和数字化转型正在深刻地影响着每个行业，保险业也不例外，它正经历着自己的革命。焦点已经从 P2P 平台、按需合同和可穿戴设备，显著转移到用户和用户体验上了。数百年来，该行业在某种程度上以供应商为中心，关注损失率和营利性。这种关系是模拟的、官僚的、不友好的。从客户的角度来看，系统完全被破坏，政策昂贵、索赔的流程漫长而复杂、客户获得赔偿金的时间较长。另外，传统企业与其客户之间没有信任。就企业客户而言，很大一部分索赔规则最终需要通过仲裁委员会来进行讨论。

保险科技公司已开始改变这种情况，提供新产品、数字渠道以及以用户体验为中心的方法。客户正在成为“用户”，并从区块链、机器学习、聊天机器人和基于云的解决方案等数字化转型中受益，如 Lemonade、Trov、Oscar 等。那么接下来的趋势将会是什么？无缝保险。从未来主义者安德斯·梭曼–尼尔森（Anders Sorman-Nilsson）于 2015 年首次创造的“无缝银行”这一术语中，我们设想了“无缝保险”的概念，即一个人能够通过动态定价和完全的数字渠道随时签署按需保险合约。由于与你交互的每个可能的设备都已连接，你便可以在开车之前购买汽车保险，旅行之前在码头获得旅游保险，或者在可能遇到雷暴天气时，通过连接的冰箱获得家庭保险。无缝保险不要求客户应付分支机构、代理商、银行或零售商店等。

通过虚拟现实、信标技术、无人机和增强现实技术，可以很容易预见到在超链接世界中，银行或保险的体验将变得更加无缝。在大脑与 AI 平台整合后，不仅可以让你订购保险产品，还可以计算相关的风险、价值和选择，这有些超于想象，但到 2020 年中期将成为现实。AI 驱动的无缝保险之旅已经开始，在许多重复性很高的领域中，如索赔和服务任务，最初是在消费者方面，之后是在与机器互动的更复杂的企业方面，自动机器人替代了容易出错的和流程驱动的任务。实际上，索赔过程是完全自动化的明确候选人，不需要耗时的人工干预，除了机器流程自动化之外，还使用聊天机器人和机器人作为支持技术。美国的 Lemonade，澳大利亚、美国和英国的 Trov，中国的众安保险就是利用先进技术改造流程体验的典范。各类初创公司正在将机器人与机器学习平台和反欺诈解决方案相结合，以创造更快更好的用户体验，并在欺诈率方面为保险公司带来更大的成果。Lemonade 公司结合了上述这些功能，可在三秒钟内解决客户索赔。声明机器人不仅通过高级预测和分析取代整个团队，还通过一个交互点提供数字化体验。大多数大型保险公司致力于发展数字渠道，并没有这种复杂的反欺诈解决方案。这使得这种以机器人为主导的解决方案成为实现数字世界差异化的明显选择。

AI 作为保险的私人助理（PA）

由于聊天机器人解决方案随着机器学习主导平台的增强而发展，它们开始向价值链上游移动，以提供更好的客户参与，同时减少人工依赖。在最初将必要但烦琐的过程任务自动化后，机器人逐渐成为每项必要任务的助手。索赔流程的信息、政策变更以及取消将成为在“聊天机器人解决方案”的帮助下执行的自然任务。然而，在这种不断进化的场景中，如今的每一次交互都是通过数字媒体进行的，数据被不断地存储和分析，因此机器人将提供有关产品、日期、风险和机会的建议，就像监管框架参数范围内的大型数字比较助手或机器人顾问。我们可以想象，就像你租了一辆优步汽车前往机场一样，保险 PA 将建议你为机场之旅购买保险，即使汽车正在使用其自动驾驶选项。当你接近登机时，PA 将为你以及与你一起旅行的任何家庭成员提供旅行保险。由于所有相关的大数据和数字足迹都可以提供即时分析，因此 PA 将根据你在南美洲风险区域的停留，为你购买承保疟疾的具体保险产品。将 PA 与你过去与其他提供商（包括前保险公司的现有系统）的交互集成在一起将更加强大。

PA 作为定制师

当前数字行为与过去的交互，正是模拟与数字相遇的地方。将当前的数字数据与历史数据整合到一起，PA 将能够根据个人资料提供具体的动态价格。团体风险将很快消失，产品将根据大量相关数据量身定制，以满足独特个体的特定需求。这意味着用户将从大幅降低的保费成本中受益，因为个人将无须再补贴特定年龄或风险群体。使用在线遥测系统和大数据的动态定价对于用户和保险公司来说都是一个改变游戏规则的行为。这种增强的保险体验可能意味着我们所熟知的精算科学的退休。因此，让我们将这种新的精算科学称为精算科学 2.0。到那时，定价才有意义！

AI 作为新的用户界面

从与你的车辆互动，到订购保险产品以防你的微波治疗在未来出现违约，增强型保险体验没有实际限制。保险中的 AI 将成为新的用户界面。对于所有的客户体验和需要完成的任务，客户都将依赖于他们的 PA，并赋予它一个迷人的称号。事实上，PA 既可以让你的用户体验变得更好，也可以为你提供最佳建议，因为 PA 了解你的一切，无论是历史数据还是在线相关数据。这也是我们所说的真正的个性化。另一方面，传统保险公司和保险科技公司将通过专注于客户所属的细分市场的准确标准来吸引 PA 的注意力，这些解决方案或产品在需要时准确呈现并以最精确的价格定价。消费者将受益于动态的报价、响应流程，以获得新进入市场的相关产品，而供应商将更快地获得客户，并通过提高交互精度来更好地留住客户。

商业保险的无缝化

精准农业保险的AI很好地证明了商业无缝保险的可能性。我们已经看到了The Climate Corporation等早期市场进入者。Farm Dog、Farmers Edge、Aerobotics等创新企业也在近期大量涌现。在追求更大农业生产的竞争中，各种技术正在成为提高产量和质量，支持更精确的承保或在索赔环境中消除无关活动的关键驱动因素。想一想物联网设备、智能应用程序、无人机监控和卫星图像，它们帮助生产者就土地和耕作的各个方面做出实时决策。精准农业将帮助世界更大量地生产优质作物。然而，正如农民所知，农业生产无法保证成功，例如可能遇到的极端天气和疾病对作物具有重大的影响。事实上，农业是一项需要多年耕耘的业务，而龙卷风等外部因素却可以在瞬间破坏其生产过程，故保险在这一过程中对于生产者维护业务健康发展至关重要。AI、现有的精准农业技术和保险公司的运营系统相结合，不仅可以根据地理位置、地理环境和生产模式传播更公平的价格，还可以提供有价值的建议，以预测作物和害虫控制的未来需求。精准农业需要一系列精确的保险产品以捕捉生产历史，同时还应包含实时遥测技术，以便为行业提供更好的服务。

现在就开始吧

虽然这些有时看起来好像科幻小说，但提供无缝和无摩擦交互的技术已经可以在许多相邻领域中获得和使用。其唯一的挑战是它们实际上是在筒仓中进行的。我们使用Facebook的聊天机器人、Echo的语音系统Alexa和Jawbone的可穿戴设备的经验正逐渐变得越来越丰富。因此，保险公司和创新者面临的挑战是如何恰当地策划这些不同的部分，从而为提供无缝保险设计架构。关于这一问题没有明确的答案。公司可能正在经历一个反复实验的过程，会犯一些不可避免的错误。或许当企业将用户置于流程和产品设计的中心时，可能仍需要很长时间才能获得正确的结果，但企业将因此构建更好的产品和解决方案。保险公司和创新者应该利用新兴技术和流动的按需劳动力，将它们转化为促进经济深刻转型的催化剂。现在就开始吧！

为英国养老金储蓄者建立养老金仪表盘的可能性

伊冯·布劳恩
英国保险业协会（ABI）长期储蓄部总监

语音控制的AI科技从根本上重塑了我们对购物、娱乐、消费信息和使用金融服务的体验。英国金融科技产业是世界上最具创新性的产业之一，被政府视为建设高技能、高产能经济，并帮助消费者充分利用自身数据的重要组成部分。

然而，在很大程度上，退休储蓄领域缺失这种创新和开放式数据。当然，一些养老金公司开发了引人注目的应用程序，例如MyAviva，能够让客户更直接地了解有关养老金储蓄的最新信息，并提供帮助他们做出决策的有用工具。但是，养老金领域的许多客户互动仍然通过书面形式进行，特别是在基于信托和定额福利（退休金）养老金计划的领域中。

人们在一个岗位上工作数十年，其中退休金计划是许多员工的常态。假如一名员工将要在一个月内退休，这个月他们收到最后一张工资单，紧接着在下个月收到第一笔退休金，而这个过程他们几乎不需要参与。但是近几十年来，英国的劳动力市场发生了根本性的变化。在公共部门之外，定额缴款（defined contribution，DC）计划已经成为新常态，DC计划的成员已经超过了定额福利（defined benefit，DB）计划的成员。2012年推出的政府自动注册改革意味着所有雇主必须为其员工设立并支付企业养老金计划。这一较为成功的政策在2019年政策全面推出时，新储蓄者增加到了1000万。

这意味着当人们转移工作岗位时，将创建数百万个养老金储蓄罐，每个新雇主都会自动将新雇员纳入养老金计划中。政府估计，在整个职业生涯中，人们将有11个不同的工作岗位，因此很多人可能会在此过程中收集11个或更多不同的养老金储蓄罐。ABI保守估计，目前英国有超过6000万的养老金储蓄罐。由于人们很少想起养老金（在搬家时尤其如此），许多人丢失了养老金储蓄记录。英国工作和养老金部门估计，养老金损失约为四亿英镑。

除了这种宏观背景之外，还存在普遍的、确立的行为因素阻碍了养老金的参与。例如，人们的偏见和鸵鸟行为使得我们很难参与长期的规划，难于执行退休储蓄就是一个很好的例子。多次研究表明，许多人与养老金的联系很少。其中一项调查发现，有五分之三（59%）的养老金储蓄人员不知道自己的退休储蓄金额。与此同时，预期寿命有所增长，这是个好消息，但又引出了一个问题，即我们将如何为更长的寿命提供资金。所有这些因素都指向了同一个方向：我们需要为退休后的财务状况承担更多的责任，并开始参与我们的退休储蓄。

这就是养老金仪表盘项目的用武之地，通过让消费者在网上查看他们所有的养老金权利（包括国家养老金），从根本上改善养老金储蓄的消费者体验。接触千禧一代是“必须的”，国际上有一些例子可以提供灵感，比如 Scandinavia。

英国养老金仪表盘原型项目是一项有趣的案例研究，旨在通过技术、行业和技术合伙人的合作、透明度和创新来实现英国养老金的新愿景。

养老金仪表盘原型项目

当前任财政大臣乔治·奥斯本（George Osborne）在 2016 年 3 月的财政预算案中宣布该行业将“在 2019 年之前设计、资助和推出养老金仪表盘”时，ABI 和我们的成员都很高兴。我们已经在养老金仪表盘阿尔法项目上，与财富咨询公司以及其他一些人合作过。我们也在 2017 年 3 月组织了一项原型项目。在 2016 年夏天，英国财政部成立了一个指导小组，由来自该行业各个部门的代表和两名独立成员组成。2016 年 9 月，养老金仪表盘原型项目由财政部经济秘书正式启动。仪表盘项目的目的是让消费者能够全面了解他们所有的养老金储蓄罐。这将有助于消费者维持与养老金之间的联系，了解他们对退休的整体准备情况，并帮助他们做出决策。

在截至 2017 年 3 月的九个月中，原型项目将：

- 明确并记录养老金仪表盘共享数据的初始后端基础设施的设计；
- 使用匿名客户数据和数字 ID 构建并论证此类基础设施的基本工作原型；
- 从挑战和潜在解决方案中吸取教训，以便后期开发全行业的仪表盘的基础架构。

更广泛地说，该项目的目的是创建仪表盘原型，以论证多种养老金计划与养老金仪表盘链接的端到端的基础设施。原型项目的重点是表明“管道”的工作原理。只有当所有链接都能正常运转时，用户界面才显得非常重要。

该项目分三个阶段完成。在探索阶段，需要所有参与者完成注册，这一阶段也会确定用户的需求、探索技术和其他约束，并明确项目的范围、数据标准和原型的体系结构，以及身份标准和客户案例。

该项目还招标“发展合伙人”（即科技公司）来实际建设基础设施。在开发阶段，发展合伙人在一系列冲刺中构建所需的技术。该项目发布了在 Origo 的帮助下记录的原型数据标准，这些通用协议（或 API）使原型项目中的各方能够交互操作。

最后，在实证阶段，我们将向部长们展示原型项目，该项目拥有一系列包容性的开放式活动，以展示原型的工作，听取参与方的意见，并分享经验教训。这包括一项“技术冲刺”活动，用于实验原型，以探索其在 2019 年后的未来潜力和创新想法。

合作是关键因素

该项目成功的关键因素是合作。仪表盘概念与开放银行计划有很多共同点，但养老金部门比银行业更多样化和分化，大约有 40 000 个计划、两种不同的监管制度以及公共部门条款。因此，该项目可谓真正的跨行业。我们召集了 16 名赞助商为该项目提供资金，并在若干工作组中为其提供支持，以便做出关键决策，然后将这些决定带到指导小组。他们来自养老金部门的各个部分，包括 B&CE（人民养老金）、NOW：Pensions 和 NEST（英国国家职业储蓄信托缩写）的工作人员，还有怡安翰威特 Aon Hewitt 和韦莱韬悦第三方管理员，也有 L&G、英杰华、标准人寿、富达、保诚、LV=、苏黎世、皇家伦敦和苏格兰寡妇等定额缴款（DC）养老金保险商，也有封闭式图书供应商 Phoenix，以及汇丰养老金计划。我们还参与了养老金和终生储蓄协会（Pensions and Lifetime Savings Association），以确保在项目中体现定额福利（DB）和基于信任的计划的观点。

合作也是发展阶段的关键。21 家科技公司以无偿方式竞标该项目，该项目选择了六家公司：Runpath、Experian、Aquila Heywood、Origo、ITM 和 Safran。它们共同构建了两个并行的原型，二者可以在同一个用户界面中展示信息。

这两种原型的结构相同，其养老金查找服务位于养老金方案和用户界面之间。它充当消息传递中心，将查询从仪表盘中导入养老金计划，并将养老金信息汇集返还至仪表盘。这两种原型还根据工作和养老金部门的要求，进行身份验证，并发布国家养老金信息。在这两种情况下，养老金查找服务可直接地，或通过集成服务提供商间接地与养老金供应商联系。我们相信这些网络服务提供者将在整个行业的实施中发挥重要作用，以协助无法获得易读格式数据的方案。

透明度

该项目的另一个重要原则是透明度。它从一开始就设有运行挑战小组，让市场的不同参与者访问。在发现和开发阶段，从金融科技公司、养老金供应商、定额福利计划（包括公共部门）和消费者代表四个方面设立了四个挑战小组，以测试原型的范围并了解参与者的主要担忧，并讨论治理问题。

创新

当然，创新也很关键，可以适用于社交媒体上被称为养老金的“iTunes 时刻”项目。关于退休金仪表盘应该是什么样子的，并没有确切的答案，“管道”最终应该允许不同的仪表盘提供商以不同的方式吸引人们。我们在 2017 年 4 月的科技冲刺活动中，看到了实现这种情况的可能性。科技冲刺是 HMT2017 年金融科技周的一部分，由 21 家领军科技公司的八个团队组成，和消费者团体及行业专家汇聚在一起，使用原型中的数据集作为起点，探讨养老金仪表盘将如何彻底改变退休计划。一个团队设计了一项服务，将个人的应计养恤金收入与其他年龄段社会经济状况相似的人进行比较，并告诉他们比较的情况，以及他们应该在何处实现足够的退休替代率。这被称为“为年龄行动”，鼓励用户采取行动。

另一个团队则专注于向客户展示雇主而非供应商提供的养老金数据的时间表，并通过他们的领英账户交叉引用用户的养老金记录、就业历史，以找出差距并帮助他们找到损失的储蓄。第三个团队构建了一种产品，使人们能够将个人档案中的过去、现在和未来汇集在一起，产生对养老金储蓄与的热情，感受到所有权并能理解。

从原型到2019的现场服务

为了实现仪表盘的承诺，覆盖范围很关键。只有当仪表盘足够全面时，消费者才会使用它们。无论是公共部门还是私人部门，消费者都需要看到他们的国家养老金、DC养老金和DB养老金。

“意愿联盟”实现不了这种覆盖。许多基于信任的计划，以及一些参与者已经明确表示，除非有立法或法规要求他们这样做，否则他们不会优先考虑提供数据。仪表盘的基础设施的监管框架必须在创新、消费者的选择和保护之间取得平衡。仪表盘不能成为诈骗犯或主要生产者的载体。最后，需要一个治理机构或实施主体来建立数据标准、数据安全和数据共享协议，从而提出商业模型，而所有这些都需要经过参与者的测试。这种治理结构需要具有一定的商业头脑，能够实现创新并赢得消费者的信任。

也许最重要的是，该项目需要政府的持续支持。鉴于英国养老金领域的分散性，将项目交给没有政府支持的行业，也许能够实现仪表盘的基础设施，但需要的时间更长，而且不那么全面。政府支持对我们而言是巨大的奖励，再加上行业合作、创新和透明度，最终我们可以实现这一目标，并为数百万人带来积极影响。

将保险业带向未来的六大趋势

苏珊娜·莫莱加德

加工厂（Process Factory）CEO及共同所有人

最初，保险业只是同行组成的安全网，但随着时间的推移，保险业受其他行业的影响，产生了互助保险公司，然后股票保险公司也开始出现。尽管行业越来越专业化，但也出现了一些异化。此外，保险产品存在着基本结构的问题，即保险公司和投保人的利益不一致。从广义上来讲，如果保费水平最大化而索赔成本最小化，那保险公司将会获得更好的利益，而投保人则恰恰相反。

这会导致各方之间相互不信任。缺乏信任使得投保人在通报索赔或欺诈行为时谨慎行事，而保险公司则采取严格的承保规则、复杂的保险条款和昂贵的索赔程序。后果就是高成本水平导致费率高和客户满意度低。好消息是这一切都即将被改变。

如今的许多大趋势正以人们认为会让信任回归的方式影响着保险业（见图2–3）。矛盾的是，老式的信任机制通过现代科技的应用和在共享经济中共存的现代方式得以再现，使保险行业“回归未来”。

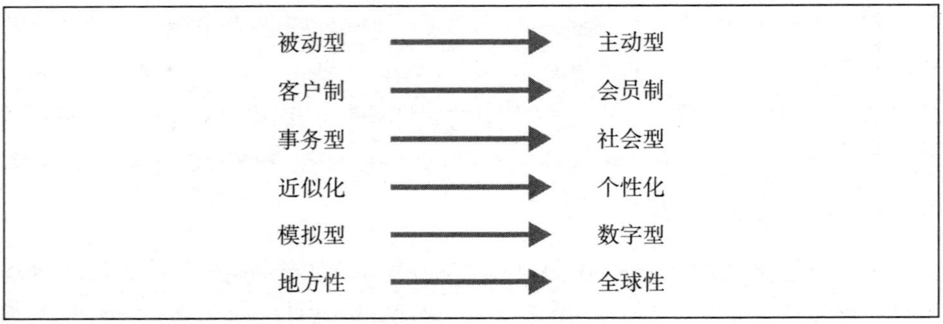

图 2–3　保险业未来的六大趋势

趋势 1：从被动型到主动型

保险的主要重点在于事件发生后的费用赔偿。尽管出于减少索赔成本的考虑，传统保险公司也测试了索赔预防措施，但它们尚未提出能够改变游戏规则的举措。

然而，从客户的角度来看，索赔预防优于索赔覆盖，随着物联网的发展，主动保险的政策开始出现，这将使保险公司和投保人的利益达成一致。初创公司对这一趋势较为重视，它们通过智能无线传感器检测火灾、水灾和非法入侵，从而实现索赔预防服务，以取代传统保险。英国保险科技创业公司 Neos 与国际专业保险公司 Hiscox 合作，提供一种新型住房保险，以全新的和具有前瞻性的方式将保护和保险结合起来。总部位于美国加州的 Omada 健康公司是另一个很好的例子。它们为客户提供一系列监控健康、体重、活动水平等的小型应用程序。它们的宗旨是先专注于降低各种慢性病的风险，然后再重点关注赔偿。我们看到汽车保险公司（如瑞典 Moderna 保险公司和全球保险公司 Discovery）使用远程信息处理技术帮助司机改善驾驶习惯并避免风险。你可以说这些智能产品是一把双刃剑。它们既开辟了新的风险类型，也为我们提供了监控和预防风险的新方法。

这种大趋势可以帮助传统保险公司转变其业务模式，更好地满足客户的需求。它也为来自生产或销售这些智能产品的新型行业竞争者创造了契机。我们习惯于将保险视为一种独立的产品，但在未来，索赔预防覆盖服务很可能只是许多保险产品承诺的必备标配之一。

趋势 2：从客户制到会员制

保险业的日益专业化和客户导向化将导致保险公司与投保人之间的距离越来越远，因为客户只从供应商处购买产品或服务，除了支付产品或服务外无须再做别的事情。

相比之下，会员制既强势又具有参与度。会员为这类关系带来的不仅仅是金钱。通常，你需要有一定的资格或者甚至通过规定的仪式，才能成为俱乐部或工会会员。会员身份使你对俱乐部或工会的其余部分有了应尽的义务，并要求你遵守商定的规则。

P2P 计划在全球各地的创业公司中越来越受欢迎，可以通过技术平台来实现这一趋势的产业化。在这些平台上，同行群体可以找到彼此并分担风险。同行因素可增加信任，有望减少保护措施和降低欺诈程度，这反过来又有助于保险供应商简化昂贵的内部控制结构。总部位于柏林的 Friendsurance 公司和法国的 Inspeer 公司是 P2P 保险的先驱，但如今在全球范围内，我们可以看到 30 多家保险科技创业公司提供了不同的 P2P 模式。英国 Cycle Syndicate 的模式是最纯粹的。但是，在大多数情况下，商业模式会涉及再保险和保费回收模式。在这些创业公司中，值得关注的有中国的同聚宝，它专注于婚姻安全等社会风险的保险，还有俄罗斯以比特币为基础的 P2P 保险平台。

趋势 3：从事务型到社会型

提供高度结构化的客户交互的交易系统是僵化的。这种系统并非以适合个人目标为目的来创建，这使得投保人深感渺小和束缚。

人们普遍信任家人、朋友和跟自己相关的人，但不信任陌生的销售人员。未来，我们将看到客户根据可信任者的推荐来选择保险。实际上，销售流程将外包给你现有的客户，或者为客户提供有意义的交互界面的第三方。其结果就是，保险公司影响销售流程的唯一方法是通过社交领域与客户或“潜在客户”进行互动。

如今，在我们生活的许多领域，参与度和社交网络方面的改变十分突出。参与社交网络是一种对话，而非单向沟通。我们看到新的市场玩家通过分享有价值的技巧和知识，回应同伴群体中的疑惑和问题，以创建社交互动平台来支持客户，从而将自己打造为一个相关且值得信赖的合作伙伴，它们所能做的不仅仅是提供保险。英国的 Bought by Many 公司就是一个很好的例子。它们推出了一个平台，帮助有特殊保险需求的人们联系并寻找更好的保险条件。Bought by Many 使用社交媒体与客户取得联系，促进与客户的对话，交换关于保险产品设计的意见。

社交也意味着接近客户，了解他们的需求，并让他们参与到开发用于社交互动的产品和数字方案的过程中。

趋势 4：从近似化到个性化

用于产品开发和价格设定的大多数模式都是基于由许多标准（如年龄、地址、索赔历史、住宅大小、汽车类型等）定义的不同客户群体的历史和匿名数据。因此，提供给客户的产品和价格充其量只是他们的需求和风险的近似值。在某种程度上，这就像只提供一种尺寸的衣服一样。对不同的人而言，有的适合，有的不适合，并且有可能在某一点上，每个人都觉得不合适。这很令人烦恼，同时还会导致不确定性。事实上，这就是大多数投保人对其保险的当下看法。

然而，这种情况正在发生改变，现在，我们可以通过我们旅行的线路、认识的人以及参与的活动来获取大量的相关数据。我们已经看到了初创公司开始提供被称为按需或按使用的付费保险。这是一种灵活的保险类型，根据投保人的实际需要和实际行为提供保险，比如，汽车保险的保费可根据里程数、位置和驾驶风格来计算。Metromile 是一家美国的保险科技创业公司，它们推出了按英里数付费的汽车保险；来自意大利的 Octo Telematics 公司也值得关注，它们为保险公司提供分析技术，使它们能够以新的方式关联风险。

还有旅行保险和人身意外保险，这些保险与投保人的GPS位置关联，投保人可根据位置开启或关闭保险。例如，美国创业公司Trov的个人物品险，其中投保人可以根据即时即地的需求在被保物品清单中添加和删除要投保的物品。

显然，个性化保险的主要优点在于，投保人只要在所需时间段内支付相关的保险费，就能确保拥有所需的保障。

趋势5：从模拟型到数字型

这可能是最明显的大趋势。一切都变得数字化，有趣的是它可以提升信任度。如果有自助服务的机会，那客户往往会因为更高的透明度和对保险公司内部（通常是官僚主义的）程序更低的依赖性而感到更加有掌控力。

由于陈旧的和不灵活的遗留系统和复杂的产品结构，大多数成熟的保险公司仍有很长的路要走。我们还没有看到由保险企业提供的自助服务平台，能处理整个客户生命周期，从购买保险到提交数字化的索赔。实际上，它们仍然需要人工来处理大部分基础流程。

然而，新的竞争对手希望实现真正的数字化自助服务平台，这种平台由增强智能和极少的人机交互辅助。我们可以预期，提供数字化自助服务平台的新保险供应商的数量将会增加。一开始，他们的重点将放在特定的产品上，随后业务将逐渐扩展。美国的Lemonade是一家初创公司，它致力于使用AI、聊天机器人和精益型App创建数字平台。

关键在于，数字化不仅仅与保险公司的运营效率有关。这种大趋势首先能够提升客户体验，其次能为客户提供保证速度、透明度和信任的解决方案。

趋势6：从地方性到全球性

如今的保险仍然是地方性的，当地的需求和法规影响着当地的保险产品和业务流程。很难想象这种情况会发生改变，但千万不要被愚弄了。初创公司正在考虑全球化，并将寻找价值链中成熟的元素来构建新的商业模式和新的技术解决方案，就像我们在许多其他业务中看到的那样。

很多人可能本能地限制住了自己的思维，认为其他五大趋势所产生的解决方案仅限于本地举措，但不妨看看支付、租房、电话和其他方面发生的变化。我们即将看到新的竞争对手瞄准了保险业价值链的一部分，为经纪商、P2P 保险、按需保险、远程信息处理解决方案和智能产品提供全球平台以帮助预防索赔。它们提供透明度、速度和信任度。在过去几十年里，在全行业范围内被忽视的关键价值阻碍了保险业向大规模和专业化发展。幸运的是，现在科技的改变和共享经济的发展可以重振这些重要价值，将我们安全地带回未来。

保险科技并非一场零和游戏

尼克·马丁
极地资本保险基金经理

由于新技术迅速扩大了可保风险池，保险业正处于可能会从资本充足转向资本不足的边缘。创新、开放、敏捷的公司将把从前无法承保的风险转变为有利可图的增长机会，这将进一步促进保险行业对恢复全球社区活力的重要贡献。保险科技创业公司正在不断地取得进展，但它们尚未完全了解机会到底有多大。寻求与创新型创业公司合作的传统企业更有可能抓住机会。

是时候跳出现有的保险科技辩论了

目前关于保险科技的辩论常常基于这样一个前提：全新耀眼的创业公司将以牺牲老牌企业为代价而赢得胜利。对话围绕着改变分销模式和改善客户中心性来展开。然而，保险科技不仅仅是一些试图取代疲软的现有产品的酷炫新应用。通过利用新兴技术并引入行业外的新想法，保险科技还可以帮助传统企业进一步提升保险在社会中的重要作用。人们常常忘记，保险是世界贸易和经济活动的润滑剂，在被需要时可以为弱势群体和社区提供第一线的保护。

被忽视的数百万美元市场机遇

瑞士再保险公司报告称，2016 年自然灾害和人为灾害造成了 1750 亿美元的经济损失，与过去 10 年通货膨胀调整后的平均水平一致。然而，2016 年的保险损失水平为540亿美元，这意味着保险业仅承担了灾害损失的31%。2016年的“保护缺口”为1210亿美元，而长期记录并不会比之更好。瑞士再保险公司计算，就10年移动平均值而言，1991年至2016年期间的保险损失增长了4.6%，而经济损失增长了5.6%。如今，专注于改善客户提议的保险科技创业公司可能会成功地吞并掉他人的利益。然而，提供解决方案来消除保护缺口所带来的潜在收益幅度更大（刚才引用的数据仅针对财产风险，当加入类似的人寿和健康保险的保护缺口时，机会就更大）。社会福利远远超出纯粹的公司利润。提高保险渗透率是提升全球恢复力的关键，能够抵御与灾难性天气和气候相关性危害有关的经济和人道主义风险的上升，在中低收入国家尤其如此。

运用科技消除保护缺口

在2016年的经济学人保险峰会上，后来就职于伦敦劳埃德公司（Lloyd’s of London）的汤姆·博尔特（Tom Bolt）指出，保险渗透率每增加1%，未保险损失就会减少13%，纳税人损失份额就会降低22%。既然提升保险渗透率的好处如此明显，那又是什么阻碍了保险业承保过去不可保的风险呢？应该有以下三个主要因素：

- 保险产品过于昂贵（尤其是与发展中的市场和新兴市场相关的产品）；
- 保险产品无法获得，因为保险业无法对过度暴露的、无法建模的或处于未知领域下的风险进行充分定价；
- “沟通缺口”导致产品缺乏意识和吸引力，这通常是由缺失的客户中心性和/或过度的产品复杂性引起的。这在成熟市场中非常普遍。

保险科技公司有机会与保险业合作解决这些系统“堵塞”问题，一旦解决了这些难题，就能够推动客户的需求增加，并扩大整体的保险费规模。不断上升的渗透率可以降低保费，从而形成良性循环。

让我们更仔细地来阐述这三个因素。

提高保险的可负担性

在过去10年（2006—2015年）里，美国投保人为商业风险支付的保费有将近60%用于支付索赔。保费余额被高额的交易成本（包括索赔结算、收购和管理）所吞食。保险科技能够降低信息收集的成本并提高其质量，使保险公司和投保人同时受益。传统的信息不对称将会消失。

许多保险科技创业公司都希望通过商业模式降低过高的分销成本，从而为更多的消费人群提高保险产品的可负担性。2016 年，世界银行协助肯尼亚启动政府支持的保险计划，以便在面临洪水和干旱条件时，为农业工人提供帮助。这项计划通过卫星获取数据，以评估地面牧场的可用性。当牧场可用性低于预定临界值时，将向参保的农民进行赔付。这种卫星的创新使用以及通过移动电话收集作物产量数据的计划预计将在整个非洲实施。在那些缺乏银行设施的地方，移动电话也可以作为一种支付机制。

承保过去不可保的风险

在这样一个加速创新的世界中，人们常常忘记保险公司最初也是数据公司。保险行业在数据分析的使用方面取得了相当大的进步。在过去（如 20 世纪 90 年代后期）的软市场中，行业正经历着大起大落的定价周期。但如今，由于更好的数据可以更快地应对损失成本的意外上升，利率变化幅度显得温和得多。数据之旅才刚刚开始。保险公司还有机会通过传感器和物联网、社交媒体、无人机等新的外部资源，来大幅度增强其现有的数据集。大数据和预测分析可以提供更好的洞察力，提高风险的理解力，这对于保险公司着手解决当今商业保险买家关注的一些关键问题至关重要。它们通常更关心品牌和声誉等无形资产，而不是现在大部分保险服务所依据的实体工厂和机械资产。

长期以来，人们一直认为保险公司必须持有所有的承保数据，因为这是它们竞争优势的一部分。然而，未来的获胜者必然会意识到自己根本无法拥有现在需要的所有数据，因此必须放弃传统的商业模式。达成合伙关系或与行业外人士合作将变得更加重要。

通过提升客户中心性来消除沟通缺口

保险业正在做出更多努力以缩小保护缺口。2016 年，保险发展论坛（IDF）启动。IDF 是由包括世界银行在内的国际组织发起的，其目的是支持保险业之间的合伙关系。它们的使命是运用保险行业的风险管理专业知识，帮助政府减少灾害风险，让保险行业在为全球社区提供恢复力方面发挥更大的作用。

在 2016 年国际保险协会的年会上，IDF 主席斯蒂芬·卡特林（Stephen Catlin）指出："我们谈论创新和新产品，但现实情况是，我们所熟知和喜爱的产品都不太畅销。"保险科技社区拥有多样化的技能组合，这些通常来自保险业以外，不那么孤立的保险业有助于保险公司的发展，为其消除消费者、政府和监管机构对保险产品社会价值影响的明显误解。在该年会上，世界银行集团财务和市场业务部经理山姆·梅姆博（Sam Maimbo）指出，当他处于深度技术保险团队和公共部门之间时，他花了 70% 的时间来解释保险行业所能提供的一切。

解决这种"沟通缺口"，与专注于更好的客户参与度的保险科技商业模式相似。此外，技术能够推动传统保险业模式从被动的损失后偿付转变为主动的客户风险管理。显然，后一种风险预防模式更有价值，它可以改善许多客户不满意的保险购买体验。增加产品的个性化将进一步增加其吸引力。

保险业不仅有利于自身，也有利于全球社会。目前，尽管行业的保护缺口规模不足，但任何能够解决这一问题的公司都可以成为未来新市场的先行者，也能为弱势群体提高社会价值和恢复力。许多人认为，目前保险业资本充足。但是在短期内，保险行业将从资本充足转向资本不足，而那些领先的公司将获得有利可图的增长机会。如果保险业完全融入科技和增强型数据分析这两股力量，那时资本将有机会变得更充足。那些与创新的、灵活的创业公司合作的保险公司可能最成功。创业公司可能会觉得自己可以单独行动，但它们需要那些擅长驾驭高度监管和复杂生态系统的传统企业的帮助。从本质上来看，保险行业是在出售一种承诺，如果创业公司忽视品牌的力量，尤其是一个值得信赖的品牌的力量，这将是愚蠢的。

通过降低成本和提高效率，科技可以推动承保之前不可保的风险。新的市场将出现，并将扩大整个行业的规模，这不仅有利于所有的市场参与者，更重要的是，有利于整个社会。

因此，保险科技并非一场零和游戏。

The INSURTECH Book

03

保险企业创业之旅

在这一章中，我们将探讨创业者的旅程。在这个时代变局中，我们所提到的创业者，无论是已经有数十年经验的还是初出茅庐的，都没有绝对正确的。

尽管一些全球知名品牌对此明白得有些晚，但如今已没有哪家企业会忽视新兴市场，或拒绝调整其内部业务实践，以适应快速增长的新兴市场。

无论是成熟领导者还是新受领导者，融入创业思维、强大的企业内部文化、精益发展，以及创造性精神都是他们首要考虑的事项。他们希望提供更精简、更快、更便宜、更贴近市场、更高效和更有吸引力的产品和服务，以满足不断变化的不同代际人群的需求，并在竞争激烈的市场中存活下来。

新兴企业的领导者面临两种选择：一种是走一条与传统企业截然不同的道路，并将它们颠覆；另一种是选择与它们合作并融合。然而，新兴企业无论选择哪条道路，都需要保持正确的价值观、原则和信仰，这些对小团队企业尤其重要，因为这有助于小企业专注于实现既定愿景、使命和目标。

与推动市场发展的年轻同行一样，传统企业也正在学习重新配置业务，包括通过轻松拥抱颠覆性创新和精益方法，来实现低成本、高效率的解决方案，并使其业务跟上新世纪的发展节奏。它们搜寻并公开发布有助于其成长和实现差异化的竞争，或获得竞争优势的解决方案和产品。尽管如此，它们仍需在复杂的市场中学习新兴企业创始人的经验，并时刻牢记在未来与之签署双赢协议，以获取可

大而不倒

- 在1955年创建的公司中，目前仅有12%的公司仍然存续。
- 1955年创建的企业的平均寿命为55年，而现如今的企业的寿命却不到十年。
- 新企业至少需要两年时间才能达到10亿美元。
    - 10亿美元规模的新兴企业：

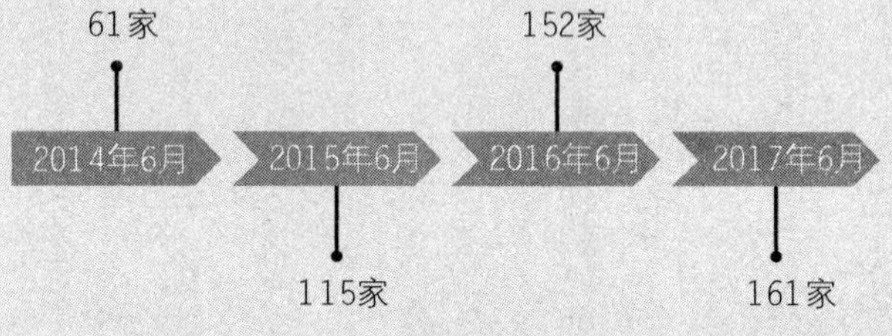

- 前五名初创公司：优步、滴滴出行、小米、爱彼迎、视眼石（Palentir）
- “不倒”的含义：
    - 营销策略明确；
    - 多元化团队；
    - 挑战性的任务；
    - 保持精简；
    - 承认失败；
    - 享受成功。

未来科技的前瞻

- 软件和服务是未来五到十年最具研发创新潜力的两个领域。
- 对初创公司的投资每年都在增加，但大部分初创公司的投入金额都比较小。
- 传统企业和保险科技领军者为它们的事业开创了许多不同的能力。

传统保险企业	保险科技企业
结构	技能与能力
流程	明白何时拒绝
文化	工作章程
专业知识	积极乐观的态度
关系处理能力	应对混乱的能力
评估和部署	测试和学习

通过这些能力的结合，保险科技公司和传统企业将能开发一个可以降低员工和业务风险的生态系统。

能的巨大利益。

在本章中，创始人将分享其在企业运行和差异化道路上所面对的内部困境，在利用新兴技术的过程中，他们学习强化对 AI、遥测技术和基因组学的操作理解。

“大”也要学习如何不“倒”

鲁斯·波利布兰克（Ruth Polyblank）
欧洲安达保险公司中小企业和数字部负责人

保险格局与现状

从次级抵押贷款市场崩溃和随后的全球经济衰退（2008 年金融危机）中得出的最基本的教训是：任何制度都不是绝对可靠的。一个组织，无论其市场地位、声望或历史如何，只要它在该行动时选择了无动于衷，那么它距离失败的风险就只有一步之遥。

现存的传统保险组织，无论是保险公司、经纪人、损失理算人还是理赔公司，经常会因未能创新或颠覆保险市场而遭受批评，也许这并非没有道理。

从不成熟的传统平台的死亡和“我们一直都这样做”的定式思维，到过于保守和等级森严的内部委员会设计的过时协议，保险业的现状基本上仍保持不变。这一点在市场准入壁垒很高、存在大量中介的商业保险中尤为突出。

然而，行业媒体中存在着许多“大胆的承诺”，即传统保险公司推出了某些“令人兴奋的”新举措——承诺创新、“数字化”或颠覆。如果这些都是真的，那就意味着传统保险公司正准备使用很多新工具来进行变革。未来这些变革既会影响到公司的资产负债表，也会改变过时的客户体验。其影响的方式类似于其他正在创新的行业（如医疗保健业）。根据普华永道 2016 年全球创新 1000 研究报告，医疗保健业将通过计算机和电子技术成为研发支出最大的行业类别。然而，这些为变革做出的所有努力，其结局尚不明确，最终可能只是规模得到增长，而非模式的转型。

有趣的是，创新似乎仅限于改善某个单一流程（如分销或体验），而大部分工作都在独立于主要业务外的孵化中心进行，孵化中心则通常位于潮人集聚地。这也引出了一个问题：为什么在确保大型组织保持其相关性方面，现代经营方式（如以 IT 为主导的经营方式）没有被广泛地采用，或者说这种经营方式没有得到其应有的渗透?

为何创新对传统企业来说更困难

创新要求组织能够摆脱现状，从一张白纸开始，将业务的关注点集中在某一特定的结果上，而这个结果通常是客户。然而，对于传统企业而言，最重要的是安全性。整个保险业一直是根据历史数据做出决策的。对保险公司来说，将其与现状分开对盈利而言是不利的，创新业务很可能不会取得成功并带来利润。此外，传统企业的变革动机可能并没有那么强烈。保险行业对来去匆匆的威胁言论早已司空见惯，而关于一场巨大的颠覆者正在伺机而动的猜测酝酿已久。只不过，对这种威胁的习惯化已开始发挥作用。

打破思维定式是成功创新的关键，当变革要求打破思维定式时，有些人可能会全心全意地接受，而其他人，无论是某个个人还是某个团队，都会将传统习惯作为拒绝打破思维定式的理由。改变文化和接受变革是创新的基础，但由于员工通常习惯于消除风险并坚持平稳的业务流程，这一点可能成为创新最难克服的挑战之一。

正是这种不情愿，使得大型组织内部的许多流程在涉及创新时，其目的都无法达成。传统保险公司的购买流程是由建议征求书（RFPs）或提案申请支持的，它与科技初创公司的参与式流程在运作方式上都是潜在合作伙伴可能遇到的最大问题。当把大多数 IT 部门要求的尽职调查和冗长的法律合同谈判考虑在内时，这一点尤其突出，因为这会触发接踵而至的财务和信用检查。

如果一件事被证明是成功的或至少是无害的，那么不去做的话，就会违背直觉。从盈利到亏损的转折点从来都不是清晰可见的，甚至连预测都很困难，所以一个组织坚持总体规划直至失效的做法是可以理解的。不同于千禧一代的“害怕错过”，传统企业正被更多的“害怕失败”所困扰。创新既不适合胆小的人，也不适合平庸的人。

结果是不可预测的，对于那些董事会成员而言，其个人职业生涯规划时间可能只是位数，所以指望这些几乎没有或根本没有兴趣去创业的董事会成员一意孤行，合理吗？我们的保险业就像一艘难以掉头的巨轮，它是经过几代人的努力建立起来的，健全、安全的决策和降低风险的程序是其根基。因此，让这艘船掉头需要一段时间，而这是建立在航向不会在航行中被再次改变的假设上做出的判断。

简而言之，传统保险公司并未创新，因为它们不愿意放弃传统。它们依靠经验做出此决定。但是，这些决策者的经验通常不包括创新或变革管理。这种情况与对失败、制度性和内生性的恐惧相结合，就构成了抵制变革的原因。

错位的实践

另外，保险业还存在着保险与创新错位的情况：理想的初创公司在尝试伟大的实践——将其客户作为决策考虑的核心，但它们往往难以获得基本保险承保能力或良好的最低业绩。传统保险公司拥有丰富的专业知识和强大的承保能力，但却很难改变其思维模式，采用灵活的工作方法和新技术（至少不要因制度体系而错误地使用新技术）来深入市场。如果将二者的长处组合到一起，无疑将会使保险更强大。

试想一下，一家拥有大型保险集团资源的初创企业，或者拥有同等级别的敏捷性思维和跳出定式思维的初创公司，会是怎样的？

答案就在眼皮子底下

抛开传统保险公司的决定，以及实施创新或变革性措施所需的企业文化转变，让我们一起回顾一下传统保险公司所具有的显著优势。

正所谓成功的关键是发挥自身的长处。相比创新企业，现有的传统企业拥有惊人的资源，如它们的资金规模、现有的销售渠道以及法律、人力资源、市场营销和销售方面的内部专家。与其他现有的潜在进入者不同，保险业丰富的专业知识和数据意味着，至少在理论上，现有的传统企业是最适合创新的。

其他行业成功的创新专注于以最简单的方式向客户提供服务和产品来实现更好的客户体验。那么，传统保险公司如何将丰富的保险经验和强大的承保能力带到创新中，并为那些风险厌恶者或希望实现未来财务平衡的人提供保险服务呢？

如何大而不倒

关于这一点，并没有唯一的正确答案，但肯定有很多建议，如果传统保险公司能采纳的话，将显著提高其成功的机会。具体建议如下。

1. **从高层开始执行。**高管人员需要重视创新工作，并准备好迎接挑战，采用新方法去处理棘手问题。
2. **大胆提拔。**找到那些具有前瞻性思维、以客户为中心的员工，让他们有机会进行创新和迎接挑战。他们可以帮助公司从内部实现改革的愿景和蓝图，但如果想让他们取得成功，就要赋权他们并给予支持。最佳的侯选人可能并不起眼，很可能就在营销、精算或者承保部门。
3. **客户战略是王道。**创新本身不是目的，要确保采用良好的商业客户战略以支持创新目标。让机会去引导创新，而非技术或能力。
4. **创建多元化团队。**创新需要的多元化和广泛性不可能在一个小群体内实现，不同的观点和多样的经验有助于解决问题。
5. **优化工作流程。**从指定新的供应商到简化尽职调查，确保你的工作流程与风险相匹配，并授予员工完成相关工作所需要的权力。
6. **不要优柔寡断（过度思考）。**采用敏捷工作方法、使用概念证明和最小可行的产品开发，意味着你可以在工作中学习，而不是被成本与收益分析所支配。
7. **庆祝成功。**创造力是可以传染的，特别是在有实际利益的情况下。分享成功案例有利于创造一种更加积极和开放的创新文化，这有利于企业发展。
8. **接受现实。**并非每个员工都会参与创新，也不需要每个员工都参与创新。并非每项计划都会取得成功，也不是每项计划都能付诸实践。关键是要从失败中吸取教训，并一次比一次更接近成功。

大不一定不倒

事实上，传统保险公司并不会因为太大就不会倒闭，这一点毋庸置疑。但它们是否会因为太大而无法创新并最终灭绝呢？

我们有理由保持乐观并期待一个保险生态圈的形成，在这一生态圈中，保险科技初创公司、行业新秀和传统公司共存，以降低业务和客户风险，允许客户自行选择最佳的风险保护措施。

我们能将保险业能作为传统企业走向创新的案例来研究，这是多么令人兴奋的事情！

虽有些讽刺，但大型传统保险公司如果想避免失败，就必须承认并接受一定程度的失败。

保险专业知识、家庭和诚信：SPIXII 创始团队的故事

阿尔贝托·齐利奇（Alberto Chierici）
SPIXII 联合创始人兼首席运营官

雷诺·米利恩（Renaud Million）
SPIXII 联合创始人兼首席执行官

艾玛·佩格（Emma Pegg）
SPIXII 营销主管

SPIXII 是一家总部位于伦敦的科技初创公司，由意大利人阿尔贝托·齐利奇、法国工程师雷诺·米利恩和来自意大利的计算机科学家阿尔贝托·帕斯卡鲁图创立。公司的目标是：重新定义保险公司与客户之间的关系，并使保险运营过程变得简单透明。公司的方法是：与保险公司合作，建立一个以 AI 技术和行为经济学为基础的自动化数字代理人，将有助于保险公司为其客户提供无缝的数字体验。

我们都知道人人需要保险。但是，当保险以恐惧为出发点进行销售时，保险公司往往会变成恶棍而非英雄，即使它帮助客户过上更安全、更有保障的生活。我们创立 SPIXII 公司已有两年了，在创建过程中我们学到了很多，其中最核心的一点是必须彻底改变保险业。以下是我们学得的一些教训。

定义目标

2012 年，我们因为友谊而开始了创业生涯。我的联合创始人雷诺相信，目前保险的销售方法已经过时，我们首先应该更清楚地了解客户的需求。他与许多朋友以及其他网上的客户达成了协议，即记录他们购买保险时的痛点。雷诺开始有了一个全新的概念雏形，当他和阿尔贝托·齐利奇以及我讨论这个想法时，这个概念也逐渐被他完善了。

我们在保险精算师的学习班中相识并一拍即合。雷诺解释说："阿尔贝托是我第一个与之深谈的人，我们对保险有着相同的热情，并相信可以用不同的方法销售保险产品。在接下来的两年里，我们交换意见并相互辩驳。然而，直到 2015 年，保险公司才开始优先考虑数字化转型，并探索硅谷才有的新趋势，于是我们知道采取行动的时机到了。"

在这种情况下，我意识到，尽管我们分别得到了为五大咨询公司之一的公司做精算师的工作机会，我们也不得不抓住这个机会。为了创业，我们不得不放弃一个安稳的职业生涯，转向风险更大的职业。

2015 年 5 月的一个周末，我们在参加黑客马拉松赢得"孵化奖"的同时，雷诺和我将我们的第一个想法命名为"Safer"。尽管我们拒绝了去慕尼黑进一步发展的提议，但我们相信这个提议表明我们正在朝着正确的方向前进。在去年 12 月被一家创业加速器公司录用后，我们辞掉了工作。2016 年 1 月，我们注册了这家公司，这是我们离开办公室并开始与人们交谈的第一个决定性时刻。

雷诺会告诉你："作为一名技术人员，与陌生人开始对话并不容易。但在采访了街头咖啡店排队的人后，我们发现一旦我们触及人们的痛点，他们就会逐渐理解被我们采访的价值。"

在那些双方都高度参与的采访中，我们确定了第一个细分市场目标——年轻的专业人士。这一细分市场迅速扩展为“互联网消费者”，即几乎完全使用智能手机购买保险的人，他们购买保险时的第一反应是向朋友或家人寻求建议。我们意识到，如果我们能够创造出能够为他们提供建议的技术，那么我们的公司将迅速发展起来。

因此，我的第一条建议是：在为特定客户群开发技术之前，先与他们深入交谈，以便尽可能地了解他们的需求、确定他们的痛点。你的客户在日常生活中面临哪些问题？你的技术将如何提供帮助？如果你能够明确而有说服力地解决这些痛点，那么你的企业就有更大的成功机会，从而让目标客户了解你的价值。

制定业务规章

在创业的初期，我们就决定制定一份业务规章，即一套能够指导我们各个方面工作的原则。雷诺、阿尔贝托·帕斯卡鲁图和我于 2015 年 12 月在米兰会面，讨论 SPIXII 公司需要做什么。我们讨论了各自的偏好、厌恶、优点、缺点和核心价值观，总的来说，我们的结论是友谊、专业精神、家庭意识、开放、信任和尊重、企业家精神和持续的好奇心。这些价值观成为我们的基本准则，并渗透到我们团队中的每个人心中。从那时起，我们才开始真正感到 SPIXII 像一个家庭。

我们发现，一旦以如此清晰、透明的方式阐述 SPIXII 品牌的核心价值，就更容易吸引符合这些价值的人才。正如雷诺所指出的那样：“在一家年轻的初创公司，没有时间可以享受舒适或稳定。每个人和其他人的联系对于创业管理的起起落落都至关重要。”

询问我们三位创始人中的任何一个人，我相信我们都会说同样的话：第一批员工对创业公司的未来业务非常重要。我们发现，通过确立共同价值观，并以之为基础，确实可以吸引符合我们公司文化的志同道合者。

我们的第一个雇员

我们的第一个战略雇员是约翰内斯·温德斯（Johannes Windus），他加入了我们的团队并担任业务拓展经理。他的大学专业是保险，并从事过相关的销售工作，约翰内斯和我们一样，对保险销售基于恐惧而非信任的销售方式感到失望。

在德国工作期间，他撰写了一篇关于数字代理商如何改变保险业的论文。他阅读了《金融时报》的一篇题为《十大金融科技初创公司引爆保险业》的评论文章，并在第二天就给我们发了电子邮件。三天后，我们在慕尼黑与他见面。一个半星期后，他开始在伦敦帮助我们开展业务。

弗里德里希·罗尔（Friedrich Roell）是SPIXII的后台开发人员。雷诺通过一位朋友结识了他，之后，他就辞去工作加入了我们的团队。当时公司的总部在慕尼黑，他每个月都会花两到三周的时间在伦敦工作，他将与SPIXII公司的合作描述为一项非常有益的“激烈的情感冒险”。

适应和拒绝的重要性

廉洁是SPIXII公司业务规章的基础。然而，当预算紧张且未来不确定时，坚持这项基本原则可能是一种挑战。对于雷诺来说，“创业公司面临的最大挑战之一就是要将其长期愿景与短期生存策略加以平衡，但对于某些拒绝是难以下定决心的”。

正如许多初创公司所熟知的那样，提高企业知名度的能力通常与募集资金的能力相关。在我们创业之旅的早期，一家传统公司向我们提供了一份合同，其中包含着我们难以接受的条款：它们不需要我们在接下来的三年内取得很多投资回报，只需证明我们的概念正确即可。虽然接受这份合同可以帮助SPIXII成为一个知名品牌，但这显然与我们公司的价值观完全相悖。合并后缺失独立性和缺乏投资回报，意味着这份合同可能会使我们的公司陷入危险的境地。

那么，初创公司该如何拒绝

在我看来，有两种方法可以解决它。首先，接受一笔较差的交易以换取少量的资金，并在几个月内让您的业务暂不盈利。或者，即便亏损也让你的业务尽可能快地运行，但这要取决于精确计算和大胆直觉后的决策。这类似于为你所建立的优质产品以及你多年来在行业中建立的关系下注。

我们另一个改变企业的决定是暂不募集资金。我坚信不实的新闻、风险投资、企业加速器生态系统和商学院推动的行业神话是不真实的，成功的道路没有捷径，必须始终如一。所谓的成功创业并不是指企业家有一个创意，就组建一支团队来发展这个创意，获得天使或者风险投资的资金，将这个创意推向市场并扩大规模，然后继续走向“下一家大公司”。

然而，并非所有的创始人天生都是幸运的，有些人希望跟随资金潮流，渴望创建一家能够创造股东价值的企业，为股东赚钱并将其出售给出价最高的企业，然后进入下一个创业阶段，并如此循环下去。有些人则真正想要创造一家为客户创造价值的成功企业。

你是否知道只有不到1%的企业是值得投资的？在上述两种情况下，创业都是必要的。创业的价值必须交付给客户以产生收入和利润。我们发现，为业务提供资金的最佳方式是通过你从客户那里获得的收入和反馈，至少在开始时是这样的。

此外，一旦投资者在创业种子期或种子期前阶段主导了大部分业务，他们很可能会要求坚持原来的计划。当然，如果有意义的话，优秀的风险投资家总是很乐意支持创业公司。但是，正如约翰·穆林斯（John Mullins）博士的大量研究所表明的，这种情况很少发生。你可能会失去投资者的支持，特别是在当今规避风险的欧洲种子资本市场（与更成熟的美国投资市场相比）。作为创业公司，你必须保持敏捷的思维。

对于保险公司而言，我们明白要实现完全的客户优先文化，企业将面临分化的运营环境带来的挑战。高运营成本和低利润是当今保险公司的现状。但是，我们也知道，由直接的数字代理商提供的互联网客户体验，为那些想要利用它的人带来了巨大的好处。

只有员工强大，企业才会强大。因此，初创公司必须尽早阐述其价值观，然后利用它们来吸引人才并创建一个协同运作的团队，同时不要丧失将大家凝聚在一起的价值观和激情。刚开始以联合创始人建立的友谊为支撑，然后以团队共同的价值观为基础。我们的使命就是让保险业回归以人为本的运营方式。

汽车保险革命：Drivies 软件让驾驶更有趣、保费更公平

劳拉·加西亚（Laura García）
Drivies 首席产品官兼联合创始人

赫苏斯·伯纳特（Jesús Bernat）
Drivies 首席技术官兼联合创始人

何塞·路易斯·布兰科博士（Dr José Luis Blanco）
Drivies 首席数据官兼联合创始人

基于应用的新兴保险

数字化、大数据、共享经济、物联网，以及自动驾驶汽车都是汽车业正在进行的革命，它将改变汽车相关行业的传统运营方式，特别是对车险来说，其风险评估、费率评估、保险分销和客户参与都将发生变化。

在我们的日常生活中，随着智能手机的广泛应用，保险业已从设备基准转向行为基准，并与大数据技术相结合，在车险风险评估方面提供了显著的改进方法，并通过驱动数据来丰富基于社会人口统计的税率。尽管这些技术并非刚刚出现，但远程信息处理黑匣子已成为市场化的拦路虎。

Drivies：行为基准的车险新方法

为响应西班牙电信公司的内部创业倡议，我创建了 Drivies 应用程序。Drivies 通过评估每个用户的驾驶行为来估算驾驶员的风险，然后通过预购评分模型为客户提供更公平的车险保费。该应用程序利用游戏化技术、包括竞争理论、用户之间的比较和社交网络交互等，通过获取用户驾驶活动及其变化的详细信息，为每个客户创建极具吸引力的购买选择，并为保险公司提供更高质量的销售渠道。

与许多其他基于应用程序的远程信息处理方案不同，Drivies 应用程序会在购买保险之前先确定最优质的司机群体，而非估算和调整费率的售后服务。这使得保险公司能够获取真实的驾驶行为的风险和远程信息处理方法。

此外，Drivies应用程序在市场环境中表现很好。由于与当地保险经纪人的合作，该应用程序可以提供大型保险公司的廉价型和昂贵型车险产品。而Drivies应用程序收集的风险分析数据可以在任何时间点由一家保险公司以独占方式利用。通过这种方式，用户可以选择不同的保险品牌、不同的覆盖范围以及不同价格的产品组合（包括差异化远程信息处理费率，或是优质驾驶员的保费更优惠）。同时，Drivies应用程序将获得的驾驶信息数据交由特定的保险公司存储。

一个引人注目的价值定位对于任何应用程序，包括我们的成功，都是至关重要的。大多数基于应用程序的远程信息处理方案纯粹专注于单一保险产品，这意味着它们专注于为良好的驾驶员提供优惠价格。但是，这种价格驱动的信息仅能传递给那些接近续订日期的司机。这种做法还吸引了更关注价格的用户，而这些用户通常更容易流失。

Drivies应用程序真正的价值定位是专注于帮助司机从其驾驶行为中获利。该应用程序提供相关的驾驶信息，以便驾驶员能够改善驾驶行为并与其他人竞争。它还可以帮助驾驶员根据应用程序的使用情况获得折扣。保险折扣是Drivies用户的次要优势。这种策略有助于我们捕捉高价值客户，而这些客户并非只关注价格。

技术差异化

构建一个自动记录驾驶员驾驶模式的应用程序面临着以下一系列技术挑战：

- 自动检测用户旅程的开始和结束；
- 手机放置在任何位置，该应用都能正常运作；
- 区分不同的驾驶操作（如加速、制动、使用手机、转弯等）；
- 减少电池消耗；
- 判断是不是司机本人驾驶。

为了克服这些技术挑战，我们决定使用加速度计算器和陀螺仪（如果手机上有的话），同时最大限度地减少GPS的使用，因为GPS是设备能耗的主要来源。

加速度计算器可以测量该移动设备的加速度，而陀螺仪则测量该移动设备的旋转速度，用于记录一个人的驾驶方向。

在提供解决方案时，应用程序可能还会遇到其他问题。

- 不同的供应商为 Android 操作系统制定了个性化系统：相同版本的 Android 操作系统在各种类型的手机上可能会有所不同，这具体取决于制造商。
- Drivies 必须在后台工作。当前版本的操作系统可能会限制后台应用。
- Drivies 目前能够克服许多与手机相关的挑战，但耗电量仍然是最大的问题之一，我们的目标是不断努力优化使用体验。

西班牙语测试版发布

Drivies 应用程序于 2015 年 7 月在西班牙市场以 beta 版本的方式推出。截至目前，超过 125 000 名驾驶员下载了该应用程序，其中 24 000 名驾驶员已通过该应用程序购买了车险。该应用程序跟踪并分析了近 4000 万千米里程和近 300 万次驾驶行为。

产品：利用快速迭代和清除关键性能指标（KPI）来优化应用表现

Drivies 应用程序是在根据精益创业方法开发的。我们不断更新并测试我们的概念，以寻找可以成功的关键因素，现在我们仍坚持这样做。该应用程序的新版每两周发布一次，使我们能够引入新功能或删除那些已被证明妨碍应用程序性能的功能。我们每周都会跟踪每一个客户渠道的获取行为，并根据我们主要的 KPI 之一——每个用户的获取成本进行调整。我们使用 A/B 测试法来比较新的用户体验、功能和营销信息。如果没有跟踪其他额外的参数——用户获取（每名用户的成本）、用户保留（使用该应用至少两周的用户比例）和潜在的客户转换（通过应用程序），那么这些指标将毫无用处。尖端的创业和分析技术的应用为 Drivies 带来了相关的改进。图 3–1 显示了 Drivies 应用程序安装的比例变化（从第 1 天开始的用户数量的百分比），图 3–2 则显示了自 2016 年 1 月以来，Drivies 应用程序每月的活跃用户数量的变化。

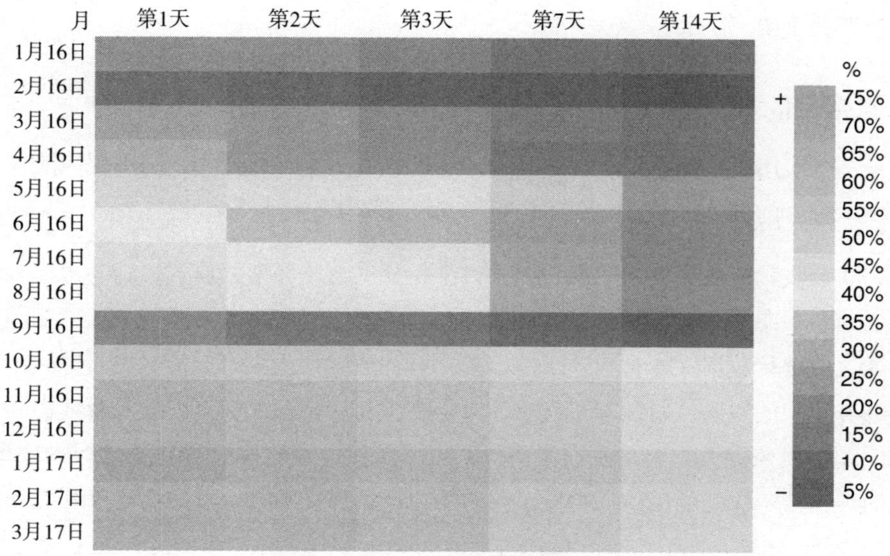

图 3–1　Drivies 应用程序安装的比例变化

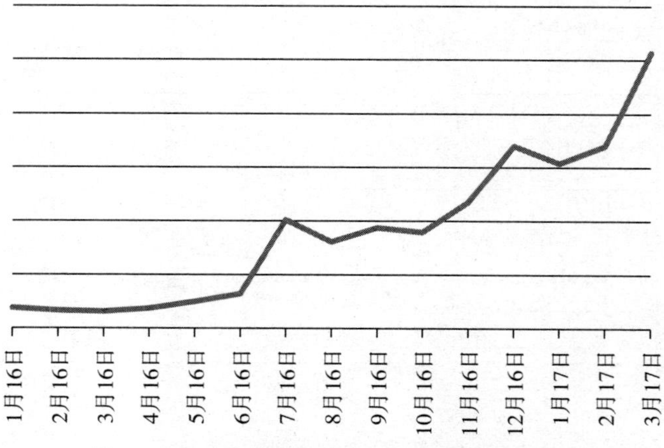

图 3–2　Drivies 应用程序每月活跃用户数量变化

尽管性别是平等的，但超过 70% 的 Drivies 应用程序的用户是男性。

Drivies 应用程序始于第三方保险市场。我们很快了解到，为了优化产品销售，我们需要向更多的保险公司开放应用程序，以便为消费者提供更多选择。目前，Drivies 应用程序已和 20 多家保险公司开展合作。Drivies 应用程序为用户提供各种交互选项（聊天）、价格、优惠和广告（热门推荐）。这些对于增加我们的销售至关重要。

信息带来的独特观点

基于应用程序的保险远程信息处理和新兴的机器学习技术，为加强风险评估提供了很好的机会，而且它们还可能潜在地颠覆了全球保险市场。

我们收集的数据揭示了用户的人口学特征、驾驶和索赔模式、行为习惯等独特的信息。态度和偏好是可靠的风险预测因子。它们实际上就像一个人的驾驶技能或人口统计数据一样有用。Drivies 应用程序改变了我们对风险的思考方式、我们计算风险的方法，以及基于西班牙电信来重新评估我们的客户。尽管我们知道风险评估尚未完善，但是我们也清楚，可以通过应用程序查看有限天数的数据，从而评估特定政策的风险。当然，我们的观点还需要不断地再评估和更新。

图 3–3 显示了在引入这些新信息源时，我们的模型是如何逐渐形成的。我们可以根据风险级别对用户配置文件和政策进行清晰的排名。随着我们获得的新观点越多，我们就越能快速地发现新模型。

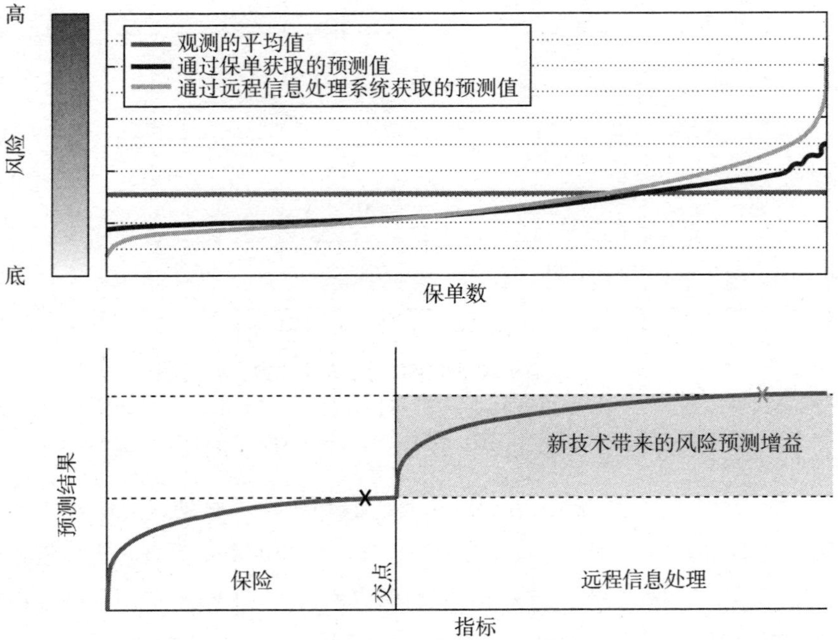

图 3–3　远程信息数据处理对风险预测的增益效果图

随着远程信息数据处理对模型的不断更新，我们可以系统地评估输出结果的稳定性和可靠性。这是动态数据分析所具备的强大功能。而我们收集的数据比它提供的信息更多。质量和规模是我们监控的另外两个参数。

对于任何大数据问题，数据结构和监控都是一个大问题，也是一个很好的机会。随着数据量的不断增加，不只是需要快速覆盖的分析数量在不断扩大，我们的学习能力也在随之增加。这还可以提供可靠的商业洞察力，并使以前不可能做到的数据质量和可靠性检查成为可能。

图 3–4 显示了 2014 年西班牙车险行业的多幅发展地图。在图 3–4（a）中，我们标注了不同地区的索赔率，而在图 3–4（b）中，我们强调了保险与注册车辆之间的分布情况。这些信息在地区与地区之间的差别很大。这意味着某些地区聚集了大量较少索赔的保险车辆，或者这些地区的统计数据存在着偏差。图 3–4（c）显示了基于保单载明地址的保单所有者的数量。由于纯粹的基于人口统计学的方法存在偏差，且没有获取正确的信息，因此我们可能无法准确估计风险费率。我们的应用程序克服了这一困难，并确定了保单所有者实际驾驶的位置。这项数据在图 3–4（d）中有所展示。

结论

Drivies 应用程序证明了一个应用程序不仅可以作为一个很好的评估者来测量使用“驾驶应用程序”用户的驾驶行为，还可以在每个用户的基础上显著提高对特定风险中潜在的内在风险的评估。通过利用游戏化等概念，Drivies 应用程序已证明自己是一种独特的资产，能够获得高价值的消费者，并为他们提供良好的服务。

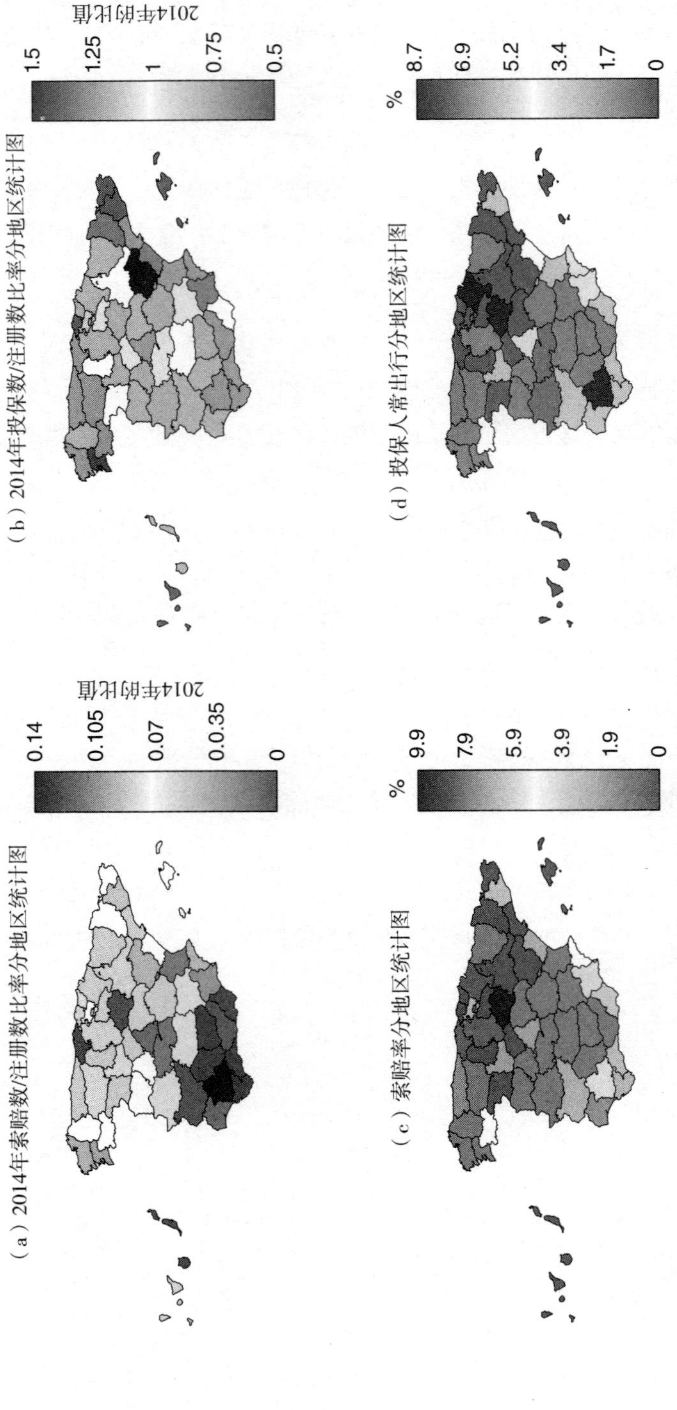

图 3–4　索赔人群地区统计 VS 真实驾驶区域统计

基因组学 101：为探索更好的寿命预测，GWG 人寿公司成为科学实验室

乔·萨比斯（Jon Sabes）
GWG 控股股份有限公司生命表观遗传学专家兼首席执行官

2015 年，当我在加州大学洛杉矶分校（UCLA）第一次参观人类遗传学和生物统计学实验室时，研究人员并未想到人寿保险。尽管几十年前开始的基因革命早就提出了基于遗传基因的人寿保险，但似乎没有人去关注这项前沿的遗传学研究，及其在预测死亡率和寿命方面的革命性意义。

那个秋日，我有幸约见了史蒂文·霍瓦特博士（Dr Steven Horvath）——一位加州大学洛杉矶分校教授，也是一位平易近人的德国移民。他已经开发出了一项知名技术——“Horvath 的时钟”，这比之前任何预测人类寿命的工具都要准确得多。霍瓦特博士是一位公认的老龄化专家，专注于 DNA 对人类寿命的深层次影响的研究。2013 年，他在自己的报告中说他发现了人体细胞内部的 DNA 分子存在的“生物学年龄”和“生物钟”，从而揭示了人类的年龄进程。他的作品被认为是具有开创性的，并在科学杂志《自然》（*Nature*）上发表。这项研究引起了我的兄弟史蒂夫的注意，他向我推荐了这篇文章，他是一名化学博士。这也是我来加利福尼亚州拜访这位教授的原因，我认为这项研究对我在明尼阿波利斯和他人共同创办的企业有很大帮助。

我们把他关于人的寿命和人寿保险的研究结合在一起是很有道理的。在 GWG 人寿公司，我们整个业务的核心是估计购买人寿保单的被保险人的生命周期。我们是一家人寿保险的二级市场公司，我们从老年人那里购买人寿保险单，当这些老年人不想、不再需要或者不能负担得起保费时，我们会付给他们比退保金更多的钱，然后持有他们的保单。在保单持有人去世前，我们将继续支付保费，直到我们收到保险金。有时保单持有人只卖给我们保单的部分受益权，而有些人则会将整个保单出售给 GWG 人寿公司或其他人寿保险二级市场中的公司。

这只是 20 万亿美元规模的寿险业的一小部分，而我们和大保险公司使用相同的风险评估和定价原则。我们的业务部分存在这样一个事实，即大型人寿保险

公司在投保人需要现金价值时，只能给他们一小部分退保金和现金价值。投保人则可以通过我们的业务获利，这样或许你就可以理解，为何我们已经直接向保单持有人支付了近四亿美元，而保险公司为相同的保单只能支付 2610 万美元的退保金和现金价值。

2015 年，当我去加利福尼亚时，我们已经确信这一点，确定人寿保险单的风险评估过程迫切需要重塑。从历史上看，为了更好地经营他们的业务，人寿保险、长期护理保险和年金保险都使用过“基于医疗的承保标准”来评估、选择和测量风险。“基于医疗的承保标准”的含义很直白，即保险人可以抽血化验并检查个人的医疗数据和疾病家族史，以创建被保险人的健康状况视图来适当选择风险定价。讽刺的是，申请人是不是吸烟者是保险产品价格最大的、单一的决定因素，然而确定是否吸烟的测试非常不准，保险公司只能依靠申请人的自我报告。

我来加州大学洛杉矶分校的目的是，判断霍瓦特博士的研究是否足够精确，以便用于我们的业务，并为我们提供更好的方式来确定保单持有人的剩余寿命。我很清楚，如果霍瓦特博士的研究被证明是正确的，那么霍瓦特博士准确预测个体死亡率的影响，将远远超过人寿保险二级市场业务。

会议开始进展得很慢，当我问他是否听过人寿保险业务时，他惊讶地说：“没有。”然后我问他是否去过拉斯维加斯，他说：“是的，去过。”随后，拉斯维加斯赌博的比喻为我们提供了一些讨论人寿保险保险单风险测量的共同话题。想到这一点，我告诉他：“我们在现实生活中寻找可以获得预期寿命的剩余时间卡片，这就如同在赌场寻找黑桃 K 游戏一样（如果庄家牌面朝上的牌是 A，玩家可以买保险，也就是相当于原赌注一半的额外赌金）。”知道客户有多接近 21 岁，实际上是为了确定保单持有人的预期寿命，从而能使我们成为游戏规则的改变者。当我继续以赌博做比喻后，他立即明白了我想要表达的意思。经过一个小时的信息分享，他表示当他的研究成为一项可靠的成果时，他将联系我们，并为我们提供我们所需的智能预测技术。之后我回到了明尼阿波利斯，我确信自己不虚此行。

与此同时，我开始学习相关科学知识以了解霍瓦特博士的研究。表观遗传学就是对揭示衰老的 DNA 分子及其他事物的化学研究。表观遗传学是研究 DNA

分子转化成蛋白质的演化过程，并揭示了我们为什么会成为我们。换句话说，虽然科学家经历 13 年的研究，消耗了 27 亿美元的经费，并于 2003 年解开了 DNA 分子代码序列，但从多方面来看，他们才刚刚开始理解这些基因代码对于我们意味着什么。霍瓦特博士的表观遗传研究专注于 DNA 甲基化位点，以研究衰老、死亡率的基因和遗传决定因素。按照外行人的说法，甲基化是可以改变的基因，而这种改变可能由吸烟或空气污染等环境因素引起。

我有必要在此补充说明一下，从人类出生开始，DNA 就不受生活方式和环境的影响，而表观遗传学并非只研究 DNA。相反，表观遗传学重点关注生物标志物的甲基化水平是否令某人的衰老速度比平均水平更快或更慢，以确定他们真实的“生理年龄”。

这是一项相当复杂的科学，2015 年，表观遗传学仍处于革命阶段。在 2016 年秋天，我才接到了一直等待的电话。霍瓦特博士取得了突破性进展，而且他希望我们可以从中获益。

这项突破正是我们所寻求的。统计分析超过 13 000 个个体的 DNA 样本，其中也包含了超过 3 000 例的死亡样本，霍瓦特找到了那组基于 DNA 甲基化的生物标志物，这组生物标志物可以预测个体内部的全部死亡风险，即全因死亡率（全因死亡率为研究人员对任何原因造成的死亡进行的统计，被用作分析预期寿命的一部分）。

霍瓦特博士的发现是简单而深刻的，他首次实现了在大批人群中对个体寿命更高精确度的估计。如果我们将该方法应用于我们的业务，我们可以就购买哪些保单做出更好的决策。很快我们采用了这项加州大学洛杉矶分校的技术，并在向全世界公布时，发表了一篇关于我们在做什么的文章，我将其命名为“我的秘密总规划”，以向我非常敬佩的企业家——伊隆 · 马斯克表达敬意。

对 GWG 人寿公司以及整个人寿保险业来说，这意味着什么呢？自 2016 年 11 月选择使用该技术以来，我们开始研究如何将这项技术快速融入我们的业务以及新产品和服务中。我们开始从保单持有人那里收集遗传信息，任何向我们提交保单的人都会被要求收集脸颊擦拭样本，这是收集所需要信息的简单方法。2017 年 1 月，我们聘请了布莱恩 · 陈（Brian Chen）博士，他是霍瓦特博士研究论文中最重要部分的第一作者，也曾在国家研究所研究人口老龄化。陈博士开始分析脸颊擦拭样本，并应用了我们的这项技术。从一开始，我们就相信简化采集过程是有价值的，即用脸颊擦拭样本取代血液样本可以降低时间和金钱成本。我们的分析还表明，我们只需要通过少量资金提升现有系统，就可以提高寿命预测的准确性。我们相信在可预见的将来，这一过程还会有更多的改进。陈博士对数据的分析正在加深我们对个人年龄的深入理解。

我们现在比以往任何时候都更加确信，这种生物标志物技术正处于保险科技和表观遗传学革命两大趋势顶端的交叉点，它能帮助我们为客户提供更便宜和精准的人寿保险产品。在成熟市场中应用这项技术，来创造更精确和更好的人寿保险产品的前景是光明的。在新市场中，传统的基于医疗数据的承保已经是不切实际或不可能的了。我们相信收集基因组信息将创建一种更简单、更精确的方法来帮助保险承保，并使其成为行业内的新标准。

我们相信我们的企业非常适应人寿保险二级市场，而二级市场将促使“现代人寿保险之父”埃利朱·赖特（Elizur Wright）制定新法规，以便重塑人寿保险市场。这项新法规将让保险公司为消费者提供更高的退保价值，并维持法定资本稳定。这是二级市场推动和重塑整个行业的又一次革命，而这次重塑的力量将来自新技术和新市场。

The INSURTECH Book

04

全球化的保险科技

保险科技是全球性的现象，其相关活动和机会是多样化和分散的。而且，就像金融科技的大多数领域一样，它受到特定的市场需求、人口结构或压力点等因素的驱动。

这一部分探讨了来自成熟市场和欠发达市场的精彩报道，并融入了案例研究和前沿数据，为全球这一领域带来了活力。

以德国为代表的欧洲成熟市场以安联和忠利等传统老牌企业为标志。但这一格局正在被 Check24、WeFox 和 TreeFin 这些新的市场进入者改变，它们正在利用传统的市场主导者所造成的“鸿沟”来试图简化管理遗留的基础设施。

中国是全球无可争议的保险科技市场领导者，92% 的保险销售在线完成。这是由智能手机的普及、监管的开放和大规模的城市化所推动的，这些都是重要的驱动力。科技巨头百度、阿里巴巴、腾讯和京东正在引领所有的保险业务。

尽管其他市场（如土耳其）存在严重的政治不稳定和更大的潜在的经济孤立，但仍在角逐成为一个可行的金融科技中心，特别是在伊斯兰金融世界，通常以一些伟大的技术创新为标志。

拉丁美洲、南非和东非等发展中市场正成为技术创新蓬勃发展的沃土。卫星、无人机和物联网是为农村社区提供服务的重要手段。像印度的 Turtlemint 和

保险科技是全球性的现象

德国

- 1980—2017年：保费上涨了380亿～1080亿美元
- 2000亿美元的年收入仍掌握在老牌企业手中

中国

- 全球领先的保险公司，92%的保险销售都是在线销售
- 互联网保险的保费不到2500万美元
- 财产险和意外险公司从网上销售中收取了120亿美元保费
- 网络保险的先驱在监管方面处于领先地位

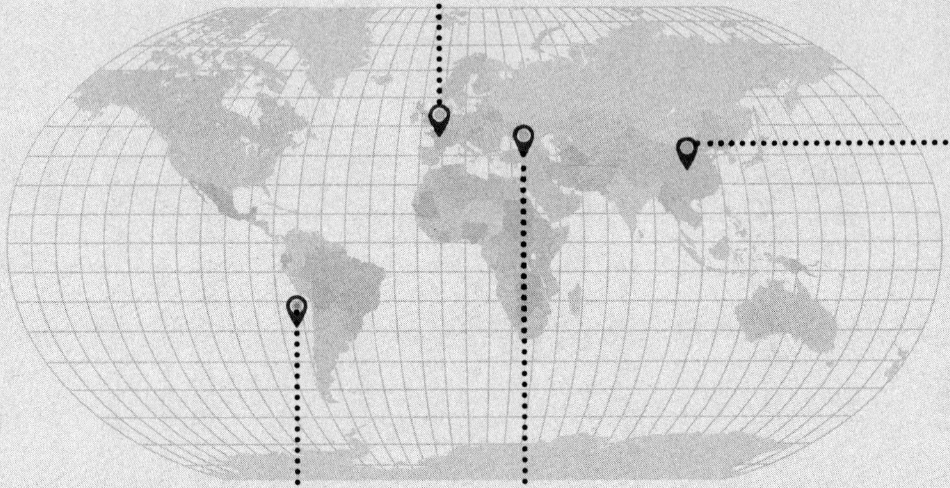

拉丁美洲

- 寿险保障缺口估计为7万亿美元（SIGMA-2015年全球保险报告）
- 大多数人没有保险——消费保险占整个地区平均GDP的比例不到3%
- 自2012年以来，巴西率先拥有了第一批数字经纪商

土耳其

- 2016年金融科技投资增长47%
- 存在65家授权保险和退休养老金公司（39家非寿险公司、8家寿险公司、17家寿险公司、1家再保险公司）
- 81%的车辆，但只有31%的家庭为强制地震保险类别投保

非洲的 Acre 这样的保险科技创新者是人们值得参考的案例。

这部分也反映了我们的作者在全球思想方面的领导力，如果没有《保险科技》这本书提供的机会，他们可能就没有与世界分享他们的宝贵经验和知识的平台。

保险科技国际化：不同市场的全球现象

麦肯锡 · M. 斯劳特（McKenzie M. Slaughter）
普罗豪斯集团创始人兼首席执行官

泰利 · 奥努（Telly V. Onu）
普罗豪斯集团生态影响系统创新者和管理合伙人

保险业自成立以来一直保持不变，并在采用金融创新方面明显落后于银行。最近，新的市场参与者提供了降低价格风险的新方法，创造了新的保费类型，并在严格监管的按需经济中为消费者提供服务。本节将向读者介绍这些新技术对重组价值链中的特定点的影响，以及它们所开启的创新商业模式，这些新模式最终使客户和保险业受益，并将推动国际化和分散化机制的发展，进而推动保险科技的创新。

简介

多年来，现有的保险公司对在线客户服务业务实施渐进式改进，但新进入者的出现使得这种方法不再可行。

由于它涉及风险和承保，保险公司相互竞争，竞争能够存在的部分原因是它们都能（总体而言）非常准确地估算结果，并取代风险背后的不确定性。经过多年的微调，这些估算得出的精确表格反映了保险行为和条件的总体情况。由于数据收集和处理的手工性质，标准的保险承保技术仍然相当昂贵和耗时。例如，在人寿保险中，保险公司通常会花大约一个月的时间为每个申请人承保几百美元。

显然，肯定有更好的办法。新势力正在影响金融服务和保险等多个行业的价值链。这将产生重新配置保险的方法：通过创新的商业模式和/或技术为客户提供价值。爱彼迎和优步等公司提供的是按需协作服务，这是众多趋势之一，它颠覆了保险业的发展方式，并将产品推向了按需经济的特定客户群。

新兴技术释放大量数据的力量，使得生产流程得以数字化，沿着价值链和价值网络内部进行互联互通，并让整个客户体验得到新的数字化增强，从而使整个保险业有可能进行自我重组，朝着更具变革性的商业模式迈进。例如，保险公司通过使用特定的遥测传感器和物联网技术，可以实时分析数据，在几秒钟内承保和为保单定价，就像汽车保险一样。其他的例子包括机器人和 AI 的应用和分析，既可以通过减少干预来提高服务周转率，也可以通过更快的索赔结算、更简便的新用户引导流程、续费和防控欺诈，来为客户提供完全不一样的体验，从而降低了客户的保费和保险公司的成本，增加了收入，使它们更具竞争力。

十多年来，保险行业首次出现了大量新的市场参与者，它们提供新方法来降低风险，创造出新的保费类型，并在严格监管的按需经济中，为消费者提供服务。

保险科技的关键价值驱动因素

随着以代际客户为中心的趋势的不断显现，X 一代和千禧一代正在重新定义参与该行业的方式。根据普华永道公司的一项研究，到 2020 年，千禧一代和 X 一代将控制所有可投资金融资产的一半以上，即 30 万亿美元左右。80% 的人对传统的非透明实体金融服务提供商感到厌倦，他们更喜欢使用线上渠道。千禧一代想要控制自己的财务状况，并且非常重视成本。这一代人是在谷歌、亚马逊、Facebook 和苹果等公司提供的数字体验中成长起来的。他们期望从金融服务提供商那里获得相同水平的信息透明度和社交客户体验。他们面对的保险行业正因高成本和低服务渠道而被困在高度中介化的、模糊产品的时代之中。总之，透明度、便捷性和吸引力正促使保险科技成为一个独立存在的产业。

发现保险价值链中的机遇

我们来快速浏览一下保险价值链的关键部分，就会发现新技术的巨大影响和机遇。

- 营销、销售和分销。分销模式正在向线上转移，市场边界日益模糊，B2B 和 B2C 产品有能力跨越国界，使产品和服务国际化，从而推动全球生态系统的动态变化。正如我们稍后将看到的，利用诸如分布式账本系统等技术可以创建一个去中心化的全球保险系统。
- 新业务承保。新的定价模型基于新的价值配置，如点对点共享。承保还涉及利用大数据来实现基于风险的模型、个性化产品和基于使用的保险等创新。
- 政策和索赔管理。数字索赔处理，包括自动评估和欺诈检测，以及索赔的在线 / 自助服务，都是保险科技公司在数据转换方面提供的机会。
- 支付。尽管支付创新一直是金融领域的关注点，但在将部分支付或“付费技术”创新应用于保险价值链方面，几乎没有采取什么行动。其中包括移动钱包的使用，它还包括风险池模型、点对点保险模型和简化支付等。
- 客户服务。随着智能设备的无处不在，消费者需要更多的根据场景的实时信息来协助他们做出决策。人们对无缝、无摩擦的体验抱有很高的期望。需要在具有多个接触点的客户旅程中进行端到端的数字化转型。AI 类技术正在被应用于帮助客户或正在以客户能实时理解的方式对所有这些数据进行场景化。
- 产品设计、开发和管理。这允许保险公司重新包装现有产品，这些产品可以是按需或模块化的，并通过在线和移动渠道或以不同的方式交付。它还允许开发新的数字产品和服务，并实现产品的个性化。

未来的应用：游戏改变技术将进一步扩大保险科技的规模

去中心化技术

如前所述，在保险国际化方面最有潜力的一个领域是著名的去中心化记账技术，即区块链技术。由于数字货币的采用范围越来越广，它有可能通过其透明的分布式数据库促进跨境风险承保。区块链所具有的发送、接收和存储信息的能力足以颠覆保险业处理数字化交易的业务流程方式。它的影响之所以具有深远意义，是因为它不仅透明且高度安全，从而促进了信任，这意味着任何资产，无论是有形的还是无形的，都可以被分配所有权以及在各方之间转移。这不仅简化了后台的索赔流程，还降低了交易成本，进而降低了客户的保费。虽然这仍处于早期阶段，但使用这项技术可以打造去中心化的网络，进而创造出许多新产品和服务。另一方面，利用智能合同，不仅可以在进行索赔登记时支持索赔管理，而且将这种能力与适用于贷款抵押品的保险相结合，还可以非常有效地增加融资渠道。

通过在智能合同中加载 AI，保险可以实现自动交付，这在基于使用的保险（UBI）中是很有效的。

点对点（P2P）保险

就像众筹扰乱了中小企业的融资一样，去中心化技术和智能合同的力量可以将新的保险模式（比如 P2P 保险）转变为一个新的数字时代。点对点（P2P）保险赋予了投保人更大比例的保费收入，而不是为保险公司工作的私人财富管理人员。越来越多的初创公司采用点对点和联合保险的方式来提供保险。

其中的例子有 Mindful Society 和 Guevara 等公司的例子，它们通过使用共享池来提供互补的医疗服务和更便宜的汽车保险费。这通过使用保单持有人的社会资本来取代 P2P 承销商，而智能合约的使用可以通过更好地匹配消费者和在线市场之间的需求，来提高索赔处理的速度。

结论

总体而言，保险公司在变革方面的投资，不足以跟上保险科技的发展趋势及其所面临的转型机遇。在许多情况下，传统的保险公司正在被依赖数字化商业模式的新公司所取代。云技术、移动技术以及大数据的易访问性正在改变企业的格局。正是这些新公司找到了成为全球参与者的方法，它们有能力扩大这些初创公司的规模。由此产生的影响将导致一个独特的保险科技行业的出现，并拥有自己的规则和规范，而传统的保险行业会迎头赶上吗？

增加发展中国家的保险准入

苏珊·霍利迪（Susan Holliday）
国际金融公司（IFC）首席保险专家

保险在经济发展中的作用

保险、养老金和储蓄以多种方式支持可持续发展：

- 允许企业承担更多的风险，创造新的业务和就业机会；
- 为个人、家庭和社区提供安全网；
- 保险公司扮演着经济乘数的角色，它们可以将资产配置到当地经济中，以支持基础设施和住房建设；
- 保险公司可以投资自己的基金和客户的储蓄，从而支持了资本市场的发展；
- 防范自然灾害，促进粮食安全。

发展中国家的保险普及率较低

按保费收入衡量的发展中国家的保险普及率仅为2.9%，而美国则超过7%，一些欧洲国家则更高。具有讽刺意味的是，这意味着最脆弱的人通常受到的保护最少。举一个例子，世界上超过三分之一的穷人生活在低收入国家，这些国家占最易受灾害的自然灾害国家的70%。这种“自然灾害”的直接平均损失占GDP的2.9%，有时可能高达12%，正如我们在2011年泰国洪水中看到的那样。在工业化国家，平均损失仅为GDP的0.8%。人寿保险估计保障差距（据SIGMA-2015年全球保险报告）拉丁美洲为7万亿美元，南亚和东亚为32万亿美元。在许多情况下，如果主要收入者死亡或无法工作，对他们的家属会产生破坏性的影响，从而对当地社区造成压力。

可支付、可获得和适当性

今天面临的挑战是如何提供负担得起的、可获得的保护，并满足发展中国家个人、家庭和社区的需要。这说起来容易做起来难，但尽管如此，技术一直在为保险业提供新的可能性，这是一个令人兴奋的增长机会。我甚至想说，就像支付、银行和贷款的其他方面一样，发展中国家的解决方案可以帮助保险公司在更成熟的市场转变其业务模式。

为了获得吸引力，保险产品需要价格适当，易于获取且易于理解。技术可以帮助实现这些目标。传统上，许多保险公司避开发展中国家的大众市场消费者和小型企业风险，因为它们无法赚钱。技术可以在“制造”和“分销”两方面削减成本，这种可能性只会随着 AI、新的认证方法、承保算法的使用，以及移动支付等领域的发展而进一步增加。

通常，保险产品被认为非常复杂，即使是像我这样的专家也有同感！在某些情况下，保险产品说明中（正确或错误地）存在大量小字，以便保险公司避免支付索赔。虽然防范欺诈对于保证保单的可承受性很重要，但保险必须是可以理解的，并满足人们的实际需要。否则，除非是强制性的，要不人们是不会购买保险的，而发展中国家通常不会这样做。这是一个设计更简单产品的机会，在触发索赔时更明显，无须填写冗长的表格或延迟时间。

成熟国家和发展中国家都非常需要金融教育。这可以被视为成功采用保险的先决条件。可靠来源方进行面对面交流的重要性怎么强调都不为过。但是，技术在其中仍发挥着重要的作用，可以在手机或 iPad 上为代理商和经纪人提供技术，以改善客户服务并提高销售流程的效率。建议可以通过在线或移动方式提供，既包括保险本身，也包括健康方面或在与天气相关事件中应采取的措施等。游戏化技术还可以帮助人们了解保险和风险，并在风险预防、实践等方面推动更好的行为。

保险科技在发展中国家的应用

我会将主要的保险相关技术大致进行如下分类：

- 全数字保险公司——受监管的风险承担者；
- 在线经纪人 / 顾问——通常作为中介进行监管；
- 聚合器和平台——如价格比较网站；
- 流程改进——处理价值链的一部分，如索赔、付款或医生咨询；
- 数据和分析——既支持保险公司，也支持医院、汽车制造商等其他行业；
- 其他——包罗万象，包括无人机、卫星、可穿戴设备、移动医疗、农业和气象技术等重要领域。

这些措施同样适用于发展中国家和成熟市场，但在某些情况下，在发展中国家获得支持可能更容易，因为现有的遗留资产较少。

技术的相关例子

虽然我们刚刚开始看到技术如何改变保险业，但我想举几个例子说明我们可以做些什么。

微保障：使用手机分销和捆绑，以增加保险的普及率

微保障是国际金融公司的一项投资，与保险公司和分销商合作，为新兴市场中的金字塔底层人士提供创新的保险解决方案。最近推出的产品是孟加拉国的数字医疗服务 TONIC。TONIC 是通过 Telenor 的移动运营商 Grameenphone 推出的。它提供四种主要服务：健康和生活方式建议，以实惠的价格通过电话获得医生、医院服务的折扣，以及直接支付给手机钱包的医院现金产品。这是技术可以在新兴市场提供解决方案的众多方式之一，这些方式使医疗保健更容易获得和更便宜，并且由于节省了旅行和医院服务，从而减轻了对当地资源的压力。

希腊新的全数字保险公司：Hellas Direct 公司

Hellas Direct 公司成立于 2012 年，旨在以更优惠的价格提供汽车保险，并在希腊经济状况良好的情况下提供更好的客户服务。在金融危机爆发后，希腊经济面临着巨大的压力。Hellas 公司通过电话、网络或手机直接销售保单，减少了经纪人的数量（节省了高额佣金）。核保是通过算法来完成的，因此可以实时更新，为客户提供不同的保单持续时间，范围从 30 天到 1 年，索赔通常可以通过使用手机中的照片和视频，甚至可能是无人机在几天内结算。该公司有一款可以监控驾驶行为的应用程序，并通过发起一项评选“希腊最佳司机”的比赛，来提高道路安全。它们还提供辅助服务，如路边援助和车库网络，以确保汽车得到有效的维修和成本得到控制。该模型增加了投保人与保险人之间的互动，降低了欺诈风险。这是一个很好的利用最现代技术的例子，以在一个仍然非常老式的市场，提供富有竞争力的价格和优质的客户体验，并有潜力进入其他类型的保险。

印度在线经纪人：Turtlemint

Turtlemint 是一家在线经纪人，提供汽车和两轮车的车险，以及健康险和寿险。除了比较价格，Turtlemint 还专注于确定客户的主要优先事项，例如，能够使用当地医院，以及找到最合适的人选。此外，它还提供有关风险、保险、安全和健康的教育。Turtlemint 应用程序的一些有趣功能是该网站与保险公司的网站直接链接，因此，你可以立即购买保单。但是，也可以选择与代理商交谈，许多 Turtlemint 应用程序的用户都是公司代理商，它们将其用于生成潜在的客户或销售点代理商（代表多家公司）。这意味着该公司还可以影响仍处于脱机状态的 80% 的印度保险市场，或者那些希望继续通过代理商购买保险的人。它们将 Facebook 飞书信作为一种通信工具，在印度很受欢迎，因为许多人的手机内存都不大，而且往往不使用应用程序。然而，它们还为代理商和消费者提供可以快速处理索赔以及获得路边援助等辅助服务。该公司打算在适当的时候增加其他保险线，如旅行、家庭和农作物以及储蓄产品。

ACRE 非洲：将技术应用于小农户的需求

发展中国家保险部门技术创新的最早例子之一是肯尼亚的 Kilimo Salama。这是一家由先正达可持续发展基金会（The Syngenta Foundation for Sustainable Development）、萨法瑞公司（Safaricom）和 UAP 保险合资成立的企业。该产品提供基于降雨的参数覆盖，而该模型在各个阶段都使用了各种创新技术。该产品是由社区农业店和种子经销商销售的，如果农民选择购买保险，商贩会用手机上的应用程序扫描种子袋上的条码，条码对应的是种子和肥料品牌，那农民就可以以补贴价格购买保险。该应用程序将计算应付保费，获取客户详细信息，并通过 SMS 发送相关保险政策确认。这将传递给保险公司，从而计算出保险金额和保险费。通信是通过短信完成的，保费和理赔则是通过 M-PESA 移动钱包完成的。降雨量和其他气候数据是通过太阳能气象站来测量的，并基于广泛使用的需水量满意度指数（Water Requirement Satisfaction Index）的广泛应用来支付。最初的保险政策是这样设计的：如果农作物因天气原因歉收，那农民就会得到一笔补贴，让他们能够购买更多的种子，以便在来年获得收成。该应用的第一个版本覆盖了玉米种子，随后产品扩展到了其他作物、其他投入（如肥料）和收获产量。该产品也被小额贷款机构采用，它们把购买保险作为获得贷款的条件，从而大大促进了增长。

结论

我们可以看到，技术已经在发展中国家以许多方式得以应用，以提供简单、易于获得的产品。虽然总会有地域差别，但这里讨论的想法肯定可以移植到其他市场。因为其他市场也存在达到一定规模的挑战，以及对风险、保险和咨询的教育需求。此外，由于这些都是新领域，而且在许多情况下涉及不同部门之间的协作，因此监管支持这些创新是很重要的。监管既要确保这些创新不会陷入意想不到的后果，也要确保监管框架不会太严苛，以至于破坏经济。然而，显而易见的是，技术是发展中国家无障碍和负担得起的保险得以发展的关键，并且可以为消费者和保险业带来许多好处。

中国的保险科技行业

罗伯特·柯林斯（Robert Collins）
Crossbordr 首席运营官

按保费规模计算，中国是全球第二大保险市场，早在 2016 年就已超过了日本。在宏观经济运行良好、人口规模庞大的情况下，中国保险市场得以迅速增长。尽管如此，中国的保险普及率仍低于西方标准。这给中国市场留下了很大的增长空间。

中国的保险科技

中国市场为保险科技公司提供了巨大的机会。中国是保险科技领域公认的领导者。中国互联网保险公司的保费收入不到 2500 万美元。中国的财产保险公司从网上销售中获得了 120 亿美元的保费，其中 92% 的在线保险销售来自非寿险公司的网站。

千禧一代和 Y 一代客户占了在线保险销售的大部分：47% 的人出生于 20 世纪 80 年代，33% 的人出生于 20 世纪 90 年代后，而在网上购买保险最活跃的用户是年轻的家庭。当许多其他市场正以强劲的步伐拥抱创新和技术时，中国将崛起并成为保险科技领域的世界领导者。

为什么中国能成为保险科技的领导者

当技术与一个古老的行业（如保险业）的交汇点遇上时，大多数发展中国家都不能称自己为技术领域的领军者。然而，中国有理由在保险科技领域提出这一主张。中国是如何成为一个快速增长、充满活力的保险科技市场的？这是推动中国保险科技行业快速发展的诸多因素共同作用的结果。这些因素包括：网络普及率的增长、蓬勃发展的电子商务平台、社交媒体日益增加的影响力、移动电话（在中国拥有 5000 多万智能手机用户）、中产阶级的崛起、大规模的城市化、保险业放松监管以及中国年轻一代消费者的成长。

早期的管理支持

中国保险监管机构在保险科技的崛起中发挥了重要的作用。在“沙箱”一词成为支持保险科技发展的监管机构的术语之前，中国保监会（CIRC）鼓励在全国范围内进行试验。

2012 年，保险科技这个名字并不存在。然而，中国保监会制定了相关立法，以支持在线保险的发展。最引人注目的是，中国保监会在 2015 年 7 月印发了《互联网保险业务监管暂行办法》。在宽松的监管环境下，中国为保险科技奠定了坚实的基础。

生态系统力量玩家 :BATJ

如果不了解中国技术巨头（通常被称为 BATJ）的作用，有关中国快速增长的保险科技市场的讨论就不完整。它是百度、阿里巴巴、腾讯和京东等公司的首字母缩略词。百度公司是在中国占主导地位的搜索公司；阿里巴巴公司拥有支付宝和电子商务市场天猫；腾讯公司拥有广受欢迎的微信品牌，是一家“我们无所不能”的智能手机服务提供商；京东是一家大型电子商务平台提供商。

那么，这和保险技术有什么关系？关乎一切。BATJ 知道，与行业现有的企业相比，它们具有显著的优势，尤其是拥有大量的数据。它们既可以获得分销渠道，也可以加速社会参与。主要的科技巨头们强烈希望参与中国蓬勃发展的金融服务市场，而保险业被视为一个即将受到颠覆的领域。

保险科技的世界领导者

众安在线财产与意外伤害保险公司赶上了中国这一波具有深远意义的发展浪潮。众安网报道称，2016年在线保费超过3.75亿美元，比2015年增长了49%。这家年轻而雄心勃勃的独角兽公司（独角兽是指估值高于10亿美元的公司）正在为在线保险的发展设定发展节奏。众安保险不仅是中国第一家在线保险公司，还是一家创新动力十足的公司。该公司是一家全栈数字保险公司，由一个开放的、可扩展的、基于云计算的核心保险平台提供高速、高容量的服务输出，这正满足了中国消费者的需求。

众安保险公司于2013年诞生，由两家中国科技巨头——阿里巴巴和腾讯——以及平安保险联合创立（平安保险是保险市场的领军企业）。截至2017年3月底，众安保险公司自成立以来累计向5.82亿客户销售了超过80亿份保单。公司的生态系统延伸到300个网络合作伙伴。众安保险公司非常有效地利用了先发优势，成为中国保险公司的挑战者。因此，众安拥有5%的财产和意外险市场份额。

该公司擅长产品设计和新产品的快速交付，时间通常不到两个月。该公司擅长开发创新的基于场景设计的保险，其中一些具有颠覆性。这些产品在众安的目标客户中很受欢迎，这些受众客户是20世纪80年代和90年代出生的年轻一代。

该公司销售超过300种保险产品。它设计的一款神奇的产品，能在上海迪士尼乐园遇到暴雨或高温时保护游客。该公司利用实时的政府天气报告来启动一笔款项，以补偿因下雨而取消游园的游客。另一种产品是航班延误，它向没有按时出发的乘客支付赔偿。在许多基于场景的产品中，索赔款直接被支付到被保险人的银行账户，即所谓的参数支付。此外，众安保险还通过自愿DNA检测对潜在风险因素进行预筛选，开创了女性癌症产品的创新先河。

在众安科技公司（众安科技是众安保险的姊妹公司，专注于创新）的帮助下，众安保险公司将继续开拓创新之路。“ABCD”是众安公司对AI、区块链、云计算和数据的首字母的简称。众安保险公司将利用这些技术在日益激烈的竞争中保持领先地位。所有这些都是其总体规划的一部分，即将新技术商业化以推动新的增长。众安保险公司很可能瞄准中国庞大的汽车保险市场。

中国的其他保险科技

这个市场正在迅速成为保险科技创新的热门赌注，有利于中国摆脱“跟随快速”的形象。虽然众安保险可能是保险科技在中国的新宠，但下一批行业创业公司已崭露头角。

在中国有类似 Zendrive 或 Metromile 这样的公司吗？有，比如 OK 车险。凭借其基于智能手机的专利（远程信息处理技术），其应用程序名为 OK 驾驶。它不仅提供定制定价，还提供预测建模功能。通过 OK 评分（中国首个汽车保险评分方法），可以从五个关键维度对司机的驾驶行为进行评估。它们还推出了一些巧妙而受欢迎的产品，以降低中国司机的痛点，包括停车证和交通堵塞保护计划。

谈到中国的保险科技，不能不提通聚宝（P2P 保护）。它们创建了一个市场社区，在其购买群体成员中共同分担社会风险。通过这种方式，社区弥合了传统市场关系中保险人与客户之间的信任差距。它们还为中国市场带来了有趣的产品，其中包括一项新颖的儿童保护计划——失踪儿童在中国备受关注，是它们最受欢迎的产品之一。该公司还提供离婚保障，每月提供固定赔偿，帮助会员重组生活。展望未来，P2P 保护项目计划从欧洲和美国开始向国际扩张。

值得一提的是，市场上其他的保险科技公司包括在线保险市场汇泽保险和在线寿险平台小雨伞保险，后者声称拥有 300 万用户。此外，还有一些新来者，比如鑫安保险和易安保险，这两家国内在线保险公司将值得关注。市场无疑会密切关注新安联与百度的合资公司——百安保险的进展。

这是中国最大的机会吗

数字健康对于中国保险市场而言是另一个大的机遇。到 2020 年，医疗市场预计将增长到 1 万亿美元。随着政府放松对市场的管制，私人医疗保险的扩大机会已经到来。毫不奇怪，私人投资为中国数字健康市场带来了新的商业模式和技术主导的创新。平安公司是一家非常成功的多元化金融服务公司。它是中国三大私营医疗保险公司之一。它非常关注数字健康市场。有趣的是，它在中国以外最引人注目的投资是数字医疗，如奥斯卡医疗保险。平安好医生是中国领先的数字健康平台，该公司称其拥有超过1.2亿的注册用户。许多这些医疗保健平台提供在线健康保险产品以及其他服务，如医疗预约、医疗建议和咨询。到目前为止，"好医生"是数字健康领域最强大的独角兽，但其他中国科技巨头也瞄准了这个巨大的机遇。最近，腾讯公司通过对好大夫在线的投资，从而进一步扩大了其不断增长的在线医疗保健公司成员，它还持有另外两家公司的股份：微医集团和妙手医生。

展望未来

中国保险科技行业的前景非常光明。到2022年，中国中产阶级人口预计将超过6亿，几乎是美国人口的两倍。中国消费者正在崛起并拥抱物联网。中国是一个快速增长的市场，保险业仍处于低位。随着保险初创企业和现有企业不断拥抱新技术，突破性创新正在中国蓬勃发展，众安科技如同创新引擎，从P2P保护到OK车险，再到平安好医生，新商业模式如雨后春笋般不断涌现，有些还被包装成参数化解决方案。

最引人注目的是，作为中国市场领军企业之一的平安保险公司，也是保险科技领域的领军人物。平安保险的出色表现和坚定的领导力，既是激励人心的源泉，也是中国其他保险公司面临的挑战。未来几年，中国保险业将迎来更多保险公司的增长浪潮。一些公司将继续领先于现有企业和初创企业。

德国保险公司和保险科技所需要了解的七件事

罗宾·基拉博士（Robin Kiera）

Digitalscouting.de 思想领袖兼创始人

想要战胜德国最好的足球队——拜仁慕尼黑队，有一个简单的办法：不要跟他们踢球，而是要跟他们下棋。同样的原则也适用于德国现有的保险公司和保险科技公司。在德国，最成功的保险科技公司不会在它们的游戏中挑战现任者，它们会发明新的规则，使局势不可预测。这一节阐明了德国保险科技市场的竞争环境——德国的保险市场。

德国保险市场的一站式服务

以安联为首，Talanx、Generali、R&V 和 Debeka 等公司紧随其后的德国保险业，目前还不是最大的全国性市场。与世界上最大的市场——1.3 万亿美元的市场相比，德国保险业的年收入仅为 2080 亿美元。

好消息是，德国的保险市场主要在国家层面上受到监管。与其他大型市场不同，德国 16 个州之间几乎没有法律差异。一旦你在德国的任何地方进入市场，你就准备好走向全国。这是一家一站式商店。

德国老牌企业：对潜在问题的成功解决案例

在过去四十年中，德国的老牌企业创造了令人印象深刻的记录。从 1980 年到今天，直接保险公司的保费每年从 38 亿美元增加到 2080 亿美元，保费与 GDP 相比的比例从 4.57% 上升到 6.2%。乍一看，这些数字表明了一个强大而稳定的行业。但仔细观察会发现令人不安的细节。从 1980 年到今天，保险公司的数量下降了 33%。此外，代理人的平均年龄高达 48.8 岁，有些人甚至超过 50 岁。研究表明，随着时间的推移，代理人的客户群会收敛于该代理人的社会人口统计数据。在销售人员老龄化的情况下，客户群也可能老化。考虑到最赚钱的保险合同在 25 岁到 45 岁年龄组中出售，德国的许多老牌企业都坐在了人口统计时间炸弹上，尤其是在市场新参与者的目标正是有利可图的客户群体的情况下。然而，数十年的成功和最近的关键绩效指标可能会影响当今管理这些老牌企业的行业资深人士的判断。

德国的保险科技公司：一个并未中断的成功故事

尽管在 2016 年，对德国保险科技公司的投资只有 8200 万美元，但几家保险科技公司已在价值链上开发了令人兴奋的商业模式和数字产品及服务。还有一些公司，如 Check24[由海因里希·布莱斯（Heinrich Blase）和埃克哈德·朱尔斯（Eckhard Juls）联合创立] 和 Geturance[由约翰内斯·贝克尔（Johannes Becher

）和维克多·贝克尔（Victor Becher）联合创立]。一些保险科技公司专注于数字保险管理系统，如Clark[由克里斯托弗·奥斯特（Christopher Oster）创立]、Wefox[由朱利安·泰克（Julian Teicke）领导]、Knip[丹尼斯·贾斯特（Dennis Just）和克里斯蒂娜·凯尔（Christina Kehl）联合创立]以及Treefin[安德烈亚斯·根施（Andreas Gensch）和莱因哈德·塔赫德（Reinhard Tahedl）联合创立]。还有直接的保险公司或与合作代理商合作的公司，如Haftpflichthelden[由斯蒂芬·赫伯斯特（Stefan Herbst）、弗洛里安·克诺里希（Florian Knörrich）和扬·施密特（Jan Schmidt）联合创立]和Ottonova[由罗曼·里特维格（Roman Rittweger）创建]，同时也不要忘记Friendsurance的现金返还方式[该公司由蒂姆·昆德（Tim Kunde）和塞巴斯蒂安·赫尔富特（Sebastian Herfurth）联合创建]。还有一些保险科技公司提供销售工具和有针对性的保险，如Massup[由费边·费舍尔（Fabian Fischer）创建]或Kasko[由尼古拉斯·苏尔((Nikolaus Sühr）和马特·沃德（Matt Wardle）联合创建]。最后，几家保险科技公司是作为公司创建者的Finleap[由扬·贝克斯（Jan Beckers）、拉明·尼鲁曼德（Ramin Niroumand）和亨德里克·克拉温克尔（Hendrik Krawinkel）联合创建]的一部分而成立的。

现有企业的技术遗产花掉了数十亿美元

如果你想破坏一家德国保险公司高管层的心情，那不妨跟他们提一下“遗产”。由于多数德国保险公司几十年来一直专注于通过关注数千名代理和经纪人创造创纪录的收入，公司的IT部门往往被视为一个服务和成本中心。不同的筒仓部门被要求开发单独的解决方案。这在大多数情况下导致了高度分散的、昂贵的、性能有限的IT领域。德国保险公司投入数十亿美元，使用所谓的“经营业务”预算来维护和开发其遗留系统。如果你将这些预算与侧重于转型活动的预算进行比较，那么在创新数字产品和服务方面的投资就会少得多。

老牌企业的文化约束浪费了大量的资源

德国大多数保险公司都有超过100年的历史，它们是建立在强有力的自上而下的等级制度和指挥–控制结构之上的。随着时间的推移，这些化石般的组织发展出了反映其结构的文化。在大多数老牌企业中，这种传统至今仍然存在。举一个我个人亲眼所见的例子：一家敏捷电子商务公司的项目经理接管了她在一家中型德国保险公司的第一个项目。鉴于该项目的灾难性状况，她在该项目的报告中给了一个警示性的红灯。最终，该公司的首席信息官亲自打电话给她，明确表示她应立即将“红色”变为“绿色”，“因为它看起来并不好”。毋庸置疑，她这样做了，尽管这并没有改善项目。这样的事件正好反映了“西瓜型项目”的巨大投资组合：外部是绿色的，内部则是红色的。

此外，高管们可以雇用专为C级别高管配置的私人厨师，拥有独立入口和VIP电梯。对于其他员工而言，办公室的大小、访问互联网的权限或是否配有助理，则要根据其级别来决定，这一规定极为落后。这种文化会影响组织的绩效。我曾经见证过一个数字部门的成立，该部门由一位近60岁的业内资深人士领导。他没有推动这个项目，而是花了头几周时间设计他的新名片、庆祝他的新头衔等。毫无疑问，这位化石经理领导着一个价值数百万美元的数字项目。

另一种现象是河马综合征，即最高收入的人的意见。在为一个现有的组织工作时，谁没有见过相关专家为避免与非专业的高管或高级副总裁意见相左而发生冲突，最终选择闭口不言的会议？

与此形成对比的是，在过去的几十年中，新的敏捷组织得到了发展。在这里，首席执行官参加实习小组练习，消除等级制度。一个工作团队，特别是在数字产品和服务的开发中，能够独立组织自己的工作。个体员工的投入是日常业务的一部分。偏个人雇员的意见是日常工作的一部分。偏离这个过程被认为是创新，是失败的学习。来自世界各地的成功案例表明，敏捷组织拥有一些优势。生产更加以客户为导向，推进产品服务更快、更便宜。

一个世纪前，化石原则可能有助于形成一个价值2000亿美元的产业。在数字革命时代，这些原则成为文化遗产，势必浪费资源、阻碍现代化进程。

老牌企业需要充分利用其战略优势

与它们的一些劣势相比，现有企业拥有一种相对于保险科技企业的核心优势，即它们拥有庞大的知识和一个世纪的经验，这由捕获客户需求所支撑，并以TB级（兆字节）的历史数据为界。

可能性是无限的。例如，想象一下，一家保险公司使用复杂的数据分析和AI模型，为客户提供有价值的数字产品和服务；或者利用大数据分析来计算风险和压低定价，让社会上投保不足的部分能够获得高成本保险；或者保险公司计算买入或取消概率，制定策略来支持自动卖出，或通过简洁、全方位的沟通来应对保单的取消。所有这些都能显著地增加收入，但更重要的是，它可以改变人们对保险的看法：从必要之恶变成一项社会福利（它曾经的状态）。有一种说法是："如果你还在改进蜡烛，那你不太可能发明灯泡。"要抓住数字化的独特机遇，现有企业需要在技术和文化现代化方面投入大量资金。仅仅通过化石工具、方法和人力来进行数字化是不够的，还有大量的瓜类项目。真正的文化变革需要使用新的方法、工具和技能。

德国的保险业就像德甲联赛

在新兴科技公司，如保险科技公司或多元化科技公司赶上新兴科技公司之前，它们能否凭借令人兴奋的数字产品和服务征服现有科技公司的庞大客户群？这一个问题依然存在。

我认为德国的保险业就像德甲联赛。像拜仁慕尼黑这样的球队每个赛季都是冠军。还有一些球队总是在联赛中垫底（比如我最喜欢的汉堡体育俱乐部）。每个赛季，有些球队的表现却出人意料的好，有些则出人意料地差。德国保险业也极有可能是这种情况。大多数顶级保险公司将胜出，其他保险公司或许仍在挣扎。我们将看到一些积极和消极的现象，而颠覆者将在这个行业中立足。与此同时，越来越多的传统保险公司将更快地消失，因为技术和文化遗产阻碍了客户需求的现代化进程。

尽管德国的保险市场还没有被颠覆，但客户行为和客户期望的潜在变化是巨大的。如果你想击败拜仁慕尼黑队，就不要和他们踢足球。一些现有企业开始慢慢地意识到它们需要停止玩它们的化石游戏，而开始玩敏捷游戏。它们正在准备或寻求戏剧性的变革，而其他现有企业仍计划观望。就像足球一样，落后者会输。

考虑到保险业的现状，资金充裕的保险科技公司有能力挑战现状。这也适用于多样化的科技公司和先行者。也许这是一个百年一遇的机会，德国的保险市场有可能发生巨大的变化，而这一切的出发点是为了给客户带来的利益。对我们所有人来说，这都是激动人心的时刻。

综上所述，德国最成功的保险科技公司不会在它们的游戏中挑战老牌企业，但是它们会创造出新的规则，使局势不可预测。这一节阐明了现有保险公司和保险科技公司在德国保险市场中的竞争环境。

土耳其保险科技的机遇与挑战

米莱克·贝利（Melike Belli）
Cybertonica 市场开发经理

简介

自 2016 年初以来，土耳其金融科技生态系统一直在蓬勃发展，并吸引着全球的关注。其最近的发展使银行、金融服务企业、金融科技初创企业、投资者、决策者、监管者、专家和专业人士在一个更强大的生态系统中更紧密地联系在一起。2016 年，金融科技初创企业融资 2900 万美元，高于 2012 年的 460 万美元，其中初创企业占投资总额的 47%。目前，金融科技是土耳其最热门的投资类别。

在德勤公司和全球金融科技中心联合会于 2017 年发布的一份报告称，土耳其的金融中心伊斯坦布尔被列为全球 44 个城市中的“新”金融科技中心。在土耳其运营的 200 多家金融科技公司大多位于伊斯坦布尔。在这些初创公司中，大多数公司都提供创新的支付和数字银行解决方案。仔细观察一下金融科技生态系统中的参与者就会发现，在保险科技领域运营的初创企业数量非常少。

土耳其保险业的概况

保险部门由土耳其财政部下属机构进行监管。截至 2016 年 3 月，土耳其有 65 家授权保险和退休养老金公司（39 家非寿险公司、8 家寿险公司、17 家养老保险公司、1 家再保险公司）。安联和安盛等跨国公司是土耳其保险业的重要参与者。目前，安联是非寿险领域的市场领导者，而在寿险领域占据主导地位的是泽拉特（Ziraat）保险公司。汽车保险、健康保险、家庭保险、人寿保险和强制地震保险是土耳其保险市场的主要产品。

在我们的采访中，埃森哲土耳其公司的数字转型高级经理坎森·埃尔根（Cansen Ergun）说，2010 年到 2015 年期间，整个高端产品的产量增长了 41%。然而，与其他国家相比，土耳其的保险市场仍然不够深入，因为保费总额占 GDP 的比例仅为 1.4%。

埃森哲土耳其公司的数字化全国负责人埃达·冈纳（Erdal Guner）提到，与拥有多个客户群的银行业不同，土耳其保险业有两种主要客户类型：个人客户和商业客户。

坎森·埃尔根解释说，客户的所有权属于大多数产品的保险代理人，保险公司在客户细分方面仍然相对被动，因为他们没有足够的信息来进行详细分析。然而，她补充说，他们确实利用银行的客户细分（公司、零售、富人等）来通过银行保险销售产品。

虽然土耳其在数字银行方面领先，但保险公司在技术使用方面却很落后。然而，坎森·埃尔根也认为，随着数字连接的兴起，客户行为也在发生变化，客户需要并要求更高的透明度，更快地获取信息、价格和服务的比较平台，可靠性以及敦促保险公司利用数字渠道。

土耳其保险科技生态系统

在过去两年中，有 12 家活跃的保险科技公司筹集了 210 万美元，这表明土耳其的保险科技市场尚未开发。

大多数保险科技公司（如 Sigortam.net、Sigortayeri 和 Sigorta[①]Dukkanim）都是聚合商和比较网站，为客户提供来自不同保险公司的报价。除聚合商外，还有 Reidin 和 UrbanStat 等数据和风险分析公司。另外，还有 PolitaSIS、Polibis 等政策管理公司，以及 Globit、Risklator 等风险管理公司在市场上运营。

① “sigorta”意为土耳其保险。

主要挑战

有以下几个原因可以解释为什么保险行业还没有全面接受技术，以及为什么保险科技在土耳其金融科技市场上的份额很小。

1. 个人保险客户通常对保险公司持怀疑态度，他们对保险公司的信任和对保险政策的认识相当有限。大多数客户不知道他们为什么需要保险，不清楚他们买的是什么或不明白保险条款和条件，并且他们认为没有得到关于产品的正确信息。此外在土耳其，有数据表明，个人收入越多的人越愿意购买保险。最近的数据显示，即使在强制保险类别中，预期的结果也不是很理想。在强制交通保险类别中，81% 的车主购买了保险，而在强制地震保险类别中，只有 31% 的家庭购买了保险。
2. 保险产品主要通过两种分销渠道进行销售：保险代理销售了 63% 的非寿险产品，而银行销售了 79% 的寿险产品（主要是通过信贷产品销售）。

与此同时，目前纯粹通过数字渠道销售的保单比例非常低。保险公司既没有充分推广数字渠道，也没有引导客户使用它们。在我们的采访中，埃达·冈纳说："因为代理是重要的分销渠道，所以土耳其的保险公司认为保险代理是它们的主要客户。它们不太愿意绕过代理商，通过数字渠道与客户直接沟通，因为它们不想惹恼与它们保持关系的代理商。"

坎森·埃尔根也指出："当土耳其的保险科技初创企业拥有足够的资本并获得运营许可后，可以在收购和留住客户方面取消中介机构的参与。然而，在当前模式下，机构的权力意味着保险技术初创企业的进入门槛更高。

3. 当前的监管、资本获取和获得经营许可证是保险业新进入者所面临的挑战。埃达·冈纳说："我认为，土耳其第一批成功的保险科技项目将来自大型企业，它们可以轻松地专注于创新，因为它们已经获得了牌照，并拥有运营资金。然而，在获得牌照后，如果一家保险科技初创企业能够围绕服务业务提出创新模式，那它将有机会在大型保险公司之前获得成功。"
4. 坎森·埃尔根认为保险科技在土耳其是一个非常新的现象，很多保险公司对保险科技知之甚少。因此，建议通过报告、培训和会议来解释与保险科技初创公司合作以及合作的好处。

保险科技的机会

土耳其的保险和保险科技市场前景广阔，可以为创新创业提供许多机会。

1. 保险普及率较低，表明该市场仍未开发，有着巨大的增长潜力。据苏黎世保险集团土耳其公司的首席执行官伊尔马兹·耶尔迪兹（Yilmaz Yildiz）说，尽管该行业已经对外国投资者产生了吸引力（例如，伦敦劳合社有兴趣进入土耳其市场），但其平均总保费只占 GDP 的 1.5%，而且与欧盟的平均水平相比，土耳其总值 300 亿美元的保险行业有望增长五倍，到达 1500 亿美元。
2. 土耳其位于欧洲和亚洲之间，为现有企业和投资者提供了重要的机会。这是一个充满活力的国家，有 8000 万居民，大量精通科技的年轻人愿意采用新技术来满足他们的金融需求，包括保险。
3. 安联和英杰华等大多数全球保险公司已经在土耳其开展业务，它们可以通过与保险科技初创企业合作或投资，为后者的发展做出贡献。这可能会改善保险科技生态系统，因为将会有更多的初创企业进入这个领域并增加投资。
4. 最近，一些现有企业已经意识到这个被低估的市场机会，并一直在推动创新以满足不断增长的需求。普华永道土耳其公司保险业负责人塔拉尔·古尔（Talar Gul）表示，新技术已列入保险公司的日常议程，他们一直在投资创新的解决方案，以提高基础设施的质量。埃达·冈纳也分享了他对影响保险公司的趋势的看法：

   数字和保险科技是土耳其保险公司的热门话题。它们对学习和理解能够改变和改善它们做生意方式的新技术很感兴趣。它们谈论着世界各地成功的保险科技初创企业，并有多个关于如何利用技术提高效率的项目（比如在运营中使用聊天机器人）。

   坎森·埃尔根表示，数字化转型在多个领域都很有效，比如产品（开发工作主要集中在联网服务，如远程信息处理学、互联医疗等）、分销渠道（利用 App 和社交领域，开发更频繁、更直接、更迅速地与客户接触的数字渠道）以及运营（包括机器人流程自动化，通过数字平台、聚合器等提交索赔）。
5. 埃达·冈纳认为在物联网领域创业是充满机会的，比如互联医疗、汽车或者家居。然而，他们的创新解决方案需要有别于现有的保险产品，而这些产品应该为土耳其客户带来附加价值，并在其模式中包括保单、助理服务和其他有价值的服务。

结论：释放潜能

土耳其保险和保险科技市场的潜力巨大，尚未开发。不断增长的年轻和精通数字/技术的人群需要复杂的金融产品和服务来满足他们的需求和期望。我们可以预期，在不久的将来，土耳其保险业的数字化转型将会被触发，保险和保险科技市场将会蓬勃发展并迅速增长，更多的保险产品将通过传统和数字渠道销售。

拉丁美洲的保险科技：为每个人提供保险承诺

戴斯·库埃拉（Denisse Cuellar）
金融科技和创业合伙经理、BCP 债权人

谈论拉丁美洲的保险市场是一个相当大的挑战，因为该大陆的保险采用程度相当低。在美国或欧洲，购买保险是一件再普通不过的事情了，但拉美地区却截然不同。购买保险在拉美地区是一个痛苦的过程，甚至很多情况下是一种奢侈行为。保险市场占该地区平均 GDP 的比例不到 3%，而美国和欧洲的比例超过 10%。智利和巴西是例外，它们略高于 3%（要了解拉美地区，需要注意的是车险的优势，因为人寿险、健康险或旅行险对拉丁美洲客户还不是很有吸引力）。然而，变化正在发生，该地区的保险市场正在稳步增长，并正在积极地改变着拉丁美洲人的生活。

巴西和墨西哥的互联网普及率分别约为 67% 和 63%，因此，该地区对保险科技的采用率也非常低，这并不令人意外。再加上该地区保险普及率较低，数字革命显然只能有益于该市场。然而，与任何市场一样，数字化只是其中的一个考虑因素，而创新则是另一个。尽管拉丁美洲保险科技公司尚未成熟，处于早期增长阶段，但似乎正在采用一种以客户为中心的方法。

拉丁美洲的保险科技运动

2009 年创立的 Compara Online 是智利和该地区的第一家数字经纪公司。这家初创公司最初经营着一个车险比价网站，但由于想要更多了解产品的人对其需求很高，它转而从事咨询和销售工作。如今，Compara Online 业务已拓展到哥伦比亚和巴西。去年，该公司被毕马威公司评为全球领先的 100 强创新者之一。

要想成为该地区的重要角色，那有必要将其业务重点放在巴西，毕竟巴西是拉丁美洲保险市场的领头羊。2011 年，Bidu 和 Minuto Seguros 这两家互联网保险公司作为第一个数字经纪人在此诞生。作为该地区最大的在线经纪商，Minuto Seguros 公司决定冒险以不同的方式进入保险市场，并将重点放在与客户的关系上。这家初创公司创建了自己的平台，与多家保险公司建立了联系，为产品提供最优惠的价格和数字保险政策发布流程。此外，它们的客户服务是其优势之一，并且增长迅速，从而证实了巴西消费者在购买周期中重视顾问支持，并会相应地选择供应商。

从 2016 年开始，拉丁美洲的保险市场较为混乱，主要集中在特定的利基市场。其中 ToGarantido 就是一个很好的例子。它既是一家通过线上和线下渠道为低收入阶层提供小额保险的经纪公司，也是一家将赌注压在低价上以吸引更多客户的保险公司。Youse 公司是一家专注于千禧一代的保险科技公司，它让客户能够通过应用程序创建和购买保险服务。Youse 公司的商业目标是吸引对购买保险感兴趣的一代人。早期的迹象表明，它们正在取得成功，在保险市场中保持服务和价格方面的透明，确实能够使保险业说服并吸引新客户。Youse 公司不使用中介机构来销售其服务，尽管这仍在审核中。在秘鲁，保险科技浪潮则处于更早期的阶段，但该国的第一个竞争者是 Seguro Simple——一家正在颠覆秘鲁保险市场的数字经纪公司。除了颠覆性创新活动，成熟度日益增长的迹象还表现在企业之间开始进行合并，例如，分别创建于 2009 年初和 2015 年的哥伦比亚最大的两家在线经纪商 Red Segura 和 Asegurate Facil 决定合并，创建 Busqo，从而成为智利最大的在线经纪商，占整个哥伦比亚市场近 70% 的份额。

那么拉丁美洲的物联网呢？我们有两个关于物联网保险的例子。巴西的 Thinkseg 保险科技公司开发的一款应用程序，可以跟踪客户的驾驶情况，以评估驾驶员是不是一个好司机，从而提供差异化定价。此外，Thinkseg 公司还为尚未进行数字化的小型经纪商提供平台。阿根廷的 Snap Car 保险科技公司在用户的车上安装了一个设备，用来收集信息并测量用户的驾驶方式，它可以测量加速度、刹车、转弯、速度、距离、地图和驾驶时间。这些信息产生一个对用户的评分，用于决定用户的保费优惠额度。我们可以期待看到更多这样的发展，尤其是因为有供应商合作伙伴能够支持保险公司、经纪商和其他公司发展它们的数字能力。

墨西哥的 Segutrends.com、巴西的 VisionX 和乌拉圭的 WAN 都提供了加速该地区保险业数字化转型的工具。

拉丁美洲保险科技生态系统的其他参与者

在促进拉丁美洲的保险科技生态系统方面，当地的保险公司也在发挥作用。尽管保险公司不如银行那么活跃，但它们已经开始制订与初创企业合作的计划，包括加速项目。在巴西，波尔图·西格罗（Porto Seguro）保险公司创建了一个名为 Oxigenio 的加速项目，其目的是与当地的保险科技企业合作。国际再保险公司慕尼黑再保险公司（Munich Re）自 2016 年起在西班牙开展的加速项目 Mundi Lab，已向拉丁美洲的保险科技公司开放，让它们参与欧洲市场。在投资方面，巴西领先的波尔图·西格罗保险公司也创建了一家专门投资初创企业的风险投资公司——波尔图资本公司。在哥伦比亚，Sura Group 与 Veronorte 合作，为保险科技公司创建了一个投资部门，可以与 Sura Group 业务产生协同效应。合作是这个生态系统的关键。如果保险公司专注于以客户为中心，与保险科技公司之间也只能是盟友的关系。毕竟，所有与客户的关系都是通过数字经纪人的客户服务来完成的。

最后，拉丁美洲的保险科技公司需要关注新技术。通过 AI、区块链、机器学习等技术可以极大地改变保险市场。保险科技公司需要知道其行业的未来是什么！作为一家拉丁美洲的保险科技公司，我们面临的挑战是在技术和人际交往之间找到平衡点。尽管仍有挑战需要应对，但保险科技公司正在给拉丁美洲保险市场带来新的面孔，而这张新面孔将鼓励该地区投保不足的消费者将赌注压在这一行业上，并信任该行业。最好的结果是让消费者相信，每个人都应该、也能够在正确的时间、以正确的价格为自己购买正确的保险。这是保险科技的承诺——为每个人提供保险。

保险科技趋势：为什么区域化很重要

瓦西尔·索洛舒克（Vasyl Soloshchuk）
INSART 首席执行官兼执行合伙人

尤利博士（Dr Yuri Kartashov）
欧几里得研究中心首席执行官

保险业正在快速转型，这主要是由于云计算、物联网、远程信息处理技术、区块链和 AI 等各种颠覆性技术的影响。保险服务已被修改，以满足客户的期望和需要——降低成本，提高透明度，并提高处理速度。

由于世界各地社会发展的差异，每一种趋势的前景都大不相同。我们探讨了保险科技每一种趋势的前景，以及它们如何根据地区差异而发展。

点对点（P2P）保险

P2P 保险模式在保险业并不新鲜，它已经存在了几百年。现在，各种设备和互联网已经让人们能够找到有相似保险兴趣的人，帮助它们进入社区，并组织保险覆盖。

几年前，这一潮流看似具有突破性，但实际上，它并不像最初认为的那样具有影响力。原因是：

- 尽管身处同一个保险社区，人们还是不愿意让陌生人知道自己的保险理赔历史；
- 投保人需要管理和评估其社区其他成员的潜在风险，否则他们将不会受到欺诈保险索赔的保护；
- 许多国家需要围绕政府监管框架开展工作，以保护投保人的利益，维护保险公司的稳定性和可靠性。

根据技术成熟度曲线，P2P 保险模式似乎将要经历一个“幻灭的低谷”，只有今天的一些创业公司才能够成功达到“生产率的高原”。

然而，P2P 保险模式在发展中国家大有发展的机会，这些国家的人口有着强大的家庭和社区联系，尤其是在农村地区。随着技术基础设施的逐步完善，P2P

保险公司（如中国台湾的 Shacom、哥伦比亚的 Wesura 和南非的 Riovic 等公司）能够覆盖没有保险的地区并充分利用那里的机会。

在东欧，人们仍然不依赖银行，更喜欢结成一个团体，共同处理支付的有效性和规模使得 P2P 保险公司（如捷克的 PRVNIKLUBOVA 和俄罗斯的 Teambrella）得以成长并取得成功。

然而，规模和数据仍是缺失的环节，同时也蕴含着商业机会。另外，除非重新制定审慎的风险评估机制与池成员的数量之间的最优平衡，否则 P2P 保险仍将不稳定。

小额保险

今天，这个术语通常用来定义低收入人群的保险服务。小额保险提供了一种机制，以保护人们免受生活中某些方面的伤害，如意外事故、家庭死亡、自然灾害、歉收、企业破产等。这种保险模式将在发展中国家的市场上继续得到发展。

小额保险分销的主要障碍是缺乏相关的沟通渠道。为了联系到目标客户群体，小额保险提供商（如阿联酋的 Democrance、肯尼亚的 Kilimo Salama 和巴基斯坦的 UBLOmni 定期寿险）正在日益与移动电话进行整合。

另一个可能阻碍小额保险传播的因素是监管环境，因此监管环境需要更快地适应不断变化的市场环境并需要变得更加灵活，它们还必须支持和鼓励保险公司制订小额保险计划。

区块链

基于去中心化原则，区块链可以（主要是财务）安全地维护和快速验证交易信息。在保险行业，区块链可以降低风险和骗保容忍度，提高透明度，增强数据访问以及节省时间和成本。

使用区块链可以授权特定的保险模型，如 P2P 保险（如美国的 Dynamis）和小额保险（如意大利的 Helperbit），并为这些新产品带来透明度。最具市场价值的解决方案可以使用区块链堆栈构建，其中索赔验证因电子化而变得简单，如航班延误或网络攻击。

如今，保险公司可以通过在传统业务组合中使用区块链而获益，比如安盛公司近期的支持和收购。这种情况可能在美国、英国和澳大利亚等发达国家普遍存在。

随着科技向偏远欠发达地区的渗透，使用区块链的保险公司在这些地区将会有巨大的增长潜力。然而，鉴于目前在实际的业务流程中高度依赖文书工作，这种增长还将需要几年的时间。

远程信息处理技术、生物识别技术和物联网

远程信息处理技术有望通过使用汽车遥测技术来改变保险。然而，除了年轻的驾车者市场，很少有投保人对“按里程付费（pay-as-you-drive）”保险的好处感兴趣。“按里程付费”汽车保险能够根据投保人的驾驶习惯来划分等级，以真正降低汽车保费。然而，随着这一价值主张的日益精细化，它能真正为客户提供增值服务，兴趣和市场覆盖率将继续发展和扩大，最终将覆盖更多的客户。

保险公司带来的刺激将会使科技公司开发更先进的设备，让它们能够预测风险，从而预防或更准确地评估损害，这一预测范围不仅包括汽车保险领域，还包括业主保险（如防止水管漏水）和医疗保险（如跟踪一个人的活动与健康）。尽管欧盟坚持团结原则（定价不能基于遗传倾向或性别差异），但在包括中国在内的发达国家中，保险公司不仅开始监测健康状况，而且开始在网上向医学专家进行咨询。

在发达国家，远程信息处理技术可能会越来越受欢迎，这主要是因为在其他地区已经证明了设备和应用程序的有效性。这其中的主要限制是成本。当成本至少是保险费的两倍时，保险公司与其在汽车上安装黑匣子，倒不如把预算花在激励交通执法机构上，而不是开发所谓的预防碰撞的技术。

在使用资料及保障个人资料方面缺乏相关法规，也会阻碍这类装置的普及。例如，在印度尼西亚、马来西亚、菲律宾等国，就没有关于使用远程信息处理技术或生物识别技术的具体规定。

这一方向的演变带有强烈的大数据时代味道，它打破了过去应用于保险的传统精算技术的界限。

按需保险

按需保险允许投保人使用移动应用程序在短时间内快速为他们的生命、健康、房屋、物品（设备、珠宝等）和车辆投保。这类保险很有前途，也很受用户欢迎，因为它可以让用户在必要时短期为自己的财产购买保险，并极为节省费用。

这类新兴的模式有以下两种：

- 按需保险通常被认为与营销背道而驰，比如“节省成本”“保险是小玩意儿”或“智能保险”等。事实上，这里的技术堆栈只带来了运营频率的提升，保留了所有经典的风险量化和定价原则。但它也有不足，比如人们“碰巧”在事故发生前保险到期了。
- 按需保险受到逆向选择的影响：高风险事件的保险成本越低，购买此类保险的人的资产往往越少。

网络保险

全球每天都有大量的敏感信息被获取并存储在服务器和云端。为了防止数据泄露和降低风险，网络保险已被列入保险业务议程。然而，如今很难在与网络攻击相关的风险、它们的财务影响以及解决保险索赔的方式方面提供足够的评估，因为监管机构也在迎头赶上。中国正在成为这一领域的先驱，并试图在立法层面对网络保险规则进行监管。在不久的将来，预计将有更多的国家试图为网络保险制定规则。

结论

新技术在保险领域的发展和实施似乎没有几年前预期的那么快速。但我们依然可以总结出以下几点。

1. 发达国家（如美国、英国和欧盟国家）最具创新精神。我们期望看到使用区块链、远程信息、物联网、可穿戴设备以及按需保险的新型保险模型的进一步发展。然而，预计不会出现突然性的变化。相反，这种演变将是系统性的。
2. 在中非、亚洲和南美的贫穷和发展中国家，使用移动渠道已成为分配保险、进行风险评估和支付保险费用最简单的方式。在那里，小额保险最有潜力。

3. P2P 保险可能会在社区联系较强的地区分销得更广。风险评估和理赔工具的缺乏已成为使用区块链平台进行风险透明沟通的最大障碍。
4. 适用于保险的高级风险评估和缓解技术（包括基于大数据时代的所有好处）包括连接到热点的卫星，如可穿戴设备、车联网和物联网。
5. 保险 / 风险数据聚合解决方案领域可能出现新的趋势，包括在线风险预测、数据股票市场等。

保险科技将更加专注于现有保险业务流程的改进、优化和升级，而不是催生“新保险”的超级新星。

The INSURTECH Book

05

协同创新：观察 – 合作 – 投资

创新世界的合作至关重要。创新需要内部和外部创新者之间的开放与联结。这两种基于企业制度文化的企业特质正在与之斗争。

在这一部分，我们将着眼于保险公司如何拥抱开放创新，实施的流程，雇用或授权的人才，以及设计和测试的程序，当然还有它们寻求的合作伙伴关系。

作者齐迪・哈根（Tshidi Hagan）、罗伯塔・里佐（Roberta Rizzo）和比约恩・坎普（Bjorn Cumps）都探索了支持那些从新的市场进入者和金融技术初创企业处获得价值的企业间协作需求的形式化模型。

人们对创新中心为金融机构提供服务的兴起议论纷纷。多罗塔・齐莫诺克（Dorota Zimnoch）特别关注这些资本密集和高度多样化的环境是如何运营和蓬勃发展的。

合伙关系是一个关键主题。合作伙伴的类型包括加速器、孵化器、共同投资者甚至其他保险公司等创新资源。合作伙伴关系在科技行业很常见，但在保险行业却远没有这么普遍。然而，有一些很好的例子能够证明在此描述的工作伙伴关系，它们特别注意商业、运营和法律层面的考虑。

组织内部的协作也是一个重要的主题，它包括领导力如何激励员工，什么样的文化触发因素是帮助企业创新可持续发展的关键，以及人们如何看待内部创

合作可能会带来突破

如果保险公司不利用保险科技所带来的机会，其他人就会利用。

智能技术支持保险间的
协同理赔生态系统

在2017年的一项调查中，如果亚马逊、谷歌或 Facbook 提供传统保险，那三分之一的人将会转向这些公司

只有建立双赢的关系，伙伴关系才能发挥作用

不断地“跳出盒子”来启动、利用和重新定义与客户、供应商、竞争对手和互补者的关系

一键式平台评估创新理念的力量：

1．提供；
2．目标市场；
3．基础设施；
4．合规需求；
5．数据需求；
6．业务协作生存能力。

在采用保险科技之前，
先考虑一下保险科技文化

- 挑战在于，如何让新想法在一个运营方式没有真正得到改变、也没有能力接受改变的组织中发挥作用
- 现实情况是，保险科技无法解决上述任何一个问题，但是这些问题可能会阻碍保险科技的成功应用

通过开放创新战略与现有的保险科技合作

世界上最大的保险公司（如英杰华、安盛、安联、美国国际集团、大都会保险、忠利保险或 XLCatlin），大多数都建立了自己的内部风险资本基金，并承诺投资初创企业

一项针对2005名英国成年人的研究发现，85%的人希望保险公司能让他们了解如何降低保费

在2016年的一项调查中，74%的保险公司担心业务中断，然而只有43%的保险公司制定了策略，28%的保险公司愿意探索与保险科技公司的合作

企业合作机会

合作孵化和加速器，如创业训练营和即插即用服务，证明了合作带来由外而内的创新

保险公司和经纪公司的九种应对方式

你的目标是什么	建立内部创新团队	构建可扩展的技术堆栈	建立自己的数字主张	创建“数字实验室”	建立一个“技术自助餐”	加速器/孵化器		投资创业	
						自己构建	赞助商	直接	通过第三方
影响文化变革	✓✓	✓	✓	✓					
改变现有流程	✓	✓✓	✓✓	✓✓	✓✓	✓			
获得更好的技术	✓	✓✓	✓✓	✓✓	✓✓	✓✓	✓✓	✓	
直接的财务回报						✓	✓	✓✓	✓✓
说明性例子	慕尼黑再保险公司	英杰华慕尼黑再保险公司	AgeasXLCatlin	英杰华Sompo数字实验室	苏黎世OxbowPartners	瑞士再保险蒙迪实验室	美国国际集团（AIG）	TransamericaAxaXLCatlin	英杰华保险科技风险投资合作伙伴

B3i是由荷兰全球人寿保险公司、安联保险公司、慕尼黑再保险公司、瑞士再保险公司和苏黎世保险公司于2016年10月发起的保险业区块链计划

业。威利·皮纳尔（Willie Pienaar）对经典变革管理模型如何被延伸，以塑造开放式创新最佳实践的洞见尤其感兴趣。

最后，丹尼斯·托马斯（Denis Thomas）确实提出了一些合理的建议，说明竞争与合作如何常常作为一个连续体而存在，以从综合实力中获益。这部分充满了引人入胜和不断改善的案例研究，每个人都可以与之联系并从中获得价值。

保险科技领域的合作机会

W. 齐迪·哈根
保险科技创业训练营项目总监

合作促进了具有前景的保险科技部门的发展。通过支持 API 的后台办公技术，慕尼黑再保险数字合作伙伴公司正以更快、更灵活的方式为市场带来更多的主张。Blue Marble、B3i 和 Gen. Life 展示了共享研发如何产生共同利益的知识产权，但是这需要最小的资源投资。合作孵化模式正在出现，全球保险加速器（如创业训练营和即插即用服务），证明了合作加速是一种低风险 / 高回报的方法，能够实现由外而内的嵌入式创新。在投资方面，耶路撒冷风险投资公司（Jerusalem Venture Partners）、Eos 风险投资公司和试金石风险投资公司（Touchstone Ventures）利用精心挑选的合作伙伴的专业知识，弥补了传统企业风险投资（CVC）和风险投资（VC）的缺陷。

背景

虽然在内部运行 IT 转换程序、研发实验室、孵化器、加速器和 CVC 基金对升级过时的技术系统是有用的，它们提供了可定制的探索功能和根深蒂固的内部文化创造力，并利用先进技术开发以客户为中心的产品，但是在内部管理时，这些计划都可能会受到以下因素的制约：前期资本投资的高要求、过高的运营成本、稀缺的技能、有限的相关专家或导师、投资者网络，以及延迟或缓慢交付。最近以共有的保险科技为核心的企业创新模式的兴起和成功，进一步解释了合作令人信服的好处，本节也传达了这一观点。

协作数字化

数字化： 利用数字技术改变商业模式，提供新的收入和价值创造机会。

在一个消费者高期望值、产品开发迅速和客户获取周期紧凑的数字时代，保险公司面临着与客户保持关系的艰巨任务。此外，它们寻求为客户提供无缝、统一的多渠道和多产品体验，这需要系统升级、流程设计改革、数据管理和强大的分析平台。

当这与跨越整个保险价值链的自动化或数字化手工流程中不可避免的挑战（即集成和迁移的复杂性、冗长的项目时间表、高昂的执行成本）相结合时，利用合适合作伙伴的资源的好处就会突显出来。

慕尼黑再保险数字合作伙伴公司（以下简称“数字合作伙伴”）成立于 2016 年 5 月，旨在让该公司与开发保险科技解决方案的初创公司形成更顺畅的合作关系。慕尼黑再保险公司成立了一个独立的机构，拥有独立的、资金充足的授权，并结合一个支持 API 的平台，确保合资企业能迅速、灵活地吸收外部能力，以应对当前的业务挑战，并利用不断出现的机遇。因此，在成立一年后，数字合作伙伴已经公开披露了与初创公司建立的九家合作伙伴关系，这些公司创建了定制的财产和意外伤害保险，以及健康保险主张。它的合作伙伴包括 Jetty、Simplesurance 和 Trov。

由于这些合作关系正在迅速发展，预计未来将有更多的现有企业复制慕尼黑再保险的数字化方法。

合作研发

研发： 一系列探索性计划，旨在改善现有或开发新产品，并从头开始进行业务实践。

正如前文所述，一些现有企业承认，新兴的商业模式和技术需要多个行业参与者之间的合作，以产生可持续和可行的研发成果。2015 年 6 月，Blue Marble 小额保险公司由八家领先的保险公司和再保险公司联合创立，旨在探索商业上可行的小额保险模式，以推动金融的包容性。联盟成员分担其成本、人才和各种执行风险，以支持新企业的创意、孵化、加速、试点和规模扩张。Blue Marble 小额保险公司目前在新兴市场有六家处于不同加速阶段的企业。最成功的是 2016 年 11 月启动的一个试点项目，为津巴布韦 335 名小农提供干旱保护保险。

B3i 是由荷兰全球人寿保险公司、安联保险公司、慕尼黑再保险公司、瑞士再保险公司和苏黎世保险公司于 2016 年 10 月发起的区块链保险业计划，旨在挖掘区块链技术，提高再保险公司和保险公司之间的数据交换效率的能力。到 2017 年底，区块链保险业计划 B3i 宣布其已经得到扩大，有 23 家新的经纪人和再保险 / 保险公司加入，这将有助于推进 B3i 即将到来的市场测试进程。

自 2016 年以来，Gen.Life 一直在创建软件即服务（SaaS）平台，以便保险公司能够跨越整个保险价值链，创建智能数字能力。Gen.Life 的目标是为其保险合作伙伴提供卓越的研发中心，以换取每年的研发许可费。作为回报，这些保险公司可以使用 Gen.Life 的 AI 和区块链技术、其合作伙伴初创公司的技术，以及 Gen.Life 具有高度灵活性、自适应的智能技术栈。

观察所有这些计划的相关成功经验，以及它们如何影响未来企业的研发成果，将是一件有趣的事情。

合作孵化

孵化：在长达 36 个月的时间里，通过提供大量的商业支持设施、资源和服务，能够产生长期回报的创意，并孕育成具有商业可行性的主张。

由于对知识产权所有权、数据安全、通用和定制主张的发展等的担心，许多组织已经推迟了采用合作孵化模式。然而，由于广泛的能力、设备和资源的承诺，要求设立一个内部孵化器（例如安盛集团的 Kamet），这种自治孵化方法的可持续性受到了质疑。

因此，我们开始看到孵化专家和现有企业之间的合作，它们正努力将早期的想法独立地向商业主张推进。自 2016 年 11 月起，Fintech Circle Innovate、Cape Innovation 和 Technology Initiative 合作，为符合全球行业最佳实践的非洲金融服务提供商提供了量身定制的孵化服务。此外，2017 年 2 月，Worry+Peace 与 Mohara 合作推出了一个孵化器，为英国保险分销初创企业提供业务开发、产品设计、监管和技术支持，以及保险领域专业知识和指导。最近，指数风险投资公司（MMI Holdings 的一个颠覆性创新部）与 Anthemis Group 合作推出了一个金融健康孵化器，致力于发现商业机会、优化商业模式、招聘人才和扩大初创公司的规模。

预计未来将会出现更多这种性质的联盟，以支持开发更经济有效的孵化方法。

协作的加速器

加速器：通过由相关专家、导师和投资者精心组合的网络支持的三个月的结构化课程，早期创业公司迅速发展为商业企业。

保险科技创业公司的协同加速是合作成果丰硕的成功案例之一。

总部位于美国艾奥瓦州得梅因的全球保险加速器（GIA）于 2015 年 2 月率先推出。GIA 的支持基础包括 180 位导师和 10 位投资者（它们都是以美国为中心的保险公司），它们一起为 18 家初创公司的顺利发展提供了帮助。截至 2017 年 4 月，这些公司共筹集了约 200 万美元。

2015 年 6 月，伦敦创业训练营保险科技公司紧随其后，它主要得到 15 家知名企业合作伙伴（主要是保险公司和再保险公司）的支持，这些合作伙伴利用它们的联合资源为加速器的运营提供资金，指导创业公司，并与它们一起探索各种商业机会。此外，该加速器还提供了访问伦敦创业训练营全球网络的机会。该网络包括 2000 多名导师、1000 多名投资者，以及另外 130 名项目合作伙伴（金融机构、零售商、数据提供商、政府机构等）。他们在 20 个国际项目中工作。到目前为止，有 20 家创业公司创始人是该项目的校友。截至 2017 年 4 月，其中一些公司已经联合筹集了超过 2000 万美元的后续资金。

即插即用保险（PPI）是一种基于硅谷的加速器，于 2016 年 4 月推出。PPI 汇集了 38 家领先的再保险公司、保险公司、经纪人和汽车制造商，支持处于早期和成长期的初创公司快速开发保险科技解决方案。到目前为止，PPI 的投资组合中有 48 家创业公司，第一批创业公司已经联合筹集了至少 3900 万美元。

虽然这些加速器还处于早期阶段，但正在为所有关键利益相关者带来有意义的、可衡量的价值。

合作投资 /CVC

> **企业** VC（CVC）：VC 的一部分，它们成立组织对初创公司进行战略性股权投资，这些初创公司正在创造解决方案，以应对现有的业务挑战或利用新兴的增长机会。

自 2015 年以来，一种更合作的 CVC 方式得到发展。到目前为止，已经出现了四种不同的模式。

第一种模式涉及现有基金公司对以行业为核心的第三方管理基金的投资，以获得市场洞察和各种商业机会的渠道。英国耆卫保险公司（Old Mutual’s）和意大利联合圣保罗银行（Intesa San Paolo）对 Apis Growth Fund I 的投资，以及泛美投资公司（Transamerica Ventures）对 FinTech Collective 和 Lerer Hippeau Ventures 的投资，可能表明了这种做法的一些最早迹象。

第二种模式需要 CVC 与专业的早期投资者建立合作关系，指数风险投资公司与 Anthemis Group、4Di Capital 和伦敦创业训练营保险科技公司的投资合作关系就是最好的证明。在成立的一年时间内，指数风险投资公司已经投资了六家金融健康创业公司，并持有伦敦保险科技创业训练营旗下加速创业公司的权益。

风险投资基金迅速涌现出第三种模式。它们的建议为投资者提供了丰富的领域经验和经实践检验的早期投资专业知识。大多数公司将保险公司定位为有限合伙人，如 Eos Venture Partners、InsurTech Venture Partners、MTech Capital、ManchesterStory Group 等，而其他公司如 Annexus Ventures 和 InsurTech VC，则以封闭基金的形式运营，并对共同投资开放。

作为一种服务方式，Touchdown 风投公司属于最后一种模式。它们利用自己的声誉和卓著的 CVC 历史记录，采用经验证的行业技术，运营定制的 CVC 基金，使客户能够对投资过程保持完全的控制，从而产生符合每个客户独特目标的精确结果。

所有这些投资模式都有潜力让现有企业从早期投资中获得切实的战略和财务成果。

结论

上述成功案例研究表明，尽管各种约束包括潜在的冗长的谈判周期、高风险执行并偏离重点，但是通过合作可以利用合作伙伴关系中的每个成员的专业知识、经验和资源，为将尖端产品和服务快速、廉价、独特、灵活和合规地推向市场创造机会。

保险科技市场中的竞争与合作

丹尼斯·托马斯
毕马威公司副董事

在媒体和娱乐领域，科技带来的颠覆势头一直很猛，但是在金融服务领域，科技需要一段时间才能跟上。银行业目前的支付和贷款等几个曾经是核心的模块正在崩溃。而保险行业正处于萌芽阶段，保险公司继续竞争并蚕食彼此的利润率，出现颠覆的可能性很大。

纯粹竞争与合作竞争

“我要毁了安卓，因为它是偷来的。我愿意为此发动热核战争。”——史蒂夫·乔布斯曾的这句话，让我们得以一窥竞争有多激烈。这些竞争有的是必要的，有的则是不必要的。在保险领域，我们是否需要类似等级的竞争？在当今这个充满活力、技术颠覆性的舞台上，我们能否保持盈利并与之竞争？生态系统中的所有参与者能否平等地考虑所有的选择，并投资于成功概率高的创意？不，即使这样想也是不切实际的！理想情况下，我们需要将投资分散到更广泛、更深远的地方，同时依赖于补充我们总体战略和愿景的子领域专家。

如果我们遵循这一想法并进一步推断，那么在竞争中就可以使双方受益，这也是商业竞争者之间合作的简单前提。合作可以在以下领域提供广泛的帮助。

1. 克服产品开发成本

在许多行业中，新产品开发和客户获取成本几乎总是排在花费最高的类别之列。如今在保险市场中，新产品的战略重要性远远高于其他行业，因为那些客户更喜欢以行为为导向的折扣以及具有可管理性的投资组合，对单一保险公司的依赖越来越少。从技术角度来看，保险科技公司的进入者专注于新产品的开发，可以很容易地补充现有保险提供商的投资组合。从保险公司的角度来看，选择一家公司的尽职调查步骤仍然很复杂。协作将使大型保险公司受益，因为它减少了冗长的开发成本，以及在测试和重新测试特定解决方案上投入的相关时间，直到这些解决方案上市。同时，它还减少了上市时间和整体营销成本，因为以客户为中心的产品可以更早地进入市场。对于规模较小的企业来说，这种合作方式有助于它们克服监管障碍，否则监管障碍会让它们陷入恶性循环，同时慢慢地侵蚀掉它们的日常运营成本。通过对新公司进行关于可能的风险场景的教育，以及在开发之前和开发期间采取必要的步骤，以确保大多数（如果不是全部的话）风险得到缓解，这种协作竞争方法有助于降低风险。

2. 在全球市场中合作和竞争

毫无疑问，在保险科技公司和科技巨头的推动下，全球保险业的竞争将会加剧。例如，腾讯控股有限公司旗下的保险公司是最新一家获得牌照的公司，该牌照使这家中国社交网络的主要运营商能够向微信的九亿用户出售保险。现在是为我们的公司做好准备的时候了！未来的通用市场是不可避免的，我们应该做好准备，迎接一个专利、价格和客户都可以接触到的通用市场。即使在通用市场中，公开专利和与竞争对手合作的背后，也有着其潜在的狡猾和贪婪的目的，其最终的目标是赚取更高的利润，并为自己积累巨额财富。但是没有额外的面团，又怎么能做出多余的馅饼来呢？在这种情况下，Dough 所代表的人才、资金、影响范围，与直接影响公司盈利能力和竞争力的许多因素相关。通用市场提供了更大的分销网络，使保险代理人具备了在几分钟而不是几小时、几天或几周内向目标客户报价、绑定和发行定制保险产品的能力。

在通用市场中，会出现以下这些问题：

- 谁是当前的参与者？我们如何合作以实现价值的最大化？
- 哪些关系对我的公司是互补的，如果进行合作，我的公司将会获得什么价值？

- 在这个领域，谁是我的竞争对手？我是否能够以一种互惠互利的方式进行合作？
- 如何通过通用市场加强公司与供应商、客户和集成商之间的关系？
- 我能否利用现有的网络和知识来维护公司的竞争优势？

这些只是在参与全球市场时可能出现在人们脑海中的一部分问题。我们需要从环境中寻找线索，不断地“跳出条条框框”来启动、利用和重新定义与客户、供应商、竞争对手和合作伙伴的关系。

3. 熵的意识

热力学的第二条原理是，宇宙中的一切事物都是从有序状态穿越到无序状态的，而熵本质上就是对这种变化的测量。一个人不可能在所有的竞争领域都保持精通，这实际上是不可能的。这也意味着无论是公司还是个人，一定不能故步自封。如果要保持自身在该行业的地位，你就要大举投资于未来的研发，密切关注监管变化以及竞争对手的动向。然而，这一切仍可能无济于事，正如我们这一代人所熟知的柯达和诺基亚案例所表明的那样，这两家公司从各自领域的领军企业发展到如今已不复存在。如果当新进入者通过触摸屏和数码相机来破坏空间时，它们能意识到环境中的熵，情况就不会如此了。以上例子是支持合作竞争的最佳论据。

4. 向上销售和交叉销售的机会

如果现有客户可以从竞争对手销售的产品中获益，或者相反，就会有向上销售和交叉销售的机会。这最终会提高双方的客户忠诚度和满意度。

5. 竞争优势

合作竞争也有助于获得竞争优势，因为它提供了快速获取现有公司目前所缺少的额外技能的途径、技术多样性、盈利能力、声誉以及通过更广泛的人才库共享的知识。

参与合作可以通过投资或创新中心直接获得更多的回报，从而引出了下一个主题：创新中心以及采用类似做法的公司可能获得的好处。合作竞争的优点很容易总结出来，如图 5–1 所示。图 5–1 中，投资 D 的潜在回报要比投资同样数量的 A 的风险高得多。合作竞争的方法能使我们获得更好的回报（将自己定位在 D），同时将风险保持在最低水平。

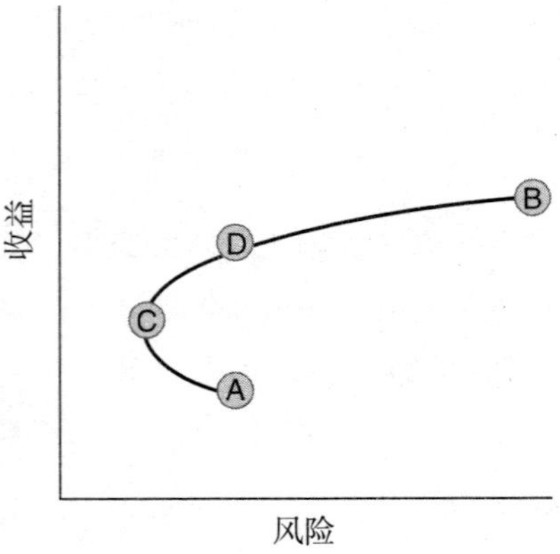

图 5–1 有效前沿

创新中心和孵化

过去几年，科技公司和银行内部的创新中心的兴起，足以证明研发投资的重要性。IBM 和通用电气等公司之所以多年来一直存在，其中一个因素就是投资相关技术。这些技术最终帮助它们调整业务模式，以适应不断变化的市场需求。我们可以通过研究跨部门普遍存在的高效创新中心的设计，进一步优化这条路径，并获取与该领域相关的线索，如创新投入产出子指数、全球创新总体指数、全球创新指数（global innovation index，GII），以对各国创新效率进行排名。

如图 5–2 所示，创新中心可以通过以下五个主要支柱使参与企业受益：

1. 培养和利用现有人才；
2. 指导和监控可能有利于公司整体投资组合的想法 / 公司；
3. 在员工中树立一种企业家精神，而这种精神将推动敏捷性和灵活性，并逐渐增强公司固有的冒险欲望；
4. 在产品原型正式投入市场前进行测试和构思；
5. 促进跨职能的合作，以解决因在多个地区的大型联合企业中运营而产生的部门和事业部壁垒。

这仅仅是一种机制，目的是让公司更多地参与到行动中来，并确保它们在行业内部或外部发生变化时抢占先机。这也有助于它们获得一个新的视角，避免其组织内部只有短视研究和发展。我们已经见证了银行业创新中心的增长，现在是保险业跟上发展的时候了。我们正在推动将合作作为一种增长战略以及将孵化作为基石的方针，以便在我们的下一次战略指导委员会会议上实现这一目标。

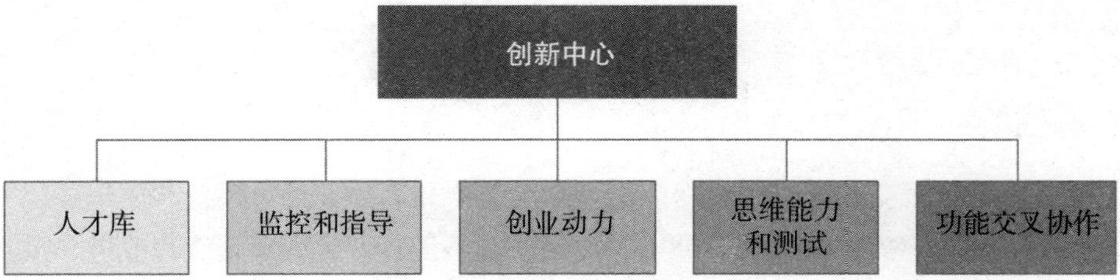

图 5–2 创新中心

通过开放创新战略与现有的保险科技合作

多罗塔·齐姆诺赫（Dorota Zimnoch）
医学博士、The Heart 创始人、商务咨询、战略顾问

数字革命冲击了保险行业，而保险科技颠覆了整个价值链和客户生命周期。“现在就想要”的企业文化、不断增长的消费者需求、激烈的竞争以及不断变化的法规，都迫使现有企业做出改变。正如《计算机世界》所引述的那样：“2016 年 3 月，GMC 软件对 2500 名英国成年人进行的一项调查发现，85% 有保险的消费者希望保险公司能让他们了解如何降低保费，比如建议他们改变行为。”

颠覆性技术提供了重新设计客户体验、创造新产品和增值服务、简化内部流程和提高运营效率的机会。

保险业生态系统的复杂性、较高的准入门槛以及潜在的较长的投资回报，使保险公司得以在数十年里维持现状，并将新的竞争对手拒于门外。相反，它们专注于产品和分销策略。此外，2008 年的金融危机影响了该行业的声誉和信任。然而，数字革命、来自消费者、监管机构和竞争者的压力，包括保险科技和科技巨头的崛起，使该行业的变革不可避免。普华永道报告称，2010—2016 年在保险科技领域的累计投资高达 34 亿美元。普华永道公司在 2016 年的调查中还发现，74% 的受访者担心被颠覆；然而，只有 43% 的人有应对这一挑战的策略，28%

的人愿意探索与保险科技公司的合作关系。

为了继续留在游戏中，保险公司必须采取最有效的策略，为数字时代重塑业务格局。

内部创新

其中一个策略是在组织内部促进创新。从研究趋势、竞争标杆和应用客户智能，到识别客户需求、应用设计思维和用户驱动创新，再到实施流程改进和重新设计业务战略，这些都是企业创新工具箱的例子（详见表 5–1）。

这种内部创新的成功例子之一是英杰华 Drive 应用程序，该应用程序对用户的驾驶行为进行评估，并以折扣奖励安全驾驶。安联公司为客户提供了 MYClaim 应用程序，可以在移动设备上申请索赔。美国泛美航空公司采取了一种有趣的方式来推动创新和改变企业文化。该公司为员工创办了创新咖啡馆，在内部被称为“明日创造者”，鼓励他们进行头脑风暴，研究创新想法。

表 5–1　　企业创新工具箱

企业创新工具箱（例子）		
创造性思维 培训员工解决问题的技巧	**创意管理** 管理过程或创意的收集、评审和实现	**阶段 - 关卡流程 |NPD** 改进决策过程
客户智能 使用人种学、ODI 和其他方法发现未被满足的客户需求	**设计思考** 优化设计流程	**流程改进** 利用改善、六标准差或其他方法，为产品和流程的质量设计提供数据支持
趋势研究 理解社会、技术和市场中的新兴模式	**用户驱动的创新** 让用户参与，共同创建解决方案和体验	**商业模式** 设计和审查商业模式创新
竞争情报 竞争标杆分析	**技术侦察** 识别具有竞争优势的潜在技术	**精益创业** 快速验证假设

然而，从其他行业、特别是从银行部门的学习表明，由于一些内部约束，内

部创新只能将企业带到一定高度。这些约束包括在组织中驱动改变的速度、相互矛盾的业务优先级、有限的人才库和 IT 资源。最大的障碍是缺乏创新文化。韦莱韬悦对保险业 200 名高管进行的调查显示，58% 的受访者表示，保险业在实施数字技术方面落后于其他金融服务机构，74% 的受访者认为，他们所在的行业未能在数字创新方面展现出领导力。

出于这个原因，保险公司正转向海外，以寻求能够增强和加速数字转型的创新和解决方案。

通过合作和伙伴关系推动创新

在个人业务目标（例如，利用先行者的优势、获取技术或人才、扩大价值主张、开发新的分销渠道）的驱动下，保险公司采用一种或几种模式：购买、合作、投资。

图 5–3 总结了九种不同的合作模式（这些合作模式是我们在与企业客户合作的过程中发现的），以及保险公司如何通过与保险科技公司合作来最大化结果，并从技术革命中获取最大价值。我们承认，这个矩阵并不是详尽无遗的，而且由于生态系统正致力于不同的交易和伙伴关系，新的模型很可能会出现。

购买 购买或许会给你带来竞争优势的新技术	购买服务	许可技术	共同发展
合作伙伴 在收益共享的基础上推出新产品和新业务	提供捆绑	白标	联合品牌
投资 公司战略或财务投资的交易流程	收购	投资	合并和收购

图 5–3 协作模型：购买、合作、投资

购买初创公司

保险公司可以通过购买保险科技人员的服务、解决方案或共同合作开发解决方案。YU！就是这样一个例子。它是一个来自波兰的新的保险品牌，由远程信息和通信公司 Yanosik 和保险公司 Ergo Hestia 合作创立。YU！收集用户行为数据，应用 AI 为客户提供个性化的汽车保险。新技术让 YU！以具有竞争力的价格提供更好的客户体验，对于保险提供商 Ergo Hestia 来说，这无疑开辟了一条新的分销渠道。

Cognotekt 为保险公司提供软件作为服务解决方案，使个人索赔实现自动化。目前它在德国市场上运行，提供自动挡风玻璃保护。

Friendsurance 或 PolicyGenius 等初创公司充当独立的在线经纪人，为客户提供独特和相关的客户体验，同时为保险公司提供额外的分销渠道。

与初创公司合作

另一种策略是与保险科技公司合作，通过捆绑销售或以白标或联营品牌的形式为客户提供保险科技服务。

- 安盛西班牙公司与面向个人的汽车共享平台 SocialCar 签署了合作协议。合作既为创业公司提供了更多的信誉，也为用户提供了全车保险；而对于安盛公司来说，则再次提供了新的分销渠道。
- 慕尼黑再保险公司与 Trov 合作，在美国提供按需保险。
- Liberty Manual 与创业公司 Canary 合作，后者提供家庭安全解决方案。因此，客户可以从 Liberty Mutual 的智能家居折扣计划中获益。
- Digital Fineprint 利用社交媒体帮助客户选择最好的保险。这家初创公司与大都会人寿（MetLife）公司合作，将业务扩展到亚洲。
- 慕尼黑再保险与应用程序的保险提供商 Wrisk 合作，成为其在英国、欧洲和美国承保业务的独家运营商。
- 2016 年底，美国汉诺威人寿保险公司进入全球战略合作伙伴关系，投资了 Sureify Labs。因此，Sureify 的终生平台通过 hr|ReFlex 自动承保解决方案得到了增强。

投资初创公司

第三个也是最常见的策略是投资初创公司。全球最大的保险公司，如英杰华、安盛、安联、美国国际集团、大都会保险、忠利保险或信利保险集团，大都建立了内部风险资本基金，并承诺投资初创企业。在苇莱韬悦的调查中，45% 的受访者表示，他们更倾向于通过收购来让公司获得数字能力。

安联公司投资 Simplesurance 是为了学习如何通过数字渠道搭载客户；保险公司 IAG 通过收购物流领域的 CCS 创新，增强了其对大客户的价值定位；而旅行者公司通过收购英国最大的保险经纪公司 Simple Business，扩大了其数字分销能力。

如何应对并选择正确的策略

在 The Heart，我们通过开放式创新战略帮助现有企业有效地与初创企业合作。

从公司确定其业务目标开始，这可能是整个战略中最关键的因素。对一家保险公司有效的策略（比如建立业务加速器），对另一家保险公司可能不是最好的策略。目标应该与预期的影响明确一致，预期的影响可以是增量的、相邻的或变革性的（如表 5–2 所示）。

业务目标确定合作模式，这可帮助企业确定解决方案的优先级。例如，如果一家企业希望与客户建立更紧密的联系，那它可以与一家物联网或可穿戴设备初创企业合作或对其进行收购，通过监控客户行为和分析数据，可以增强风险评估能力，并提供更个性化和相关的服务。

一旦确定了潜在合作伙伴关系的标准，公司就可以选择一种或几种方法来确定解决方案。从黑客马拉松和创业倡议，通过参加演示日，积极寻找解决方案。联合利华公司采取了一个非常有趣的方法，它创建了联合利华铸造平台（Unilever Foundry platform）。联合利华的品牌和业务部门在平台上发布简报，概述需要解决的问题，并邀请规模化的初创公司就如何应对这些挑战提出建议。在 18 个月内，联合利华铸造平台执行了 100 个试点项目，成功率高达 48%。另一种策略可能包括开发企业或赞助商的加速器，比如 W1Forward 保险科技加速器或大都会保险加速器联盟。

表 5–2　　开放式创新战略

创新战略 **影响：增量 | 相邻 | 变革性** **模型：观察 | 与创业公司合作 | 投资创业公司 | 建立创业公司**				
挑战	**采购**	**选择**	**交易和法律**	**执行**
猎场 压力和 KPI	监控生态系统 定义需求	选择 共同创造	速度 知识产权管理	Pilot|PoC 本地执行
可见性	**关系**	**资源**	**人**	**文化**
单触点	交易流程的合作伙伴 合作伙伴认知 关系管理工具	预算 时间和精力	最高管理层的支持	非自己发明的 实验 榜样和成功故事

另一种策略是主动寻找创业公司。虽然在内部进行搜索服务项目可能很吸引人，也比较合适，而且有些公司已经顺利完成了，但根据我们的经验，成功的项目需要为此类项目分配全职资源。与初创公司合作和评估的经验对于确保在搜索过程中应用正确的标准也很重要。这就是为什么许多公司使用像伦敦创业训练营这样的项目，或者使用像 The Heart 这样的中心来提供专业的搜索服务，这样通常更经济、更快。

成功的数字化转型和创新的基础需要得到公司高管层的支持，需要合理的人力资源和资本配置，需要在组织中培育创新文化。最重要的是，要在信任的基础上建立现有企业与保险科技公司的合作伙伴关系，发挥双方的优势，鼓励“测试和学习”。尽管并非所有的项目都最终能成功，但只有积极参与生态系统，并致力于数字转型，保险公司才能发挥作用，应对突发事件，赢得客户的心。

正如古老的非洲谚语所说：“走得快，独自去，走得远，一起去。”

保险科技世界中的合作方式：一键式点击平台

罗伯塔·里佐（Roberta Rizzo）
EY 公司高级经理

“保险科技”是一个简单的词，用来概括保险业新技术与颠覆性商业模式的复杂组合。这是一种新的运营方式，提高了客户满意度，加强了内外部的协作，形成了新的价值链。这是一个以创新的视角将不同的方法和策略结合在一起的过程，焦点于客户或社区，如图 5–4 所示。

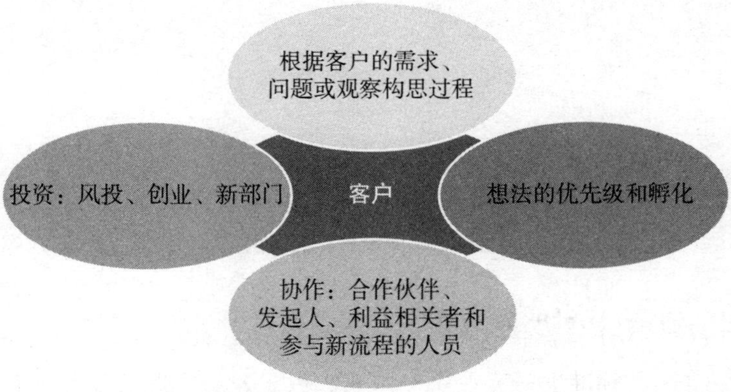

图 5–4　保险科技

这个模式是如何运作的

设想一下你需要什么样的保护？你是想保护你的家庭、汽车，还是仅仅保护你的钢琴或平板电脑？你如何满足这些需求？你如何确保不受欺诈和网络风险的影响？你如何选择最好的解决方案？如今，由于创业公司的大量涌现和（一些）保险公司数字化转型的影响，我们有很多新颖的解决方案来解决这些问题，但这还远远不够。要有一种解决方案，能够让保险公司在一键式点击中就能满足这些需求。数据分析支持创建交互式、移动协作平台，以及特定社区或特定产品，所有内容都可以通过诸如区块链技术进行安全跟踪和使用。这就是未来：在这个空间里，客户是主要的赞助者，能够参与共同创作 / 构思，为特定的问题 / 需求形成特定的解决方案。所有的利益相关者必须能够孵化出第一个创意过程，并在一个共同创造和协作的空间中产生一个独特的产品 / 平台 / 解决方案，以脱离传统市场和公司。这需要以一种完全突破的方式（通过创业或新领域 / 业务线）进行开发，并且必须专注于客户需求。图 5–5 显示了一个示例。

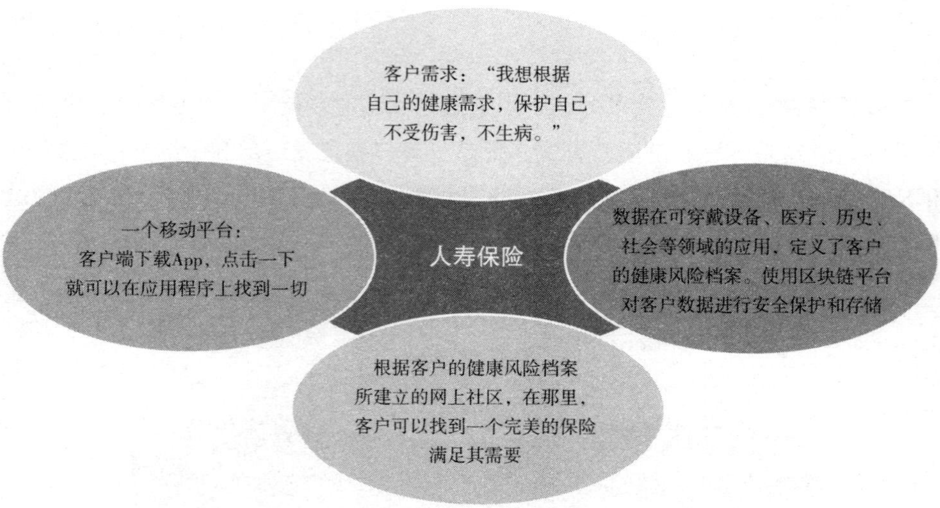

图 5–5　寿险行业的颠覆

如何管理创新项目的协作平台

当一家保险公司决定开发一个专门为客户服务的协作平台时，第一个问题是构思过程。这是为了将一个想法转化为一个项目，确保这个项目得到很好的管理，并能够解决以下问题：我的想法是否具有创新性？它是真的解决了一个问题，颠覆了一个流程，还是发展了一个不同的价值主张？我想做出什么样的创新，是"持续创新"还是"颠覆性创新"？

业务价值是什么？画一张商业画布如何？为了让其他人参与进来，我如何把项目的每一个阶段都写在一张纸上？

从创意到项目

1. 评估一个创意。要评估一个创意与三种创新类型中的哪一种相关，回答以下一些具体的问题很重要。

- **提供**。这个创意是扩大或加强现有的产品，还是一个全新的产品（在公司内部或其他地方）？

- **目标市场**。目标市场是什么？这是一个已经存在的市场，还是一个新的市场？
- **基础设施**。是否可以使用现有的基础设施来实现这个创意，是需要做一些改进还是需要一个全新的基础架构来实现这个创意？
- **合规和监管**。我们知道这个创意符合法规要求吗？它们是否已经完全界定，或者已经有了一些界定，或者还不知道，或者还没有界定？
- **历史先例和现有数据**。是否有现有的数据或历史信息可以用来帮助建立财务预测 / 投资回报的模型？可能一个也没有，或者有一些，又或者是一个固定的数量。
- **跨业务部门的协作**。要想全面实现这个创意，是否需要公司各业务单位或地区协同努力？

此外，还必须从可取性、商业性和可行性三个方面分析适用于这一创意的创新，特别是使用一个评级制度。

- **合意性**。这个想法是客户或者你的公司想要或者需要的吗？专注于客户的利益和结果，或者你的公司想要达到的目标。
- **盈利能力**。这个创意在商业上可行吗？它能给公司带来新的收入还是为公司节省成本？
- **可行性**。这个创意在技术上可行吗？是否需要一些新的 / 早期的技术来影响这个想法？公司是否具备所需的专业知识？

这个创意是核心的、毗邻的还是颠覆性的？图 5–6 清楚地概述了这一点。

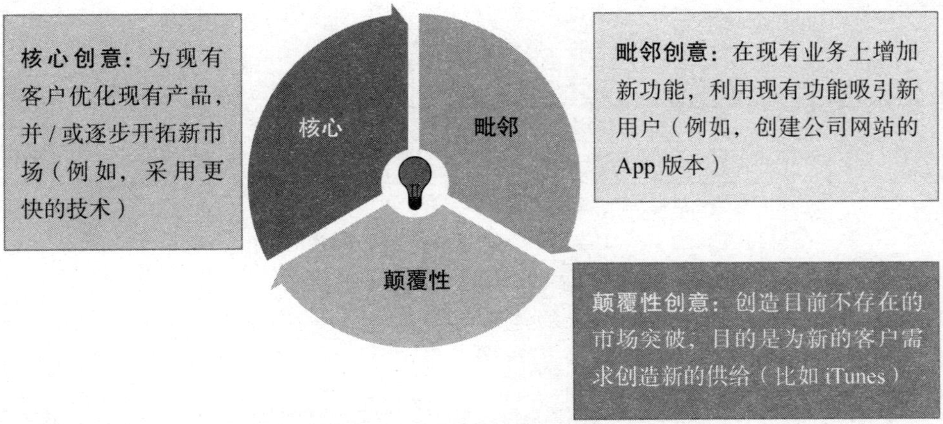

图 5–6　核心、毗邻和颠覆性的创意

表 5–3 给出了一个创意的评估工具示例。

表 5–3 **创意的评估工具**

创意的评估工具			
创意标题		粮农组织支持的创意	选择一个（列表）
创意的所有者		通过粮农组织实现商业联合	选择一个（列表）
创意所有者部门报告	选择一个（列表）	创新的类型	核心或毗邻或颠覆选择一个)(列表）
创新焦点领域（FA）	选择一个（列表）		
重点地区负责人（粮农组织）	选择一个（列表）		

这个创意是核心的、毗邻的还是颠覆性的		创意的所有者	焦点地区所有者评估
提供	这个创意是支持一个全新的产品，还是扩展/加强一个现有的产品	选择一个（列表）	选择一个（列表）
目标市场	这个创意针对的是什么样的市场（注："市场"包括客户群体、地理位置、解决的客户问题）	选择一个（列表）	选择一个（列表）
基础设施	我们是否可以利用现有的基础设施（如零售网点网络、商店、在线渠道、技术平台等）来提供这个创意所创造的产品，或者我们是否需要建立新的基础设施	选择一个（列表）	选择一个（列表）
合规和监管	与此创意相关联的法规遵循和法规要求是如何定义和理解的	选择一个（列表）	选择一个（列表）
历史先例和现有数据	我们可以根据历史先例和现有数据为这一创意的回归建立财务预测模型，这些先例和数据的强大程度如何	选择一个（列表）	选择一个（列表）
跨业务部门的协作	这个创意是否需要多个业务部门或地区来协调它们的努力，以实现这个创意的潜力	选择一个（列表）	选择一个（列表）
基于以上的回答，你将如何对这个创意的创新类型进行分类		核心或毗邻或颠覆性（选一个）	核心或毗邻或颠覆性（选一个）

续前表

这个创意在创新的三个方面得分如何		创意负责人——评分（1 ~ 5）	焦点领域所有者评估——评级（1 ~ 5）
合意性：这是客户想要的创意吗？它是否清晰地表达了客户的痛点或机会			
客户机会（获得）	这个创意是否确定了客户想要的利益和结果（新的收入、降低的成本、功能效用、需要的特性、期望的和意外的收益）。这是个大机会吗（从小到大）	选择一个（列表）	选择一个（列表）
客户痛点	这个创意是否描述了挫折、风险、问题、阻碍因素和可能发生在客户身上的坏结果？这有多痛（从温和到极端）		
商业性：市场规模、收入来源和成本要素是什么			
市场潜力	影响的范围是什么？这个创意的市场潜力有多大	选择一个（列表）	选择一个（列表）
收入 / 成本节省	这个创意是否清晰地表达了如何获取价值（收入、节省成本）以及客户可能愿意支付的价格		
成本结构（大约）	这个创意是否概述了实现这个创意所需要的关键成本要素		
可行性：开发和部署解决方案是容易还是困难			
技术可行性	从技术的角度来看，在这个创意背后开发一个解决方案是容易还是困难的？是否需要新的、早期的技术？是否具备所需的技术专长	选择一个（列表）	选择一个（列表）
规例 / 遵从 / 资料隐私	是否有重要的规例、遵从及 / 或资料隐私规定需要处理？这将会有多容易或多困难		
关于这个创意的附加评论或支持信息			

2. 准备你的价值战略和商业模型画布（参见图 5–7 和图 5–8）。

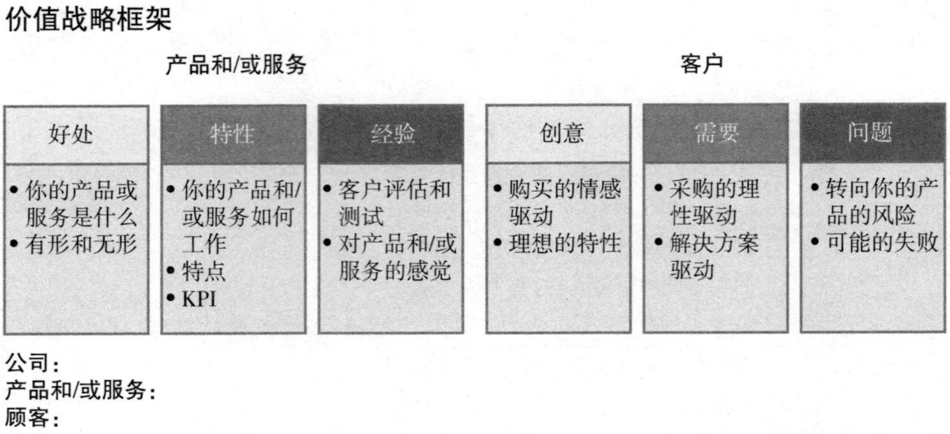

图 5–7　价值战略框架

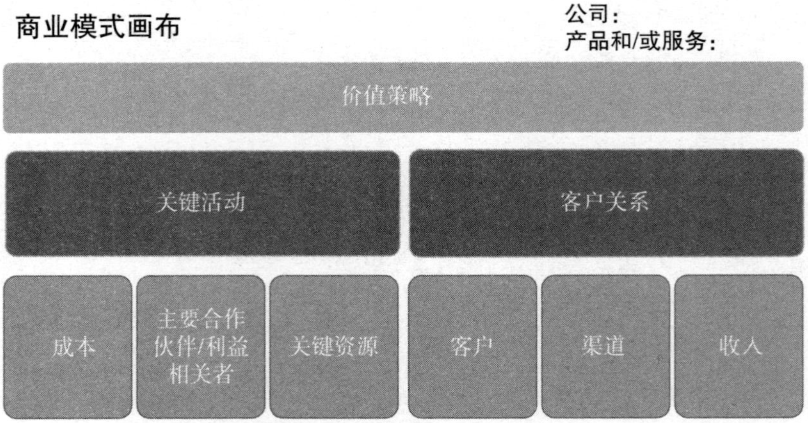

图 5–8　商业模型画布

3. 在不同的替代方案之间（灵活的、瀑布模式的）查看你的方法。例如，你可以使用“设计思维框架”，通过观察和访谈了解你正在为其设计项目的客户，从而了解你必须如何开展你的创意的每个特性（参见图 5–9）。

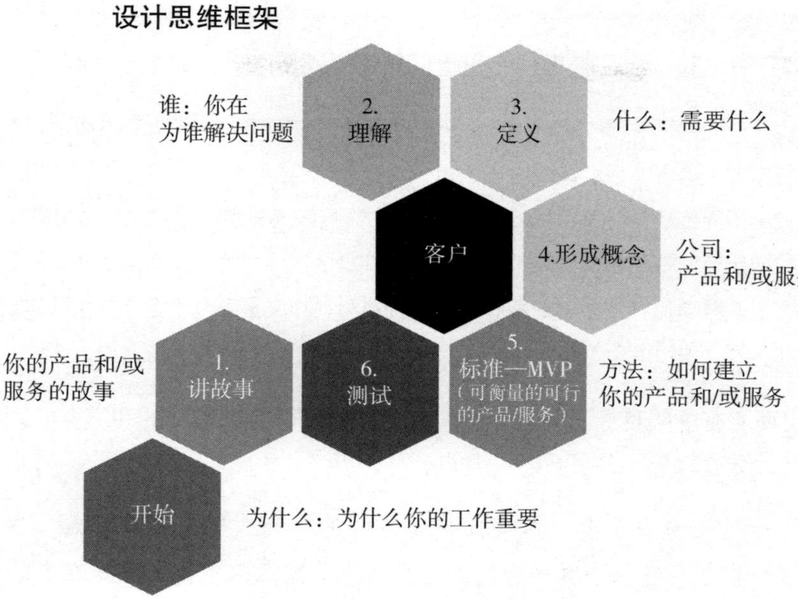

图 5–9　设计思维框架

4. 最后，这里是要使用的最佳方法（如图 5–10 所示），正确地整合不同的方法，将创意转换为项目。

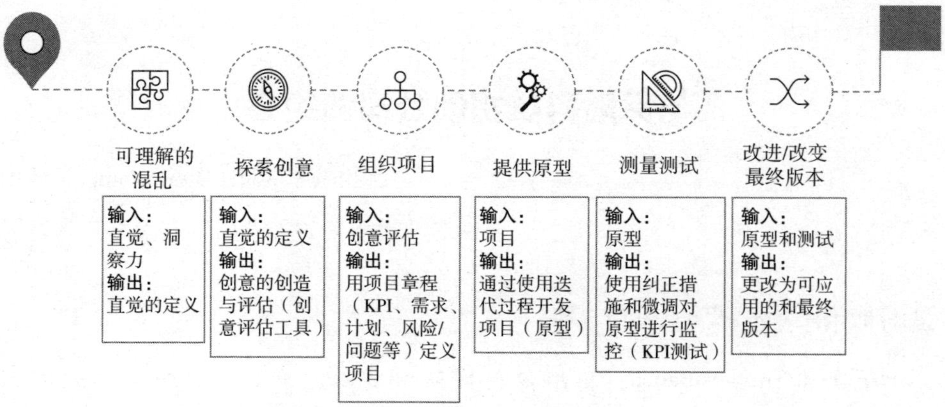

图 5–10　将创意转化为项目的不同方法

结论

“数字时代”要求创新的解决方案要包罗万象，既要考虑传统的保险方案，又要增加新的功能和选择，使之更加灵活、更具竞争力、快捷、简单，从而为客户提供满意的体验。为了管理这些变化，我建议遵循以下这些基本规则。

1. 改变公司内部的思维模式，专注于数字战略和创新文化。设立首席数字官或数字CEO这一职位。
2. 在部门间传播创新知识和能力，并与客户直接沟通，提出数字化解决方案。
3. 如前所述，使用新的框架来管理数字项目，包括小型跨职能团队和业务单元，致力于这些项目，使得它们能够与客户直接测试和度量每个原型，并快速实现改进和特性（如每两周）。

要实现所有这些目标，关键是合作。建立一个具有创造性的和组合的团队来管理项目，交流思想，并尊重各种观点：

> 协作之所以重要，不仅仅是因为它是一种更好的学习方式。合作精神渗透到每一个机构和我们的生活中。因此，学会合作是在不断变化的互联网经济中提高效率、解决问题、创新和终生学习能力的一部分。
>
> 唐·塔普斯科特（Don Tapscott）

与保险科技初创公司的约会

比约恩·坎普（Bjorn Cumps）博士
弗莱瑞克商学院金融服务创新与金融科技教授

是时候和传统保险说再见了吗

安联和Simplesurance、慕尼黑再保险和Slice、安盛和Trov、苏黎世和Cocoon、宏利和Indico……

在当今的保险科技世界里，爱无处不在。大型企业和初创企业都观察并借鉴了金融科技领域已经发生和仍在发生的事情，而颠覆性创新不一定等于“与传统保险公司再见”。并不是所有的大型保险公司都会消失，创业公司也不会统治保险业。事实上，很少有新玩家能够真正带来克莱顿·克里斯坦森（Clayton Christensen）所定义的颠覆性创新："一种产品或服务，最初植根于市场底部的简单应用程序，然后持续地繁荣市场，最终取代老牌竞争对手。""保险科技领域的大多数新参与者，不会因此而造成混乱。然而，它们可能会改变保险行业目前运营方式的许多方面：新的盈利模式和定价结构、新产品和新功能、新服务、交付渠道和客户互动。我们看到了一个明显的趋势，即创建更好、更个性化的客户体验、更多的客户交互、场景服务、实时数据驱动的保险解决方案、小额保险、索赔预防和开放协作（见表 5–4）。所有这些都能从根本上改变保险业，也都可以通过大公司和新创业公司的合作来完成。保险科技不会是大型保险公司的末日。但正如我们所了解的，这将是传统保险经营模式的终结。

表 5–4 传统与新型保险模式特征对比

传统保险	保险 2.0——保险科技
索赔处理	索赔预防
避免与客户互动	激发客户的互动
了解你的风险	了解你的客户和他们的风险
一刀切	具体、个性化，分割
由人来保险	由人和技术提供保险
庞大、温和	精简、灵活
手工操作、缓慢	增强、自动化和认知
封闭的价值链	开放的生态系统
产品推动	客户拉动
无聊的	令人兴奋的

与保险科技公司的约会和建立关系

为什么协同创新在保险业中越来越重要？因为这在商业上很有意义。大型保险公司拥有规模、客户、资本、业务和市场知识、监管专业知识、牌照，以及初创企业梦寐以求的资源。而初创公司则是创新的、敏捷的、有创意的、专注的、以客户为中心的、机会驱动的、精通技术的，以及以变化为导向的。听起来我们像是有一场比赛。然而，约会和建立关系往往比听起来更复杂。

那么，大型企业是在 Tinder 应用上遇到保险科技初创公司的吗？我们确实看到很多初创公司的首席执行官穿着西装、打着领带，与可能的新合作伙伴会面。但是他们的意图是什么呢？如图 5–11 所示，我们看到目前至少出现了四种不同类型的伙伴关系。

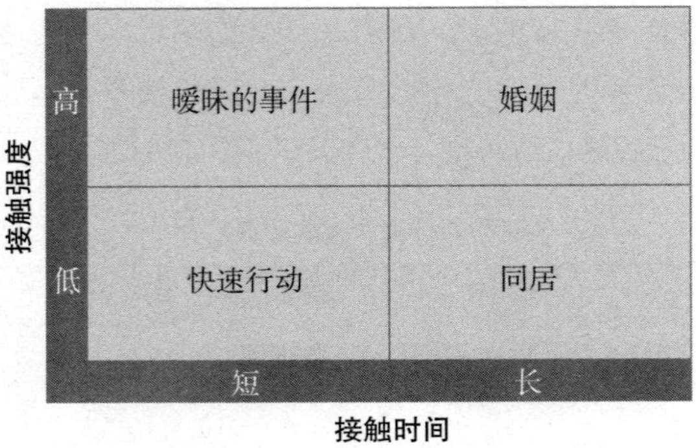

图 5–11　伙伴关系的模型

- 图 5–11 中的横轴表示接触时间，并对短时间内灵活进行团队合作模块化的公司，与真正的长期合作伙伴关系进行了区分。
- 图 5–11 中的纵轴表示解除强度，并暗示为促使关系起作用而投入的时间、精力和资源。

如果我们放大这四个象限，那么每个象限都描述了创业公司和现任者之间不同的关系。

- **快速行动**。在我们对保险科技领域的研究中，我们识别出许多孵化器和加速器。2016 年推出的瑞士再保险加速器（Swiss Reaccelerator）是一个为期 16 周的创业导师项目。安联邀请有前途的企业家进行 100 天的冲刺，以创建新企业。安盛发起了 1 亿欧元的保险科技专用孵化器，并称之为 Kamet。这些只是我们发现的众多类似企业孵化器中的几个。我们将这些举措归类为“快速行动”，初创企业和现任者彼此“调情”的时间很短，而且几乎没有建立真正关系的真正承诺。在金融科技和保险科技领域，大公司都希望更好地了解初创企业的运作、思考和文化，以及如何让自己的员工更像初创企业。通常情况下，大公司会选择一些初创公司，并为它们提供设施、指导以及访问其知识和网络的途径。双方的承诺往往是有限的，真正的价值创造潜力也是有限的。然而，如果它们被证明是有趣的，这次试水就可以是一个更严肃的合作关系的开始。

- **同居**。合作伙伴关系是长期的，但投入这一关系的努力较少，例如，持有少数股权或产品 / 服务的推荐合作伙伴关系。在这种关系中，双方都对对方做出承诺，但同时也给对方留下了成长的空间，各走各的路。大公司对保险科技初创公司的风险投资是一个很好的例子，说明了如何在两个组织运营不整合的情况下，建立更长期的承诺（如果是出于战略考虑，而不仅仅是金融投资）。安盛战略投资牵头的 OneInc 最近的一轮融资很好地说明了，像安盛这样的公司完全可以效仿初创公司，建立一个新的 SaaS 平台，从而改变保险基础设施。这可能是未来的一个战略选择。这是一种谨慎的方法，即建立一段关系而不必每天见面。类似地，当公司和初创公司为产品和服务签订推荐协议，并且每家公司都用其互补的产品服务于不同的客户群体时，几乎不需要真正的营运整合。

前两种关系类型的特征是低投入强度，即在关系中投入有限的时间、精力和资源，不真正关注运营整合。接下来的两种类型却与此不同，它们更关注合作伙伴之间的运营交互和整合。

图 5–12 将用于进一步讨论这些伙伴关系。

- **暧昧关系**。双方建立了更具操作性的伙伴关系，注重短期共同利益和收益。目前在保险行业看到的是业务职能（风险承担、产品开发、定价、索赔处理和分销）如何在不同的业务伙伴之间进行分割。高尔公司的运营模式就是一个很好的例子，它雄心勃勃地想成为全能的保险供应商，与劳埃德这样的保险能力级别的供应商合作（承担风险的职能），既可直接向客户进行销售，也通过中介交付合作伙伴销售。有了这些操作模型（大多是灵活的）、API（应用程序编程接口）和基于云的解决方案，合作伙伴之间就有了更“技术的关系”，在一个开放的、通常基于平台的环境中生产和使用彼此的 API。伴侣不一定要非常了解对方。强大的业务体系结构能力是这类“利益交友”模式的基础。不同的动态也会在这些模式中共存，包括客户和交付合作伙伴，它们将信息从保险提供商（定价、索赔状态、产品等）提取到推动机会的平台上，并引导可能的新的或现

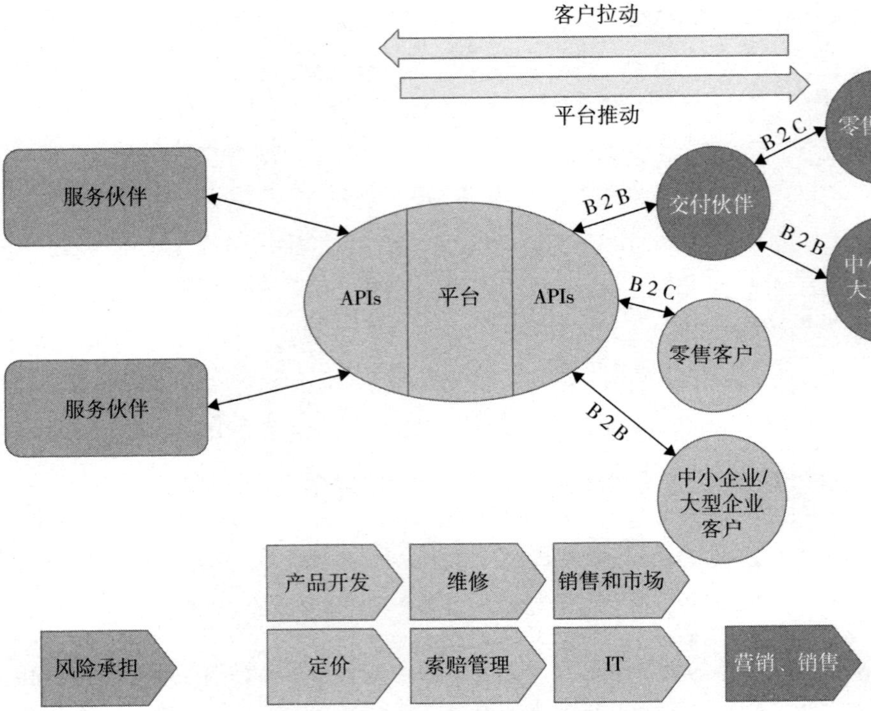

图 5–12　针对保险公司的新运营模式

有的合作伙伴尝试转换潜在客户。

- **婚姻。**长期的合作关系建立在共有平台的坚实基础上，或者建立在两家组织深入而有意义的整合上。这可以通过平等的合作或收购来实现。最常见的例子是一家传统的大型企业收购了一家保险科技公司，并将其整合到自己的产品和运营中。美国企业旅行者（Travelers）收购英国保险科技初创公司 Simple Business 就是一个很典型的例子。公司不仅购买产品和服务，还购买保险科技合作伙伴的数字业务能力，以便将其整合到自己的业务中。然而众所周知，婚姻并不总是容易的，特别是在企业文化和创业文化截然不同的情况下。我们已经从金融科技了解到，一方面需要在隔离企业文化上保持良好的平衡，另一方面需要大力混合和整合技术、基础设施和数据组件。

最后，就像人际关系一样，这四种模式之间的组合当然是有可能的。如今，许多企业将孵化器 / 加速器模式与企业风险资本投资和 / 或收购相结合。今天的保险行业刚刚步入青春期，合作伙伴们正在实验哪种方法最能创造价值。我们的研究得出的一个主要结论是，只有建立双赢的关系，合作关系才会有效。

基于金融科技领域发生的事情，以及我们在保险行业分析的首批交易，低强度参与的模式似乎很有趣，但不足以应对我们在前面表格中所讨论的变化。事实上，我们的第一个发现表明，需要的远不止孵化器或资金投入。正如图 5–12 中讨论的，在现有企业中成功实现新能力整合的高强度接触模式，或新的、灵活的生态系统运营模式，将成为保险科技领域领先的合作模式。

改变态度，改变结果——为更好的未来而合作

威利·皮纳尔（Willie Pienaar）

NuvaLaw 首席执行官

我们听过很多关于律师的笑话，但又有多少是真正的律师笑话？就三个，其余的都是真实的故事。针对这个最古老的职业之一，这些嘲讽的核心是，许多人仍然认为，律师的存在不是为了保护弱势群体和维护正义，而是为了赚钱。

不幸的是，保险也常常被赋予同样的含义：不情愿地购买，痛苦着却不可避免。改变保险公司处理纠纷和索赔的方式，是一个合作和共同创造的过程，也是一个认识到有更好做事方式的过程。这也是一种适用于保险公司、股东、行业专业人士，以及消费者的新方法。这段旅程从改变态度开始。

恍然大悟

1992 年，我在开普敦当律师。虽然这份工作很有成就感，但我很快意识到两者之间存在着巨大的脱节。我明白，对律师来说时间就是金钱，我们都痴迷于计费工时。然而，时间也为我们的客户带来了成本，因此法律的经济性（正如它所实行的那样）往往是妨碍司法公正的因素！

更仔细地审视这个挑战，会发现两个明显的问题：缺乏早期信息交流和时间管理。我们缺少的是基于结构化信息交换做出明智决定的能力。

所以，当调解开始成为解决争端的一种高效手段时，这种认识得到了加强。成功的调解取决于双方之间的公开交流。在早期分享信息的过程中，这使得各方能够更快地达成共识，从而更有效地达成共识。

改变是缓慢而艰难的

将这些知识应用到有争议的保险行业，为应用新的经营方式提供了肥沃的土壤。保险的特点是体积大、数量少、成本高、反复发生纠纷。在许多情况下，通过复杂、昂贵的法律体系解决此类纠纷是没有意义的。当然，挑战将说服那些在竞争激烈的环境中站稳了脚的商界领袖，让他们相信，尝试一种新的做事方式不仅符合他们的利益，而且有利于他们之间的合作。NuvaLaw 的创始人很快意识到，引入我们针对保险间索赔的数字谈判平台，需要保险公司领导层转变思维，以及证明其商业利益的可靠证据。

案例研究

幸运的是，与南非国家支持的汽车保险基金合作的一个项目为 NuvaLaw 的两位创始人提供了四万多个案例，以证明其效果。

利用我们在替代性争端解决方面的专业知识，建立一个新的信息管理流程，该小组设计了一个解决办法，证明了一种新的参与方式不仅是可能的，而且是有利可图的。

我们的团队解决了 76% 有争议的案件，其中 70% 是在调解（第一阶段）阶段解决的。这在很大程度上是由有组织的信息交流推动的，这是我们流程中重要的一部分。我们还看到结算成本下降了 36%，资本支出比诉讼案件的典型成本下降了 42%。

我们是如何说服他们的

有了这些证据，我们赢得了五家南非保险公司的支持。它们的领导意识到，尽早交换信息，放弃敌对的、打官司的环境，并通过使用经过测试的业务规则和流程，将显著提高效率。通过降低索赔的总成本，我们能够说明它们的关注点应该放在创新产品上，并在客户眼中实现真正的市场差异化。

与此同时，对于申诉人的律师来说，我们能够利用大量的证据证明，虽然他们每次申诉的收入可能只有通常费用的 70%，但他们可以增加已结案申诉的数量，从而走在游戏的前列。毕竟，谁愿意等上两到三年才将案件提交法庭？

建立一个基于合作的未来

随着智能技术的不断进步，我们实现了建立一个真正协作的保险间理赔生态系统的愿景。

已经有很多关于正在推出的、正在彻底改变平台经济的技术的文章。无论是区块链、机器学习，还是其他任何一种技术，保险公司面临的关键问题从来都不是技术本身，而是它们将如何调整思维，以开启生态系统的下一波战略浪潮。

不幸的是，这需要尽快实现。阿里巴巴公司已经在保险领域发挥了作用。埃森哲公司警告称，在 2017 年的一项调查中，多达三分之一的受访者表示，如果亚马逊、谷歌或 Facebook 提供保险，他们将转向它们，传统保险公司正感受到前所未有的压力。这些公司已经建立了自己的生态系统，多年来一直在投资规模较小的创新型公司，并与之合作。更重要的是，它们有一个被俘获的、已经存在的、信任他们的客户群。

埃森哲公司准确地总结了我们对生态系统的看法：

> 在数字时代，要想赢得保险公司的青睐，除了列出一份技术能力清单外，还有很多事情要做。它们将被定义为有能力发展自己的企业文化，以利用新兴技术和这些技术推动的新业务战略。

唯一要恐惧的就是恐惧本身

根据我们的经验，抵制是影响保险和法律行业内部观念转变的最大障碍。保险行业的部门主管们往往会抵制变革。可以理解，许多人会把监管和合规的负担作为他们的理由。保护个人信息、维护数据的完整性，以及缺乏开放系统的意愿，正在阻碍所有人的进步，然而这是不必要的。

虽然安全仍应是一个重点，但理赔制度的特殊性质创造了一个安全的空间。信息交换受明确的规则的控制。此外，自愿仲裁和调解的过程本身受到严格规则的约束，这些规则在合同中被视为机密。这个结构化的过程是结构化生态系统形成的基础。

另一个挑战是，大型跨国保险公司并不以其灵活的业务结构而闻名，在变革方面，它们的行动速度非常缓慢。虽然这种情况肯定在改变，但仍然是一个必须克服的障碍，也是对领导力的挑战。创新和变革的速度取决于行业领袖，必须自上而下地推动创新和变革。

尽管保险业正在经历一场数字革命，但它并不孤单。法律行业也面临着分裂。共享经济有力地支持了这一点，它以相当低的成本在任何司法管辖区按需安排律师。普华永道专注于这种颠覆，该公司在 2016 年指出：

> 总体而言，共享经济对法律服务的影响才刚刚开始显现，但它似乎肯定会推动这个多年来商业模式基本没有变化的行业发生重大变化。这是任何公司都不能忽视的发展。

推动变革的不仅仅是共享经济，生态经济是这种转变的逻辑延伸。如果律师事务所的领导者意识到不能忽视共享经济，他们也应该理解生态经济的好处。与保险公司在其参与的平台上、在其经营的生态系统中合作所带来的商业利益，将意味着更多的工作岗位，以及最终的未来生存。

到目前为止，无论是保险业还是法律界，都没有多少动力去改变或真正合作。但变化和新竞争的速度将迫使它们采取行动，这比它们想象的要快。谨慎地与正确的战略伙伴结盟，利用智能技术，改变态度是任何一个行业改变结果的唯一途径。

如今，NuvaLaw 正在赢得英国、欧洲其他国家、非洲和大洋洲的保险公司的信任。我们将共同努力，共同创建一个基于平台的生态系统，这个生态系统将依赖协作技术、流程和思维模式，实现公平的商业成果——这是为行业，最重要的也是为客户而打造的。

在采用保险科技之前，先考虑一下保险科技文化

迪米特里 · 阿纳格诺斯托普洛斯（Dimitri Anagnostopoulos）
真北公司（True North）合伙人

我喜欢流行语。如今，如果不使用“金融科技”“保险科技”“大数据”“创新”“颠覆性”“颠覆性创新”等词，人们就很难在商业环境中对话。一个人可以在整句话里填满可能非常重要的信息，但实际上却没说多少，尤其是在这些术语所指的含义不明确的情况下。例如，当读到“保险科技可以成为你的企业创新的驱动力”时，我就会问自己这是不是真的。这对保险公司的产品或技术意味着什么？是因为创意是创新的，还是仅仅是效率的问题？如果不适用，该怎么办？具体到最后一点，我认为“保险科技的采用”面临着两个主要的挑战：第一个是未能成功落实所期望的解决方案；二是未能真正实现预期 / 计划的利益。

这两个挑战的驱动因素可以追溯到组织文化。然而，“文化”是一个如此通用的术语，它可能意味着一切，但同时又没有意义，除非你真的把它分解为实际问题，理解它们的本质，并确定如何解决它们。

当我在金融科技或保险科技会议上发言时，我总是问听众他们想从演讲中得到什么。答案总是一样的：“学习保险科技（比如金融科技或大数据）如何造福我们的组织。”然而，我的演讲提供了一个不同的角度。我喜欢看技术可以被投入应用时，它将如何帮助一个组织，但技术并不一定能解决所有问题。

在金融机构中使用技术并不是什么新鲜事。已经改变的是创意的产生和构建的速度，如 Internet、数字支持和 API 平台等。一些国家使技术开发变得更容易、更便宜和更易获得。许多创意可能是创新的（或颠覆性的），但坦率地说，许多创意只是引入了效率（同样有价值，但我们不要混淆效率和创新）。成千上万的创业公司凭借新创意或新产品崛起。到目前为止，我们在保险行业看到的趋势是，这些初创公司不与保险公司竞争，而是试图与它们合作，将它们的创意介绍给保险行业。因此，保险公司面临的挑战并非缺乏创意。事实上，创意的发展速度远远快于市场实际吸收的速度。保险公司面临的挑战是，为了应对采用保险科技的两个主要挑战，它们需要从内部进行审视，并以多种方式做好准备。

若第一个障碍成功实施，挑战是如何让新创意在一个运作方式不做真正改变，也没有能力接受改变的组织中发挥作用。谈到保险科技时，“改变”这个词可能是最重要的。成功实施创意（创新与否）需要的不仅仅是与初创公司合作或采用它们的产品。在组织中进行适当的整合，需要跨不同职能（包括流程、人员、态度、习惯和性能监控）进行有效的变革管理。

很多时候，我看到公司把它们的“新创意组合”称为“快车道项目”，试图表现出紧迫性、效率和敏捷性。然而，股东决策的速度，甚至关键绩效指标（KPI）驱动 / 指导决策的速度，都远远不足以驱动快速通道项目成功实施。企业决策要求多个人签字（他们根据“竖井目标”评估决策）和多个委员会批准，表明企业文化中缺乏责任感和问责制，这自然会导致缓慢的决策过程和整个组织的不作为倾向，这与“快速通道项目”所需要的“实时”决策行为相冲突，尤其是在开发阶段涉及“转向”或“停止”决策时。

成功实施的障碍还来自其他方面。通过声明“检查越多越好”的活动来规避风险，可能无法识别首尾相连的流程中所存在问题的根源。资源能力、缺乏专业化或专家投入，以及现有基础设施的遗留问题可能带来一些额外的实现风险挑战，如内部的部门的不一致。任何全公司范围内的新实施举措，都需要组织内所有级别和部门之间有良好的沟通。如果沟通不足（或效率低下），那么实施的风险可能就会增加。最后这些例子可能与“文化”没有直接联系，但是大型组织经常发生并与之斗争，这可能会增加“风险”并延迟项目的签署和执行。

如前所述，未能成功实施只是问题的一个方面。另一个问题是未能真正达到或实现期望 / 计划的利益。这可能由于以下原因：

（a）你可能选择了实施“弱”的解决方案；

（b）你可能以“不适当”的方式实施解决方案。

实施弱的解决方案可能是 KPI 不恰当的结果。举个例子，我曾见过很多有项目的投资组合，其选择的投资组合是最不符合策略或客户需求的。“最高层”明确规定，成功实施的衡量标准是项目的“及时交付”和“预算内交付”。它与“实施后的跟踪收益”或与客户价值主张的相关性无关（它只是简单地假设将实现收益或 CVP）。其结果是，不管项目与业务、策略或客户的相关性如何，基于上述内容的相关利益者只是选择了难度较小、风险较小的项目（即不太可能失败）。

要明白一点，人们会经营他们的事业而不是他们的工作。他们试图推销能让他们获得奖金的产品（或行动），不管这是否适合客户，不管这是否会增加客户的忠诚度，不管这是否会增加组织的风险，甚至不管这是否与整体战略无关。“保险科技采用目标”与在内部设置个人成功标准的方式明显不一致。

偏离的 KPI 可能不仅会导致选择“弱”项目，还可能对你的组织产生长期影响，因为它们将影响产品提供、客户价值主张、客户忠诚度，并最终影响收入。“向内目标”（自身收入）而非“向外目标”（客户需求）的文化，可能会鼓励错误的行为。例如，如果我们设置 KPI 来衡量下个季度的收入，而不是客户的流失或满意度，我们就不会提倡一种试图深入了解客户并确定其具体需求的文化。我们的决策基于描述经济阶层的静态细分，但未能认识到同一细分中可能影响保险需求（如个人生活方式）的其他重要特征。因此，当“保险科技采用目标”（客户服务）被错误的驱动程序测量和激励时，就会有很大风险无法实现预期利益。

这方面的一个相关例子是采用远程信息处理技术解决方案，尤其是记录驾驶行为的汽车跟踪设备，它们未能充分回答“我们真的在为客户服务吗”的问题。如果不能为客户提供服务，就会为计划实施和成功带来困难。远程信息处理技术解决方案的早期应用包括监控驾驶行为、报告预先选定的风险参数，并根据这些参数为客户提供折扣。但实际上在哪里为客户服务呢？我的保险能帮助我成为一名更安全的司机吗？我的保险应用程序是帮助我采取主动的“驾驶保护”措施（需要 99.9% 的准确率），还是只报告被动的“驾驶行为检测”（承保需要 90% 的准确率）？全天候分析驾驶行为数据，肯定能提高风险承保的洞察力，但从客户的角度来看，“老大哥”远非“服务客户”。从我坐在方向盘后的那一刻起，“老大哥”就没有积极保护客户免受分心驾驶的影响。此外，我们也不要忽视客户端的意外行为。就我个人而言，因为两次差点发生事故，我已经停止了这种远程信息服务。在认知上，我试图不去“急刹车”，从而失去我的折扣（实际上，我成了一个更糟糕的司机）。

花费数百万美元采用的远程信息处理方案只解决了“容易的部分”（假设你

已经成功解决了安装、汽车更换和服务中断的挑战）。难点在于如何以增加客户价值的方式使用该解决方案，同时帮助他们积极管理道路风险。这将最终促进全面的 CVP，通过真正的差异化为现有客户创造忠诚度，并吸引新客户。

在创造保险科技生态系统的任何新创意之前，首先要认识到，创新（或改变）不是你可以简单购买的东西。它需要成为公司文化的一部分，一种你需要理解的思维方式，以及你需要驾驭的法律。克莱顿·克里斯坦森在其所著的《创新者的窘境》一书中，对人类尝试飞行的早期阶段进行了类比。然而，只有当人们理解重力定律、伯努利原理、阻力、升力等概念时，飞行才有可能实现。同样，你是否了解组织创新或变革的所有潜在障碍，是否准备理解它们，并以有效的方式加以解决，以减轻前面提到的类似“应用风险”？

缓慢的决策速度、不适当的 KPI、心态、人员、基础设施和其他内部低效（这绝不是一个全面的清单）带来的挑战并不新鲜，它们都不是保险科技渗透的结果。它们已经存在很多年了。现实情况是，保险科技无法解决这些问题中的任何一个，但它的成功应用可能会被这些问题严重削弱。金融业花了 10 多年的时间，直到 2008 年全球金融危机，才将人们的注意力从“风险建模”转移到“风险文化”的重要性上。我们正经历着类似的情况，保险公司专注于采用保险科技，而忽视了其促成因素——保险科技文化。

06

现有价值链的重塑

这部分的作者想说明为什么保险科技能有效地重新设计现有价值链，尤其是在保险公司必须投入大量时间和精力，以跟上当前变化的时代。

你会发现这些文章涵盖了整个价值链上的一系列保险活动，以及观察特定专业领域的其他更有针对性的文章，如小额保险——通过智能设备销售的产品或驱动无摩擦体验的参数化保险。

作者首先解释了保险的价值链，并提供了改进方案和方法，使其适应内部有加速计划的创业公司。

高级分析是这种变化的关键驱动因素。一位作者主张，保险公司应该超越基本的人口统计学，通过使用非常具体的数据集来推断个人的心理图形，这些数据集能够提高售前、售后参与过程中的风险评估的准确性。

微观政策或将传统保险产品分割成较小的、可消化的、不重叠的承保部分的过程正在进行中，特别是在产业化的市场中。另一位作者认识到，自工业革命以来，再保险的基本形式变化相对较小。不过，与许多其他行业一样，它将变得更加商品化。

保险公司在寻找改进运营的秘方，许多新出现的建议指向更直观的“即服务”基础设施，这些基础设施能够提供和管理较小的风险或产品、数据量和连接

保险科技的创业前景

- 2016年平均每月创立超过550 000家新的初创企业。我们估计，与金融科技/保险科技相关的初创企业约占三万家。
- 保险科技初创企业自2004年以来，已经收到了200亿美元的投资。
- 有超过3000家保险科技初创企业：
  - 近50%位于美国；
  - 30%位于欧洲；
  - 20%位于亚洲；
  - 10%分布在大洋洲、非洲和拉丁美洲。
- 每个月都会出现1000多家初创企业：
  - 80%的初创企业可能会失败；
  - 在20%的幸存者中，只有不到1%的公司成为独角兽。

渐进式创新——改造价值链

利用数字技术提升价值链的保险科技可以为保险公司提供比竞争对手更强大的优势。

- 在2013年和2015年之间，33%的初创企业的资助专注于内部保险流程。到2016年，这个数字上升到61%
- 关键加工领域包括：
  - 互联网第一商业模式（10%）；
  - 专注于分销和客户参与的玩家（40%）；
  - 承保和先进的评分机制（10%）；
  - 数字化推动者（40%）。

以行为为中心的保险业新世界

从人口统计因素	到心理统计特征因素
年龄	个性
性别	兴趣
收入	态度
教育	观点
行业阶级	价值观

数据、网络安全与GDPR

在GDPR方面：

- GDPR发生后，对公司外泄数据的惩罚约为2000万欧元，或4%的全球年营业额，或其将要达到的财务结果，取其中最大的金额作为罚款；
- 轻的违反行为将被罚款1000万欧元，或公司的全球2%的年营业额，或其将要达到的财务结果，取其中最大的金额作为罚款。

在网络安全方面：

- 65%的公司认识到，随着互联网业务和数字技术的出现，网络风险在未来两年将以指数级增加；
- 在业务中断方面，网络风险的影响高达72%，远远大于在资产（如财产、厂房和设备）方面的影响；
- 数字资产比其他资产价值高出14%；
- 数字资产的损失大约为30%，高于其他资产；
- 组织包括企业和政府，只能确保15%的数字暴露；
- 那些已受到网络安全漏洞影响的公司，其平均的经济损失评估在210万美元。

系统。

连接设备对我们的日常数据的收集和使用，引发了伦理方面的担忧，而新出现的法规迫使每个组织和政府机构以客户为中心，开发新的数据流程，并要求这些私人和上市公司在发生网络安全暴露事件时，据此采取行动。

其核心在于数据和机器学习算法，这些算法能够提供确定和管理风险的改进方法，将产品从保护状态转移到预防状态。人们认为，新的模型需要建立新的数据交换，以便能够支持参与者的大型生态系统，并简化透明交互的传递。

构建保险科技价值链生态系统的四步实践指南

伊凡·格鲁尔（Ivan Gruer）

埃森哲公司技术副经理

在 CB Insights 2017 年创新峰会上，500 创业公司的创始人戴夫·麦克卢尔（Dave McClure）宣称："现在已经将研发外包给初创企业和风险团体。" 2016 年平均每个月有超过 55 万家新创业企业成立，它们是如何支持保险公司内部的研发发展，并实现显著的价值链改善的呢?

本节旨在支持保险价值链生态系统的设计，而这些生态系统对消费者、保险公司以及与保险价值链相关的其他关键利益相关者都具有价值。

保险科技的前景越来越广阔，每个保险科技都解决了整个保险价值链上的一个特定问题。通过四步实用指南，我们将阐明识别和开发价值链改进的方法，然后通过结合保险科技，利用物联网、可穿戴设备和区块链功能，建立新的业务模式。

为了开发有效的保险科技价值链生态系统，组织需要考虑以下四个步骤：

1. 实施创业风暴；
2. 用 KJ 法组织创业公司的主题；
3. 使用质量功能展开矩阵寻找相关的解决方案；

4. 选择正确的解决方案。

我们将依次回顾每一个步骤，以确定哪些初创公司与你的业务最相关。

第一步：实施创业风暴

创业风暴是一个组织研究、识别保险科技领域初创公司的过程。在此阶段，你首先列出一个保险科技初创公司的清单，这些公司可能与保险业务中需要解决的挑战相关。这些公司将包括名声好的公司和让人怀疑的公司，但也应该包括那些表面上看起来没那么重要的公司。这些名单可以通过审查顶级风险投资家的投资组合以及加速器的同类公司（如 500 创业公司、创业训练营和科技之星）每年的入账情况来编制。它们都有一个全面的选择过程。一旦你整理好这个清单，接下来你就可以从每一家创业公司获取完整的介绍，重点抓：（1）它们是关于什么的；（2）它们想要解决的问题。

例如，Lemonade 的愿景是"为租房者和业主提供一种透明的即时保险"，而 Fitsense 的使命是"让保险真正个性化"。

第二步：用 KJ 法组织创业公司的主题

如果你的清单上有上百个主题，那你很可能会迷失方向。日本人类学家川喜田二郎（Kawakita Jiro）发明了一种方法，组织思想并分类为地缘组（affinity groups）。这种方法有助于集体解决问题，并着重于将大量的想法分成数组，从而改进了思想选择过程，以更好地理解所解决的问题。因此，创业公司通常被分成地缘组，根据它们的核心主题将它们联系在一起。这样的分组还可以简化对其能力的理解。

第三步：使用质量功能展开矩阵寻找相关的解决方案

质量功能展开（Quality Function Development，QFD）矩阵将地缘组与可测量特性、关键性能指标（KPI）联系起来。例如，在保险行业中，我们有解决索赔的平均时间、赔付率、索赔频率、承保速度等指标。将结果捕获到一个矩阵中，横坐标为消费者需求，而纵坐标为 KPI 指标。

我们用了几家典型的创业公司举例说明，简化了对这一复杂过程的解释。

利用QFD矩阵，以1 ~ 5为尺度，评估每家创业公司对保险业务的影响程度，以及创业公司与KPI之间的关系强度，KPI用9表示强关系，3表示平均关系，1表示弱关系。矩阵底部的得分是通过从上到下添加每一列、启动重要性的乘积以及与KPI的相关性强度来计算的。

例如，考虑列“解决索赔的平均时间”（见图6–1）。绝对重要性评级48的计算如下：（2×9）+（5×3）+（4×1）+（2×1）+（3×3）=48。

KPI的相对重要性提供了一种度量指标，用于测量从初创公司的组合中可以创造多少价值。比较所有的结果，“平均理赔时间”的绝对值48的相对重要性最低（3%）。然而，“每个保单持有人的收入”是KPI，应该通过合并合适的初创公司来进行改进。

第四步：选择正确的解决方案

Pugh矩阵（见图6–2）的目的是支持头脑风暴会议，讨论和辩论最相关的新业务模式，例如“哪些KPI得分最高，哪些出现在初创公司组合中？”“哪家初创公司的独特之处在于只有几个高评级KPI？”这种方法有助于识别新的解决方案，并确保产品经理能够主动分享新的相关想法。以下是讨论中出现的三个例子。

解决方案1：医疗保险产品的个性化

工业化国家的千禧一代和数字一代与X一代有着不同的预期寿命，这主要是由于他们的生活方式不同。消费者的需求会随着时间而变化。该解决方案允许保险公司收集相关数据，以开发和推出一种医疗保险产品，消费者可以与简化的用户界面共同设计该产品。这超越了即时伞、按需覆盖或模块化提供（如安联意大利保险公司的安联1）的概念。根据个人生活方式和行为，以及对来自不同数据源（包括可穿戴设备、医生和历史数据）的洞察，对报价进行相应的评估。相关创业公司有Geniuschoice、Teambrella、Instanda和Fitsense等。

解决方案2：利用P2P池模型的智能人寿保险

我们可以将P2P概念扩展到风险之外，如Lemonade和Teambrella，方法是为每个同行配备自己的分析工具，以便熟悉复杂的保险产品。进入池内的每一位

虚线箭头：产品
实线箭头：总结

			启动重要性	每个保单持有人的收入	每项索赔平均成本	理赔的平均时间	赔付率	索赔频率	更新保留	承销速度	推荐的数量	资产管理	配额与生产
可穿戴设备与物联网	Quantifyle	做出承诺，跟踪势头，赢得奖励	3	3	3		3	3		1	9		
	Fitsense	使保险真正个性化	5	3	3		3	3	3	3	1		3
分析和人工智能	Orbital Insight	了解世界上的趋势	4		9		9	1	9	3			3
	Quantemplate	保险数据集成与分析	4	3	3		9	3		3		3	9
手机应用程序	Snapsheet	完成一次伟大的索赔体验	2	1		9			3				1
	Geniuschoice	注意你的饮食	2		3		1	3	1	1			
操作	Instanda	前所未有的保险设计和交付	5	9		3	3		9	9		3	9
	Gatehub	个人资产钱包，用于即时支付和交易	1	1					1	1	1	9	1
P2P和新兴市场	Totohealth	在早期使用移动技术，以降低孕产妇和儿童的死亡率，以及发育异常	3	1	9		9	9	1		3		
	Lemonade	为租户和业主提供透明的即时保险	4	9		1	1	1	9	9	3		3
	Bima	利用移动技术为每个人带来保险	3	9					3	3	3		3
	Teambrella	真正的P2P保险	2	9	1	1	3	1	9	3	9		3
健康与生活	Practo	在一个安全应用程序中记录与医生、药物和临床医生预约	3	3	3		3	1			3		1
	Healint	允许医生利用移动设备和人工智能	3	3	9	3	3	3	3	3			3
	Myfuturenow	控制养老金	4	9	3		3	1	3	3		9	9
		绝对重要性		222	155	48	180	127	160	162	90	72	186
		相对重要性		16%	11%	3%	13%	9%	11%	12%	6%	5%	13%

图 6–1　QFD 矩阵

			解决方案 1：自行设计的人寿保险	解决方案 2：智能 P2P 保险	解决方案 3：发展中国家的医疗保险
可穿戴设备与物联网	Quantifyle	做出承诺，跟踪势头，赢得奖励	1	–1	1
	Fitsense	使保险真正个性化	1		1
分析和 AI	OrbitalInsight	了解世界上的趋势	1	–1	
	Quantemplate	保险数据集成与分析	1	1	
手机应用程序	Snapsheet	完成一次伟大的索赔体验			1
	Geniuschoice	注意你的饮食	1		
操作	Instanda	前所未有的保险设计和交付	1	–1	
	Gatehub	个人资产钱包，用于即时支付和交易		1	
P2P 和新兴市场	Totohealth	在早期使用移动技术降低孕产妇和儿童的死亡率，以及发育异常			1
	Lemonade	为租户和业主提供透明的即时保险		1	
	Bima	利用移动技术为每个人带来保险	–1		1
	Teambrella	真正的 P2P 保险	1	1	
健康与生活	Practo	在一个安全应用程序中记录与医生、药物和临床医生预约	–1	1	1
	Healint	允许医生利用移动设备和 AI	–1		1
	Myfuturenow	控制养老金	1	1	
		PUGH 结果	5	3	7

图 6–2　Pugh 矩阵

新伙伴的风险将从各种各样的数据来源和自动规则中计算出来。该评估将用于通过明确的决策支持来决定是否批准某个特定池中的一方。对于寿险审查，每个同行都能够通过利用与专用投资组合相关联的同行获得最佳建议。相关的创业公司有 PensionBee、Myfuturenow、Teambrella 和 Orbit Insights 等。

解决方案 3：发展中国家的微型医疗保险

在这种情况下，企业可以从为新兴市场设计的小额保险产品中学到很多东西。这些产品通常得到支付平台的支持，这些支付平台能够直接从移动通信合同中收取小额保费，尤其是对于那些没有银行账户的客户。这些产品将一个数字平台连接到本地医疗系统和远程医疗服务、从业者、患者和愿意参与该项目的药品供应商。例如，在许多非洲国家，75% 以上的人口无法获得基本药物，他们将能够很好地获得适当的诊断、监测和数字恢复服务。相关创业公司有 Bima、Jamii、Totohealth 和 Practo 等。

最后的评估是通过审查在拦截矩阵时获取的分数来进行的。这些 -1、+1、0 的含义分别是：糟糕、好、等于基线参考结果。Pugh 结果是通过加合每行的所有分数来定义的。这些结果评估了每个解决方案所提供的创新水平。考虑发展这些得分最高的解决方案，加快利用快捷方式，因为它们表明解决方案为客户提供了更多的价值。

结论

创造性思维必须包含随机的成分。分析创业公司开发的能力，并从它们的成功中学习，可能是制订自己的内部创新计划的一个很好的选择。

拥有优秀解决方案的初创公司能让保险公司和保险提供商在与竞争对手的竞争中获得更大的优势，并帮助高潜力企业繁荣发展，因为只有 0.9% 的初创公司（如果它们达到这个阶段）成为独角兽。

创建新的增值生态系统是本节的目的。我的目的是与你分享一些工具，它们可以帮助你加速识别和使用每天出现的最相关的创业商业模式。我相信，运营成果将来自几家初创公司的合并，而不是只与一家公司合作。

Lemonade 和 Teambrella 的案例已经在保险行业造成了一定程度的不适。对保险公司来说，在高度不确定的市场中要获得那些能够帮助它们生存下去的能力，需要多大的信心?

在正确的时间卖出保险——考虑微观政策

安德里亚·西尔维洛（Andrea Silvello）
Neosurance 联合创始人、Business Support 创始人和董事总经理

即使是在当今这个互联互通的世界，保险代理和经纪人仍然是向潜在客户销售非强制性保险最普遍的手段。“保险是卖的，不是买的！”在我看来，保险公司必须（而且将继续）获得和留住客户。

由于合同的复杂性和对理赔条款的模糊理解，保险购买者往往难以充分把握所购买保险产品的价值。另外，因缺乏符合新市场现实的定制产品，以及不断变化的客户群的需要，许多买家最终都没有获得足够的保险，或者尚未意识到他们的需求未得到满足。

在创造有效的数字客户体验方面，保险公司的期望是什么

包括银行在内的许多金融服务机构，已经开发了强大的用户体验支持的复杂应用程序，以指导客户的日常银行需求。最好的例子是那些受欢迎的网上银行，它们在没有实体机构的情况下成功地吸引了客户。这一特点得到了年轻一代（千禧一代和 Z 一代）的青睐，他们不喜欢传统银行柜台带来的不便。零售行业是第一批满足互联网一代实时购物需求的行业之一，这意味着支持地理位置的应用程序可以促进个性化购物。

关键问题是：数字能力能够给行业和客户带来巨大的利益，为什么保险行业在采用数字能力方面要慢得多呢？众所周知，由于遗留系统的复杂性，保险公司的数字创新项目一直被延误。然而，客户期望的改变，加上数字渠道使用的增加，都迫使保险公司开始专注于创新战略。

如今用户不仅上网，还生活在网上。更准确地说，他们的时间都在离线和在

线世界的非线性排序之间跳跃。这些是保险公司必须理解和克服的竞争威胁。

客户期望符合他们需求的个性化解决方案，而且他们希望这些解决方案能够迅速实现。最适合的以客户为中心的营销方法，首先要承认没有“一般”客户。每个客户都有不同的习惯、喜好和行为，这被看作超越“一刀切”式营销方法的机会。现有的保险公司应该开始将客户基础视为最大的长期资产，并将客户中心作为整体市场战略的核心原则。谷歌在一篇关于“微瞬间”的文章中，为零售商提供了一些基本但必要的建议，强调零售品牌要想为顾客提供难忘的体验，必须培养和发展以下三种品质：

1. 它们必须“在场”为客户服务，这意味着它们必须在客户有需求或愿望的时间和地方出现；
2. 然后，它们必须“有用”，并提出有价值和相关的内容；
3. 最后，它们必须“快速”，即快速思考和行动，否则就会失去市场机会和潜在客户。

为了避免失去数字一代的大部分客户，保险公司在重塑其主张和价值链时，必须解决这些问题。

对于线上和线下销售渠道，以及它们之间的整合要保持一致性和包容性，但如今在与组织接触时，这仍是客户会遇到的一个重大障碍。大众保险正变得过时，而新进入者显然正朝着更好的环境和效用方向发展。

这些新进入者不容忽视。根据 Venture Scanner 的数据，自 2004 年以来，这些保险科技初创公司已经获得了 180 多亿美元的投资，并带来了新的商业模式和新鲜的“技术”气息，它们相当于医生为适应这个高度互联的世界的变化步伐而开出的药方。

在这种背景下，AI 和物联网技术将会影响保险业发展的主要趋势。许多保险科技初创公司已经在构建解决方案，使运营商能够向终端客户提出创新的定制保险。

微观政策或短期保险：以可承受的价格及时出售和分配适当保险的方法

2010 年，海上东京与移动网络运营商 NTT Docomo 合作推出了首批可通过手机购买的微保单，尤其是在客户体验方面，至今仍是人们经常引用的保险创新案例。从那时起，出现了一系列提供微观政策的创业公司，它们按照一定的销售方式和分销模式运营。

一些创业公司（如 Trov、Cuvva 或 Back Me Up）都是基于独立的解决方案，其为客户提供保险服务的解决方案不依赖于另一方。每家公司都有自己的手机应用或网站，用来向客户推荐不同类型的小额保单，从小玩意和家庭保险到婚礼和宠物保险。与独立发行模式相反的是即插即用模式，这意味着需要与面向第三方客户的网站或应用程序进行整合。该模式包括 Simplesurance、Pablow 和 BIMA 等示例。

分销模式对新解决方案的终端客户的潜在影响和曝光率有很大的作用。独立解决方案需要由潜在客户直接研究，而即插即用解决方案受益于合作伙伴支持的客户群。相反，销售方法可以直接影响不利选择的挑战，并提供独特的客户体验。

从研究中，我们可以断言，保险技术公司正在部署一种“基于拉动”的销售方法。相当于客户必须要求一种其能够及时获得的特定保险。Trov 应用程序就是这样一个例子，它告诉我们如何在任何时间以更低的成本、不需要文书工作的情况下为有价值的物品购买保险。该应用程序还可以作为一个数字库存，让用户选择存储和分类物品，同时显示每个物品的市场价值和描述。

一般来说，“拉式”销售方法的缺点是难以防止骗保，而且不容易发现欺诈行为。与之相反的是“推式”销售方法，其解决方案提供者主动为客户提供保险。这种方法的一个缺点是，保险主张可能会被客户忽略，因为它们没有在正确的时间到达，也没有在适合客户的、有意义的环境中出现。

我个人认为，前面提到的两个标准（推销方法和分销模式）在今天的保险市场上尤其适用，它们决定了小额保单销售的成功。我还建议，通过推送通知（与

“拉”的方式相比）销售保险，接触那些本来不打算购买非强制性保险的客户，可能是一种更好、更有效的方式。这有助于克服之前强调的“保险是出售的，而不是购买的”这一障碍。在发送保险信息时仍然存在一个挑战，即如何以一种智能的非侵入式方式来接近用户。在这种背景下，智能指的是拥有一个能够理解客户的物理环境、情感和偏好，甚至能够预测其未来行动的系统，以便在正确的时间提供正确的保险产品和服务。

这就是新保险公司想要做的。新保险公司利用 AI，让保险公司能够通过社区用户使用的智能手机应用程序（如跑步者社区应用程序或业余足球运动员社区应用程序）来推送通知，并销售限期的保险。

智能手机成为推动保险主张、弥补保险不足和保险保障缺口等现有挑战的媒介。智能手机已成为搜索信息、比较产品、寻找最佳交易、与市场品牌对接的首选研究手段。

随着分享经济的日益普及，对于那些否认技术进步的市场参与者，特别是触及未来客户体验的演进时，市场将不会宽大处理。市场需要与特定客户、生态系统合作伙伴相关的，且随时可以数字化访问的利基产品。只有这样，才能通过智能手机向客户提供正确的保险。

微观政策才刚刚起步，特别是在产业化市场中，我们仍有未知的领域需要探索，并在通过这些领域提高行业盈利水平的潜力方面，具有重大意义。投资一支能够利用 AI 和机器学习能力以智能方式销售保险的数字销售队伍，将是一项不错的投资，因为你可以通过智能设备接触网名。

买方的需求刚开始萌芽，但我相信在不久的将来微型保单定会增加。由于客户 – 保险关系发展得更为密切，其保护差距正在缩小。

大量的数据，再加上分析数据的能力，可以为客户和保险公司带来价值，这让我相信，这类创新解决方案的投资将会上升，我们要利用好仍在不断涌现的人才。

保险科技：与 Lemonade 保险公司一样与众不同

德西雷·克林格勒（Désirée Klingler）
罗兰贝格公司高级顾问

“混乱最直接的影响将体现在银行业。然而，颠覆性的影响可能会体现在保险行业。”这段话凸显了金融科技领域的创新过去是，现在仍然是媒体和学术界的焦点，但保险行业的数字革命将逐渐走出黑暗。本节将回顾影响保险行业的新兴模式和创新，以及它们对保险行业的潜在颠覆性。

沿着保险价值链的创新

为了了解保险行业数字化和 / 或颠覆的影响和程度，我们需要理解传统保险价值链及其五个关键要素：

- 产品管理涉及产品生命周期所有阶段的计划、预测和营销；
- 销售和分销包括将产品带给客户的营销渠道和促销手段；
- 承保和风险管理是保险业务的核心，保险公司对潜在客户的风险进行评估，并在出现损失或财务损失时确保支付；
- 理赔管理提供服务，为客户提供咨询，赔偿损失，为被保险人的诉讼提供保险；
- 客户服务是指在购买前、购买中、购买后提供的服务，它也可以包括客户维系的重要部分。

随着 AI、区块链、分账式技术（DTL）和数据挖掘（DM）等新技术的发展，所谓的保险科技开始重新设计这五个要素，并将它们结合在一起，使购买、索赔和管理保险变得更直观，且与客户相关。对于价值链的每个元素（第一个除外），我们将介绍最具创新性的初创公司的选择及其独特的产品。

销售和分销

Lemonade、Guevara 和 Friendsurance 等公司，在过去七年里相继进入市场，并部署了类似的 P2P 保险业务模型，将潜在客户的生成流程从直接面向消费者的保险公司或经纪渠道，转移到被保险人本身。保险初创公司 Lemonade 专注于销售低成本的租赁保险，其业务从纽约起步并扩展到美国其他州。它产品的分配方式完全是数字化的、直观的和快速的，它的AI机器人玛雅，可以让客户在几秒钟内得到保险，索赔也在几分钟内解决。总部位于英国的初创公司Guevara使其用户能够在线支付和汇集汽车保险费，以节省资金。总部位于柏林的Friendsurance提供一系列全渠道的财产和意外伤害保险产品，信誉度高的朋友或用户保持无索赔记录，该公司将向他们返还可观的现金奖励。美国初创公司Ladder由谷歌、多宝箱和哈佛商学院的校友创立，让客户在几秒钟内获得保险报价，并得到一款纯粹的期限产品，而无须经历高压销售策略的困扰，为客户提供个性化、快速、便捷的寿险服务，其主题是简单、快速和相关。

承保及风险管理

如今，评分机制需要更先进的数据来源来提高承保精度和准确性。这家位于美国加州的初创公司利用社交媒体和在线状态数据，向保险行业分发这些数据，以增强承保能力。Trov提供了第一种即时微延续性损益险，保单可以实时承保和定价，使用户可以即时启用和关闭保单。

索赔管理

索赔创新的范围从整个理赔过程的数字化到客户参与的具体增强。德国初创公司Motionscloud为保险公司提供端到端的数字化理赔管理，理赔周期由几天改为几小时。为了加快理赔过程，客户可以通过手机上传事故照片。

此外，Real Music还使用机器学习和预测分析来做出理赔决策、防止欺诈和发现诉讼问题，例如，最近被Guidewire Software收购的EagleEye分析公司提供的发现诉讼服务。

客户服务和维系

通过将保险经纪和保单管理全天候地转移到手机上，瑞士移动优先保险经纪公司Knip为用户提供了更高的保单透明度，而南非风险Discovery则开发了一种合作商业模式，通过一项与行为挂钩的忠诚计划（追踪人们的活动）提供一系列第三方健康福利。因此，它将商业模式从保护转向了预防。

创新还是颠覆

仔细思考一下这些保险科技的例子，我想到的问题是，这些创新是否有可能颠覆保险行业，或者它们只是将保险价值链上的现有流程数字化？

回到基本问题上，颠覆代表着传统商业模式的真正改变，以及新模式的替代，主要是通过技术创新驱动。数字化或创新引入新的想法、设备或方法以更有效地运行流程。用瑞恩·汉利（Ryan Hanley）的话来说就是："颠覆改变了游戏，数字化只是改善了游戏。"

之前分享的保险科技的例子，包含两组创新模式。一些初创公司倾向于引入渐进式创新（比如流程的自动化或数字化）。例如，Ladder 允许更快更容易地获得保险产品。Knip 和 Motionscloud 将传统的保险流程（如保单和索赔管理）转移到数字手段上，以提供透明和信任的关系。

另一些初创公司已经开发出了结合保险价值链中非常具体的部分替代创新模式。如前所述，P2P 创业公司 Lemonade、Guevara 和 Friendsurance 通过社会参与和群组分享来推动价值。Trov 的商业模式已经将风险保险分项化，Discovery 则侧重于预防，而不是通过与行为挂钩的忠诚计划进行保护。

这些例子通过先进技术或重新定义保险价值链中目标明确的元素，促进了更有效的保险流程（尤其是在保险公司失败的情况下），而不是扰乱或逆转整个保险行业。

P2P 保险模式是一个革命性的想法吗

Lemonade、Guevara 和 Friendsurance 提供的 P2P 保险模式，被誉为 21 世纪的新商业模式。但是，这种模式真的是革命性的吗？还是它正在复兴一个旧的市场概念？

大多数新的 P2P 保险方案都提供针对固定费用的个人保险，固定费用代表支付给产品提供商的佣金。一群人在索赔池中支付保险费。当保险事件发生时，首先从池中触发理赔，然后更大的理赔事件从再保险安排中触发。如果在保险期间结束时出现保费盈余，则根据该建议商定的条款将款项退还或存入基金。这是一种"令人耳目一新"的保险方式，因为理赔过程中的利益冲突被最小化，保险提供者仅从商定的费用或佣金中支付，因此受到支付理赔的激励。

但是，仍然需要提出以下三点质疑。

首先，P2P 保险的概念并不新鲜。17 世纪末，“手拉手火灾与人寿保险协会”成立，成为第一家相互保险公司，完全由投保人拥有。成立于伦敦的劳合社也是为了保护其会员免受火灾损失，而稍早成立的劳合社则专注于船舶和货物业务。在美国，第一家成功的互助保险公司——费城互助保险公司，是由本杰明·富兰克林于 18 世纪创立的。显然 P2P 业务模型并不是新的。

其次，P2P 保险模式中唯一真正的“同伴”元素是它在朋友和家人之间创造的社区感，然后通过社交媒体手段将他们联系起来。同伴只支付第一批低价值的索赔，然后再由再保险协议接手更大的部分。此外，P2P 解决方案仍然涉及代理问题，P2P 保险公司同时扮演代理（收取固定费用）和运营商（支付索赔）的角色。

最后，每次炒作都在达到顶峰后趋于平稳。我的想法是，P2P 保险公司在经营了几年之后，可能无法支付所有的索赔，并且会因为每一项创新都达到了它的瓶颈而让客户失望。尽管如此，这类初创公司可以为客户提供其他有用的价值。

根据这些评论，Lemonade、Guevara 和 Friendsurance 真正的好处在于，通过完全数字化和移动方式打包并提供的快速便捷的服务，可以让人们获得原本高度行政化和繁重的保险功能。

创新机会将来自塑造和重塑的价值链，而颠覆机会将来自革命性的商业模式。然而，这一变化很可能会被诸如区块链和 AI/ 机器学习等颠覆性技术所推动。区块链技术将通过智能合同节省大量成本。这些智能合同将包括支持新的公司间交易模式、客户主导的身份检查，或推出真正具有创新性和成本效益的小额保险产品。先进的分析算法支持的 AI/ 机器学习将提供一个平台，以创建有趣的售前洞察，交付大量精细化和自动化的客户约定，并减少逆向选择的潜在风险。

忘记 P2P 吧，保险的未来将无形化且参数化

让 – 查尔斯·维尔格（Jean-Charles Velge）和昆汀·科尔曼（Quentin Colmant）
高尔公司联合创始人

保险科技浪潮刚刚开始，并将在未来几年从根本上改变这个行业。保险价值链的所有部分都将受到保险科技公司的挑战，现有公司将不得不与创新公司合作，以迎接这些变化。

虽然目前的革命还没有选出未来成功的商业模式，但在这一节中，我们将把重点放在我们认为的未来保险基础，而不是回顾我们所说的即将到来的变革的技术推动者。

通过引用技术的推动者，这里指所有的技术和工具，如机器学习技术、AI、物联网、去中心化等，并非其本身，而是已经在技术领域使用的一种手段，它并没有完全决定保险新范式的基本原理。

保险的新范式是“无形的”和“参数化的”，由包括 AI 和物联网在内的几种技术支持。

无形保险概念主要涉及保险的分配方式。无形的直接后果是，需要将运营模式转向“保险即服务”的基础设施，并可能会出现其他类型的大型风险承担者。

虽然无形通过最小化任何可能的摩擦来重新定义保险的分配，但在价值链的另一个极端，我们也看到整个索赔管理过程的变化。在我们看来，虽然一些保险科技公司在形式上或某种形式上专注于解决索赔管理中的问题，但我们认为应该从源头解决问题，即通过重新定义索赔管理的本质来创建一个不再需要管理的情况。这将引出定义未来保险的第二个基本原则，我们称之为“参数保险”。

一些读者可能会对第三个基本原则——“P2P 保险”提出疑问。在我们看来，新的颠覆性 P2P 商业模式往往会激怒保险纯粹主义者，他们认为保险的根源始终在于风险的共同化。保险公司本质上是一个由所有被保险人共享的“托管”账户（因此它已经是 P2P），其中一些人已经分享了他们的利润。简言之，P2P 听起来就像是传统保险的时髦同义词。

以下是关于这些基本原理的具体说明。

第一个基本原则：分配将是不可见的

大多数顾客对保险不感兴趣，很少有人早上醒来就想着买保险。然而，每个人都根据自己的风险偏好，来理解它的价值，并寻求保护。因此，保险应该被视为产品或服务的补充功能，而不是核心的客户服务。这也意味着，保险公司考虑影响其承保的产品和服务的技术趋势极为重要。目前，我们的社会正从“所有权”向“使用权”转变，分享经济和与之相关的商业模式也随之转变。而诸如物联网、虚拟现实和增强现实，以及区块链等技术推动者将从根本上改变保险定价、承保和服务的方式。

因此，在一个互联的世界里，保险行业需要重新思考其分销模式。例如，明天你开车出行时，无人驾驶汽车可以根据你规划的旅程或预计的交通情况，自动获得合适的保险，保护你和你的财产。一旦你走出家门，你的智能手机就会帮你解决这个麻烦。在任何时候，这些连接的设备都将为你提供不可见的最适合的保险解决方案，或者可以根据你与你的小额保险提供商达成的协议，立即为你提供保险。

无摩擦分配意味着保险必须在某种程度上对被保险人来说变得不可见，完全嵌入核心产品或服务中，完全符合客户的需求和自身的风险偏好。

在这样一个“隐形的保险世界”中，利用现有的技术手段至关重要，比如AI（它定义了你需要保险的内容和时间），让联网设备和服务能够交互的物联网，以及进一步减少摩擦的新分销方式。

此外，毫无疑问，嵌入式保险必须得到强大的保险基础设施（见图 6–3）或“保险即服务”的支持。

图 6–3　保险科技基础设施

“保险即服务”为企业提供了利用数字层的机会，该数字层无缝地将一系列互补的数字保险覆盖整合到其产品或服务中。分销商只需将其保险 API 或广泛使用的一组明确定义的通信方法部署到数字管理代理、保险公司甚至再保险公司，以加速各种软件组件的集成。分销商还可以从在线功能库中实时选择，这些功能库可以将它们转变为真正的数字保险提供商。保险范围要么完全嵌入每个产品和服务中，要么可以作为附加产品购买。

这种基础设施意味着收入分配将从“保险提供商”（如直接网站、经纪人或代理）转移到核心产品 / 服务的分销商，如无人驾驶汽车制造商或构建用于汽车共享的关键应用程序的公司。使用“保险即服务”，所有企业都有机会获得保险价值链中的“费用”或“佣金”部分，并为客户提供数字化访问，以获取目前嵌入核心保险产品和服务中的增值能力。

然而，保险科技公司面临的最大挑战在于构建数字基础设施，这意味着开发数字、法律和保险框架，以使这种“保险即服务”的分销模式发挥作用。困难的部分在于将两个完全不同的世界结合在一起，即传统的保险创新和新的承保技术，以及数字 / 技术解决方案。

保险产品的创造和承保需要多种多样的内部能力，其中包括获得保险牌照、建立法律框架、确定定价、与监管机构打交道，以及从风险承保人那里获得授权。对于一家保险科技初创公司来说，打造产品、制定合适的定价以及商定分销方法仍然是一个艰难的过程。

从客户体验开始，数字基础设施需要从头开始构建。传统保险公司经常“将自己的产品、服务和流程数字化”，并简单地将其固有的复杂性整合到新的数字解决方案中。

最后，“保险即服务”创造出“大型风险承运商”，它们将直接为保险科技公司提供跨境能力，这些公司已建立了基础设施，并提供以数字化方式销售保险的解决方案。

在这样一个互联的世界里，一个无摩擦的分销和集成模型，在承保覆盖和定价上具有清晰的透明度，客户所支付的保费将更接近于真正的技术保费。在这种情况下，中介机构将消失，而一些保险公司将面临灭绝的风险，因为基础设施可能会直接为再保险公司提供保险能力。这是多么可怕的场景啊！届时，保险公司将需要掀起一波整合浪潮，同时，我们将看到处于创新边缘、与“大型风险承担者”合作的规模较小的公司将出现。

第二个基本原理：参数化保险的兴起

虽然有几家保险科技公司投资于多个领域，包括开发互联网优先的平台或解决方案，以加强分销、承保、索赔处理和评估流程（如基于视频的专业知识、AI研究欺诈……），但我们认为，根本变化在于重新定义“何为索赔”的基本概念。

在我们看来，参数化保险便是这一问题的答案。它不赔偿损失，而是赔偿在发生触发事件之前商定的数额。目前，参数化保险已被有效地应用于自然灾害、农作物覆盖等大风险上，如美国气候公司，该平台为美国农业建设了一个海量数据平台。然而，随着物联网的兴起，向整个财产和意外伤害市场开放参数化保险的机会将到来。

由于连接设备，参数化保险将变得规范。想象一下，你的联网汽车与路边的一个物体相撞。这辆车配备了数千个传感器，可以自动评估损坏情况并立即评估损失。自动驾驶汽车可以立即被送到约定的修理店，损失将立即得到补偿。

参数化保险的可能性是无限的，但需要跟上当前产品和服务创新的步伐。保险范围和赔偿也需要重新定义。这将需要利用机器学习洞察力和由数十亿传感器、连接设备记录数据的迭代学习过程。

结论

该行业将通过无形和参数化两个新基础的出现而得到重塑。无形保险需要构建保险即服务的基础设施，这种基础设施将建议传统的保险范围。另外，它还需要一种通过分割和按需覆盖的更模块化的方法。它将传统保险产品分割成更小的、不重叠的保险元素。这将允许客户通过选项来构建个性化的保险解决方案。这种基础设施将传统中介的收入流重新分配给任何拥有数字生态系统的企业。最终目标将是减少剩余的与分配相关的摩擦。这将引发新一轮的整合浪潮，保险公司和再保险公司将成为巨大的风险承担者。

虽然嵌入式保险将成为规范，但保险的最终状态也将整合参数化保险的概念。真正的资产将来自重新定义索赔本身的概念以及相关损失的真正含义，而不是专注于改进索赔处理。尽管参数化保险是非常有前途的，但它需要一个连接更紧密的环境，配备数百万个传感器和一个长的学习曲线，以便更好地将赔偿归属于每个具体的索赔发生。

在金融科技领域发生的事情，将在保险科技领域重演。保险科技革命才刚刚开始，并将在未来几年从根本上改变保险业。

保险科技中的行为设计和价格优化

伯纳多·纽恩斯（Bernardo Nunes）
成长部落学院数据科学家负责人

对许多保险公司来说，提供有效的定价仍然是一个核心挑战。主要原因有以下几点。

1. 信息不对称性。购买保险产品的人比任何保险公司都更了解自己的愿望、偏好和行为。因此，保险公司依赖于预测模型来推断保费，这些保费基于每个未来潜在新投保人的不同数量的风险因素。
2. 售后风险分析。一旦保险客户上了保险，保险公司就可以通过售后的低风险档案更好地了解他们的行为，从而利用这些信息来改进未来的定价策略。

好消息是，保险科技初创公司的崛起，以及每位客户在使用联网设备时留下的数字足迹，提供了一种信息量更大的方式，使企业可以更好地观察客户行为。基于个人的行为模式，保险公司可以开发个性化触发器来“推动”他们采取具体行动，并测试这些干预措施是否有效，以减少潜在的索赔事件。

现在有很多保险科技解决方案，而且我看到的许多应用程序似乎仍然提供一种通用的机制，很少考虑客户的差异化。当个性化存在时，它被限制在培训过程中，并基于社会人口特征、自我报告的态度、习惯来优化产品选择。或者，通过从社交网络和网络应用程序收集数据，保险公司可以超越人口统计学的细分，推断出个人的心理标准，比如决定行为模式的人格特征和非认知技能。

当这些因素被纳入客户分析时，风险评估的准确性就会提高，从而使价格得到优化。在本节中，我将介绍这些因素是什么，以及在售前和售后参与过程中识别这些因素的方法，重点介绍如何从客户行为中学习，并不断改进现行的价格策略。

保险科技和心理图形在预售过程中的作用

保险公司的盈利能力在很大程度上取决于它们定价和识别索赔相关因素的方式。理论上，保险公司应该拥有强大的动机，超越人口统计学特征，对客户进行分析，并识别出新的因素，而这些因素描述了客户的习惯，最终涉及他们的态度和行为。虽然人口统计学标准与目标人群的结构有关，但心理特征涉及个人性格、价值观、态度和观点（见表 6–1），可以通过大规模的观察数据集挖掘这些因素，从而建立更好的风险模型。事实上，对用户级数据的搜索并不是保险业特有的，而是许多营销部门的思维，它们想要将数据收集和数字渠道结合起来，实现大规模的个性化。例如，自动化和数据分析的出现允许许多公司使用各种工具“学习和测试”。因此，这些实践构成了最先进的创新的一部分，保险公司可以利用这些创新重新设计它们的价值链，改进它们的风险建模技术，并提供重要的新的增值预测。

表 6–1　人口统计和心理图形学

人口统计	心理图形
年龄	个性
性别	兴趣
收入	态度
教育	观点
工作阶级	价值观

注：心理图形学在市场营销中也被称为“IAO”因素，是兴趣（interest）、态度（attitude）、观点（opinion）三个词的首字母构成。

值得注意的是，由于现在更容易通过移动设备产生在线社交互动和购物习惯，因此观测数据更容易收集。这些活动产生了大量的数字记录，这些记录也改变了行为科学家观察个人行为的方式，并确定了由明确定义的原则支持的统计模式。例如，最近有关人类性格特征的证据表明，电脑对数字行为的预测比朋友和家人做出的判断更精确。人格特质是一种心理图形，是一种思维、情感和行为的模式，可作为解释变量来预测各种社会和经济结果。

科斯塔和麦克雷创造的大五人格特质提供了广泛的非认知能力和情感技能维度，它们塑造了人类的行为和偏好（见本章附录 A 中的表 6–4）。这些措施已应用于实证研究，用于解释与健康相关的结果、风险倾向、金融行为和终生失业等。

支持这些心理因素作为生活结果预测因素的证据体系自然导致了它们在数字生态系统中的应用。例如，“我的个性项目”研究了个性与数字脚印之间的关系。和 Facebook 一样，它也从数百万用户的心理测试中收集数据。其数据库可在剑桥大学贾奇商学院心理测量中心的网站上找到。

2015 年，科辛斯基等人对把脸作为一种推断心理测量学的研究工具的机遇和挑战进行了深刻的总结回顾。这篇文章遵循的观点是，通过智能手机和其他数字设备，物联网就像一份心理问卷，在有意识和无意识中被不断完善。

在目前 myPersonality 上可用的心理测量方法中，有人格特征及其侧写、智商，以及自我监控和生活满意度的测量。在行为微观目标领域正在开发引人注目的商业应用程序的公司之一——数据科学公司剑桥 Analytica，使用心理统计特征来预测客户的需求，以及行为如何随时间的变化建立相关服务，让客户参与并进行互动。

2016 年，英国知名的汽车和家庭保险公司——Admiral 保险公司开始尝试使用数字足迹。它开始使用一种算法识别来自 Facebook“点赞”和帖子的安全驱动程序。如果新手车主被认定为尽职尽责且组织良好，那他们将获得保险报价折扣。这项评估是基于研究证据得出的。研究证据显示，新获得驾照的青少年司机的责任心与发生撞车事故的风险呈负相关。Facebook 在发布会当天表示，Admiral 保险公司无法根据用户的社交媒体行为来确定折扣，只能将其作为登录程序中的登录工具。针对第一次开车时收到报价的司机，如果想要减少报价，有一项可选的性格测试。每个参加测试的顾客都可以根据他们的回答得到1% ~ 10% 的折扣。

心理测量学是行为科学的一个领域，它致力于测量这些心理指标，并可以与各种个人数字足迹相结合。但是，区分主动和被动的数字足迹是很重要的。当个人资料是通过用户故意发布或分享而在网上取得时，便会产生主动的数字足迹，而被动的数字足迹则是在没有个人故意干预的情况下取得的。从事数据研究的分析师仍需确定数字足迹中的某些模式与选定的心理图形之间的关系。综上所述，该过程涉及非监督机器学习算法的使用，首先发现数据中的模式和关系，其次验证心理图形在监督算法中的预测作用。

售后行为设计

识别行为经济学在保险业的相关应用并非新鲜事。如今，这种应用可以通过新兴的数字生态系统得到增强。一旦一个数字用户成为客户，保险公司就应该通过他对连接设备和基于传感器的技术的使用，来不断地与他进行交互，以揭示他未说出的需求。这种互动将减轻保险人和被保险人的损失风险。行为导向的产品设计可能有助于保险公司降低骗保和客户流失的风险。从保险的角度来看，通过预防性触发、建议有助于减少索赔的可能性。通过这种学习，保险公司可以改进定价策略，深入挖掘客户的真实行为模式。

由于保险科技依赖于社交媒体和数字渠道的普遍使用，保险公司可以通过将计算机作为说服技术进行研究，来增强其行为研究的结果。这些说服技术也可以被理解为一种设备，它可以帮助监控用户的冒险选择，从而达到预期的目标。例如，保险公司可以向客户的智能手机和电子邮件地址及时发送信息，以影响基于情境的决策和行为的决定因素。

MINDSPACE 框架提供了保险公司可能测试的潜在的行为改变技术清单。这项工作所产生的选择和承诺可以提高保险公司业务模式的有效性。尽管心理标准具有异构性，但通过提供个性化干预，可以优化独特的用户体验。

我们可以用数字技术创建更简单和自动的客户交互的方法示例，这些交互可以改善数据收集，也可以提高合规性（参见表 6–3）。租客保险提供商 Lemonade 及时使用承诺和道德提醒，以便在支付索赔之前降低同伴群体内的不诚实风险。Lemonade 联合创始人兼首席执行官丹尼尔·施雷伯详细介绍了 Lemonade 在算法和网页中使用的行为经济学。在其他许多适用于保险科技初创公司的发现中，艾瑞里的研究显示，当一个人在网页顶端注册时，他很可能会更诚实地对待随后披露的信息。

表 6–3　计算机即说服技术

电脑 / 数码技术	说服
移动电话	行为改变
网站	态度改变
智能环境（城市、家庭）	动机
电子游戏	生活方式的改变
虚拟现实	合规

注：更多信息请访问斯坦福大学说服性技术实验室网站。

2012 年，英国最大的综合保险公司——英杰华保险公司推出了一款名为“英杰华驾驶”的应用程序，可以通过智能手机 GPS 定位系统记录司机的行程信息。一旦一名司机驾驶并记录了 200 英里[①]的行程，该应用程序就会根据司机的转弯、刹车和加速技能给出分数（满分 10 分）。这些信息随后会被用于汽车保险的定价和个性化的未来折扣。该应用为司机提供其所需提高的驾驶技能反馈，并通过游戏化技术利用奖励机制保证安全驾驶，确保司机定期访问该应用。

Lemonade 和英杰华都提供了一些有见地的例子，即如何利用行为设计带来的机会来开发它们的解决方案或平台，特别是在售后流程中，如索赔预防和服务。这些做法有助于提高那些在合规层面使用这些技术的公司的品牌意识，以扩大相关的、具有针对性的客户沟通。

① 1 英里 ≈1.6093 千米。——译者注

道德问题

我们认为，在细分市场非常复杂或受众不能自主决策的情况下，需要谨慎地使用说服，特别是非个人的说服。如果通过教育机制来学习新的行为是必要和可行的，那么在监测风险行为的同时，制作信息丰富的数字内容来提高受众的能力将更加有效。

提供大量个性化触发可能被认为是侵入性的，并会引发有关隐私和客户操纵的问题。大多数欧洲国家支持这些微小的举措，但美国更希望这些干预措施可以在具体情况下展示出增值信息。这些最新的发现强调了评估用户满意度的重要性，以确保他们接收到的信息不会被视为操纵。

结论

本节的主要思想是，保险公司应该超越人口统计学的细分，通过主动和被动的数据收集来推断个人的心理图形。当这些因素被纳入客户分析时，风险评估的准确性就会提高，售前和售后服务也会在更大的范围内变得更加个性化。当保险公司可以优化价格，用户可以更好地监控自身的行为时，价值链的互动也因此得到增强。

然而，尽管用户可以从共享数据中获益，获得更好的服务和更优惠的价格，但从业者应该期待通过有说服力的技术来辩论关于使用心理信息的道德问题，探讨这种技术进步可能会如何影响广泛使用互联设备。

附录 A

表 6–4　大五人格模型（亦称海洋模型）

广泛的维度	问卷项目的例子："我认为自己是……"	方面
经验的开放性	接受新的体验，复杂的 传统，缺乏创造力	美学 幻想 情感 行动 观念 价值

续前表

广泛的维度	问卷项目的例子："我认为自己是……"	方面
责任心	可靠的、自律的 紊乱的、粗心大意的	能力 秩序 责任 成就 自律 熟思
外向性	外向的、热情的 保守的、安静的	温暖 合群 自信 活跃 兴奋 寻求积极情绪
宜人性	批评的、好争论的 同情、温暖	信任 正直 利他 顺从 温柔 谦虚
情绪不稳定性	焦虑、易怒 冷静、情绪稳定	焦虑 敌意 抑郁 自我意识 冲动 易受压力的影响

数据改变了一切

维塞什·戈斯兰尼（Visesh Gosrani）
Guidewire 风险和精算主任，Cyence 风险分析师

在收集有关投保人及其住房的相关数据方面，还有很大的未开发潜力

个人和家庭正在产生越来越大且越来越多的数据。无论是电视、洗衣机、冰箱、谷歌家居还是 Alexa 设备，数据无处不在，都可以被收集起来，更好地服务于房主。这些数据有可能提供更准确的投保人行为细节，以及他们的需求和风险状况。

本节旨在描述收集和分析更广泛的数据集，以为客户和保险公司提供个性化见解和服务。本节还列出了一些指导原则，并以家庭保险为例对这些原则进行进一步说明。同样的情况也适用于其他类型的保险产品。

帮助投保人了解索赔风险增加的行为或特征

任何理性的投保人都不喜欢索赔引起的中断。他们可能不明白其行为或情况是如何影响或者增加他们遭受此类事件的可能性的。然而，综合而言，投保人的具体数据和更普遍的环境数据可以帮助被保险人更好地管理其风险。

在报价过程中获取**投保人的具体数据**，并提出非常具体的问题，然后通过具体的数据服务进行充实。其他机制已经存在，使投保人能够与他们的保险公司以及通过这一过程参与的其他人分享一套广泛的实时数据（如个人和社会数据）。

公平地说，申请人可能因为害怕被拒绝而不愿分享自己的数据。尽管如此，如果他这样做了，那么申请人和他的保险公司都会从数据提供的洞见中获得明显的好处。

很显然，投保人和保险人可以通过物联网技术从各种数据源捕获的数据中受益。其中的例子包括入住率、警报和事件指示器，如触发烟雾警报或使用各种智能家居传感器，包括能源管理系统。虽然投保人可以使用家居自动化来实现其所寻求的保护，但使用相同数据集来监控大量投保人的保险公司也将受益于可以优

化定价和理赔支持活动的迭代学习。当实际或潜在的索赔事件发生时，这些资源的整合可以改善一系列结果。

1. 如果要在智能家居中触发火灾报警，并且有事故发生时，家中没有人，家居设备仍然可以触发内部火灾警报，并可以采取更强的措施来提醒业主、当地消防队和事故保险公司。虽然这可能导致误报，但随着时间的推移，反馈循环将提高执行这些服务的算法的准确性。
2. 能够根据体积、速度、位置和其他模式来怀疑、检测和测量水的异常用途（如漏水或水龙头开着）的智能设备被称为漏水机器人。自动运行的设备可以向投保人发出警报。将这些机器人与占用指标相结合，可以提高家庭潜在危险评估的准确性，以确保在灾难发生之前采取行动，并提高采取预防行动的有效性，例如，使用电子旋塞停止水流，而不是只是通知被保险人。

环境数据并非直接适用于投保人，但也是有用的指标。目前可用的数据量可以在许多方面用来加强保险公司与其投保人的关系。

1. 对气候因素的历史测量可以使保险公司将入室盗窃事件与天气模式的变化联系起来，即温度、湿度和其他关键因素。一家保险公司通过查询到的索赔数据，了解环境如何与已发生的索赔相关联，便可创建一种定制消息传递程序，以降低盗窃风险。一项研究发现，6 月 ~ 8 月，如果投保人忘记关窗户，财产犯罪就会呈历史性上升趋势，因此开窗与夜间入室行窃的风险增加之间可能存在很强的相关性。在夏季的几个月里，犯罪倾向也有可能增加。保险公司可以洞察情况并提出建议，以确保其投保人不受索赔风险的影响。
2. 监测当地和更广泛社区内的实时犯罪和火灾事件数据可以引起早期预防行动。目前的开源犯罪报告所提供的有限见解允许对特定领域的犯罪模式进行逐月分析。一般投保人不太可能有能力和时间监测自己的社区并分析犯罪模式。

然而，侧重于加强预防的保险公司可以为投保人、更广泛的社区提供警报，而不限于财产犯罪。同样的分析可能导致投保人与其保险公司之间的有针对性的交流形式，特别是在容易发生各种日常事件和犯罪的领域。这些活动将把保险公司与投保人的关系从事后援助转变为值得信赖的咨询关系。

确认投保人理解其义务

保险政策中存在一些除外责任和条件，以管理保险公司的风险敞口，并防止疏忽索赔。保险公司可以使用从物联网设备收集的数据来识别投保人可能倾向于在禁区内做事的潜在场景。通过让数据启动对话，保险公司可以确保保单持有人了解除外责任情况，并了解其背后的基本原理。这可以减少由于误解条款而导致索赔被拒绝的可能性，提升整体的客户体验。保险公司可以使用这种机制来验证投保人是否正确地描述了自己、自己的风险和风险敞口。

这方面的好处包括以下几点：

1. 让保单持有人意识到他们的房屋在很长一段时间内似乎无人居住，并提醒他们，房屋只能在不超过约定的天数内无人居住；
2. 冬季时，提醒投保人意识到他们的房屋温度过低，可能导致管道爆裂；
3. 利用电子途径将资产清单数字化，并协助确定房屋的真实保险价值。

让投保人和普通人了解房屋保险的风险，可以帮助他们更好地理解和管理自己的风险。然而，从物联网来源中提取的大量非相关信息可能导致信息超载和冷漠。克服冷漠的方法之一是提高认识和开展教育活动，使有关风险的信息个性化。使用来自具有相似特征的投保人的索赔数据可以帮助形成指导参数，并使更多的分享建议受到关注。

解决与未使用数据源重要池的收集和聚合相关的问题

想要在访问和使用基于物联网的数据方面处于领先地位的组织面临着以下挑战：（1）新数据源的收集；（2）汇总来源以提供相关的新见解；（3）分析这种见解，以提供增强用户生活的新产品和服务。

我们认为大型企业将会遇到如下问题：

- 由于物联网数据尚无标准，保险公司将需要把这些数据转换为可用于分析的表单；
- 为了方便地合并外部数据集并符合内部数据安全标准，系统需要升级；
- 为了满足投保人的隐私期望，尤其是在监听设备方面，如谷歌家居和亚马逊 Echo，保险公司将需要开发和共享关于连接和数据使用的政策；

- 为了避免与数据使用和可保性相关的声誉风险，保险公司需要把重点放在预防上，而不是找出那些会让投保人比以前更糟的根本问题，这个问题很关键。

使用各种数据源以提供预防性见解和指导的潜在好处，可能会超过使特定风险类型无法获得保险的风险。但是，保险人控制范围之外的新见解或保险公司解释不到位导致风险而无法保险的机制可能仍然存在。这正是行业机构、监管机构和法律可以越来越多地参与此类举措的地方。

结论

数据改变了一切，因为保单持有人现在可以更好地了解自己的风险敞口，并自己管理风险。对于保险公司来说，这意味着增加的透明度将推动人们关注更多以预防为主的产品和服务。这种情况将保险的性质从仅仅在财务上弥补保单持有人，改为持续管理和减轻保险人的风险，以实现更广泛的利益。这些为利益相关者群体提供了明显的好处，因为它规范了被保险人的行为，让其安心并降低了保险公司的总体索赔成本。这也减少了目前对商品化保险的关注，以提供更个性化的服务，包括：

- 针对投保人的风险状况，为其提供量身定制的指导，使投保人无须解释建议，也无须理解为什么这些建议适用于他们；
- 确认投保人的行为和特征，与投保时明示或默示的声明一致；
- 更有效地对骗保性索赔进行分类，以减少投保人索赔的痛苦体验。

这个美丽新世界面临的关键挑战在于，消费者对共享数据的接受程度、管理大量个人和有见地的数据所带来的监管问题，以及通过所收集数据提供的见解，保护被视为无法购买保险的保单持有人。

警惕 GDPR——更认真地对待你的网络风险责任

埃尔科·乌韦克（Eelco Ouwerkerk）
怡安公司批发零售事业部总监

所有组织，无论是企业还是政府机构，此时此刻都应该关注自身面临的网络风险。

由于数字技术的日益普及，企业、业务、供应商和客户之间的联系日益紧密，这意味着全球的每一个组织都容易受到电子数据盗窃和破坏所造成的潜在灾难性损失的影响。合作组织之间的这种依赖，以及大数据、云计算、社交媒体、企业政策中“自带设备”和政府支持的间谍活动的日益盛行，使网络犯罪引发的风险迅速成为当今商界领袖最关注的问题之一。

这不仅局限于商业，地方和国家政府也在应对这一相对新的威胁。数字技术在这些环境中也越来越多地用于商业目的。它用于销售产品和服务、优化业务流程和/或降低运营成本。政府机构使用的已知应用程序包括云计算、电子邮件、互联网、社交媒体、移动应用程序以及大数据。

无论是在商业领域还是政府领域，无论这意味着利润的最大化还是纳税人的钱的最大化，这些技术和新的进步都对利益相关者的价值实现起着重要的作用。但是，也有不利的一面。事实上，数据使用和共享带来的负面影响每天都在增加。企业不仅要保护自己免受网络攻击，还必须保护其最宝贵的资产——客户的数据和记录。

依赖数据是有代价的

我们对数字技术和数据交换的日益依赖，以及企业和政府对具体电子风险的敏感性增强，给世界经济带来了新的挑战。人员和系统故障正在迅速增加，部分原因是供应链合伙人之间严重的商业依赖。目前，普通罪犯、数字优先个人、专业人士以及（前）雇员都可能犯下重大罪行，从数据盗窃、骗保、破坏、间谍活动到黑客攻击。

此类犯罪的财务后果会对各行各业的利润和非营利组织产生重大影响。这就像法律责任、声誉损害和业务中断对你当前业务运营和未来收入来源的影响一样。

2016 年全球网络影响报告

整个保险市场都在部署创新的数字解决方案，以解决业务操作之间日益增加的相互连接所带来的不确定性。

波耐蒙研究所（Ponemon Institute）发布的《2016 年全球网络影响报告》强调了多个行业的有趣发展，下面我将与大家分享其中的一些发展：

- 近 65% 的组织预计其网络风险敞口将在未来两年内增加；
- 业务中断对网络资产的影响比对固定资产的影响大 72%；
- 组织对网络资产的估值比固定资产高出 14%；
- 量化网络资产可能的最大损失比固定资产高出 27%；
- 企业平均为 59% 的固定资产损失提供保险，而网络风险敞口平均为 15%；
- 企业和政府持有的信息资产因其市场价值而无法防盗或销毁；
- 尽管数字业务增加了企业的风险，但企业不愿购买网络保险；
- 据波耐蒙网络调查，69% 的受访者认为其公司在未来 24 个月的网络风险敞口将增加……然而，只有 15% 的受访者承认其公司拥有网络保险；
- 在波耐蒙网络的调查中，57% 的公司在过去两年经历过一次或多次重大或严重的安全破坏或数据泄漏，平均经济影响为 210 万美元。

组织如何转移网络风险

有些风险可以通过合同转移。市场在提供更个性化的服务解决方案这一特定主题方面得到了迅速发展，如损失控制资源、数据泄漏培训、专用索赔资源，以及预先批准的供应商和服务提供商小组，以确保对个别违规行为做出充分响应。许多保险公司主要提供网络保险，即违约响应保险根据保险公司和政策结构的不同而有所不同。

向组织提出关键问题

在讨论风险转移和网络保险选项之前，让我们先回顾一下为什么需要这些选项。每个风险官都应该问自己的关键问题是："我们能否识别并量化一次网络攻击所造成的损失？""除了使用现成的 IT 解决方案，我们如何保护自己不受网络风险的影响？"

如果你的风险官能够回答这些问题，那么你很可能已为创造一个安全的网络环境采取了措施。然而，组织常常很难回答这些问题。在最坏的情况是，许多人一开始不知道需要做什么。

《通用数据保护条例》

为了在你的组织内创建一个安全的网络环境，你首先必须回答我们之前提出的问题，然后根据发现采取行动，因为这些选择将影响你员工和客户的安全。

2018 年 5 月 25 日，《通用数据保护条例》（GDPR）将正式生效。它的目的是确保欧盟内的每一家公司都遵循相同的数据安全法规，每一家企业都应该确保采取必要的步骤来达到合规。

在即将实施的 GDPR 下，合规意味着什么？

组织必须：

- 将隐私和数据保护置于其业务的最高级别；
- 进行网络风险防范分析，通过适当的技术和措施识别隐私风险并控制问题；
- 制作注册表并记录任何敏感数据的使用情况；
- 对组织的个人信息进行分类，以符合法定的数据保留和删除期限；
- 评估与组织共享信息的第三方的现有合同。每一个组织将被要求与每一个数据处理器签订数据隐私和安全协议；
- 制定程序，充分预见和处理数据泄漏；
- 通过教育活动提高所有员工的隐私意识；
- 根据 GDPR 制定隐私法规或相应调整现有的政策；
- 告知有关人士他们的个人资料将会怎样；
- 确定你的组织是否必须有数据保护官员。

每一家企业，无论大小都必须确保它们有实施这些措施的程序。然而，许多组织显然并没有人力或专业知识来实现这些，它们需要找到一个“网络风险伙伴”来减轻给它们带来的负担。

对组织日益增长的责任

GDPR 不仅仅提供指导方针。在新制度下，公司将有义务处理每一项个人资料记录。它们必须遵守欧洲隐私法，并通过实施技术措施和记录已采取的适当行动，来证明它们遵守了这些法律。这些规定是为了规范组织，并在组织不遵守时处以罚款。

权力属于人民

GDPR 加强了个人的隐私权，使个人能够在数据被滥用时维护自己。根据《隐私法》，任何组织使用任何一组个人数据都必须得到当事人的同意。对任何个人来说，撤回自己的同意也必须同样容易，并可以要求企业删除他们持有的任何个人记录。在多方事务中向第三方传递数据的组织，也可以要求这些第三方删除接收到的数据。想要更改供应商的个人，可以要求以标准格式与他们或第三方供应商共享他们的个人数据，以简化与其他卖家和服务提供商的交易。

声誉受损和被破坏以外的后果

如果企业不想被罚款，就必须遵守规则。避免罚款的最佳方法是进行年度隐私影响评估（PIA）和 / 或指定数据保护官（DPO）。

据估计，荷兰对数据泄露的处罚最高可达 82 万欧元。到 2018 年 5 月 25 日，罚款将会随着双层制裁制度的实施而增加。违反特定类型的企业罚款，将在高达 2000 万欧元或 4% 即将到来的财政年度全球年营业额，取其较大者，这将由数据监管机构征收。对于其他较小的违规行为，当局可能会处以高达 1000 万欧元或全球年营业额 2% 的罚款，以较高者为准。

那么，为什么讨论网络风险呢？我必须说，任何企业都可能试图遵守 GDPR。然而，那些投入时间和精力来确定最适合他们及其业务的网络风险防范和保护解决方案的人，将会更加安心。

这些保险产品将包括下列保险：

- 责任风险，在因个人和/或商业数据丢失而导致第三方索赔时提供赔偿和法律支持；
- 承担法律调查、声誉公共修复、客户通知成本、信用监控、IT 服务和网络事件响应服务的危机成本；
- 研究费用、法律援助和行政罚款；
- 数字媒体违约，用于支付因你的多媒体活动（如诽谤、指控或剽窃）而对你提出的第三方索赔的赔偿和辩护费用；
- 网络勒索，包括勒索软件；
- 网络中断、收入损失或与网络停机相关的净利润。

在法律问题上，网络保险提供了很大的帮助。可用的产品将帮助企业联系律师团队，为它们的数据泄露问题找到答案，并在发生违规时告知它们。

总之，企业必须开始准备它们的业务，以避免与数据相关的索赔。如果发生数据泄露，它们必须拥有正确的流程，以确保业务首先受到网络保险的保护。

为何要共享索赔

莱莫纳斯·斯通修斯（Laimonas Stoncius）
索赔控制公司创始人兼首席执行官

保险科技的颠覆给保险行业的各个方面带来了许多积极的变化，包括保险索赔生态系统。索赔共享概念基于通过 B2B 客户、保险服务提供商和其他索赔过程参与者之间的自动保险索赔交换，将索赔过程数字化。

整合保险理赔数据的必要性一直是多个理赔过程参与者所关注的问题。ACORD 在美国成功地引入了保险数据结构的标准化，这种方法可以减轻保险数据集成的尝试。然而，连接大量索赔过程参与者的困难仍然存在，因此，当引入独立的中心结构时，减轻保险索赔数据完全集成的适当方法在技术上变得现实起来。

该概念的基础是一个开放 API 中心。在该 API 中心，任何索赔系统都可以链接到其他系统来交换数据。中心还可以通过自动电子邮件向未链接到中心的索赔流程参与者发送所有索赔细节。

中心还应该有一个直接输入索赔数据的网络平台。如果这些公司没有自己的索赔系统，它们可以使用中心来解释它们的索赔。这个选项还允许它们修改 / 附加数据，如果它们自己的系统无法做到这一点。该平台应允许任何人免费记录和共享不限数量的索赔，并确保索赔的所有关键参与者都参与其中。

本节旨在解释索赔共享概念的实践方面，以及它在当前索赔处理实践中带来的积极变化。

简化索赔处理

当前保险索赔处理实践的数字化转型面临的主要困难之一是，确保将所有原始记录的索赔数据自动分发到所有索赔处理参与者的数据库中。一旦每个参与者输入了索赔数据，其他参与者对重复数据条目的需求就变得无关紧要了。因此，应该完全消除这种需求，以减少烦琐的手工数据输入，使索赔周期时间最小化，并能够高效地交换大量数据。

通常情况下，任何一项保险索赔都会涉及相当数量的手工工作，以及特定索赔过程中涉及的所有参与者的时间。在发生意外的情况下，公司的索偿人必须将索偿数据输入两次，即输入其本身的索偿系统或电子表格，然后输入保险公司或保险经纪的另一个报告系统。索赔数据的所有其他更新和交换也是手工执行的。

当保险公司通过电子邮件或电话收到首次损失通知（First Notice of Loss，FNOL）时，它们必须手动将索赔数据输入系统。自助服务平台和应用程序使保险公司能够将自己的手工工作最小化，但它们不能拒绝接受客户的邮件，主要的 B2B 客户都是通过自动邮件发送 FNOL 的。

索赔共享中心将与保险公司的索赔系统交换索赔数据，类似于各种保险公司的自助服务平台注册和处理索赔数据的方式。因此，中心不会干扰理赔人员的常规任务，而是确保 100% 的理赔数据实现自动输入。

双重手工录入工作的负担落在保险经纪人身上，如后面讨论的，也会落在运输租赁公司、车库 / 车间、理赔员和其他索赔过程参与者身上。在某些情况下，某些类型的索赔是在没有保险公司参与的情况下处理的，例如，货运代理经常处理运输承运人和货主之间的投诉。

利用应用程序和物联网获取实时 B2B 保险索赔数据

一方面，在过去的几年里，保险公司开始投资于 AI 和机器学习技术，以改善承保、加强骗保预防，以及使销售和索赔过程自动化。它们知道，自己获得的数据越准确、越精确、越详细，结果就越有效。通过在车辆中使用远程信息处理以及能够测量速度、安全气囊的展开状态、货物温度等的各种自动传感器，能让实时数据收集变得更加有效。

另一方面，保险公司过去和现在都在寻找简化方法和加速索赔流程的方法，同时将客户体验和满意度提高到新的水平。索赔数据馈送之间交换的自动化是解决由于需要在简化索赔过程的同时访问越来越多的索赔数据而产生的矛盾的潜在选择之一。

保险公司可以使用多种 IT 解决方案，包括 FNOL 和索赔解决应用程序，这些应用程序可以被私人客户直接使用。然而，这类应用程序并不适合商业客户。例如，公司卡车司机无权直接从其移动应用程序向保险公司发送与索赔相关的事故数据，因为报告索赔的决定必须由其公司（保险合同的所有者）做出。保险公司的理赔系统与其 B2B 客户之间的直接集成永远不会发生。因此，索赔共享中心似乎是解决这个数据收集问题的最佳选择。

标准化数据格式也是一个主要问题。如今，每个应用程序、物联网设备或数据源提供者都趋向于具有非常特定的数据结构，这些结构必须被不同的数据系统接受。中心是协调多种数据格式和数据源的理想场所。

修改后的经纪人角色

当涉及保险理赔处理时，经纪人通常被分为两种类型：处理理赔的和不处理理赔的。第一类经纪人要求客户直接向其报告所有索赔，其中大多数索赔是相当标准的。超过 90% 的经纪人的工作只是将索赔信息从客户转到保险公司，然后再转回来，从而减慢了索赔处理的速度。将经纪公司和保险公司的理赔系统整合起来，可以为每一个经纪公司节省大量时间，但实际上，这种整合代价高昂，而且并不常见。

第二类经纪人不存在上述问题。但是，在这种情况下，他们无法在他们所服务的保险单下获得任何索赔信息，这意味着他们无法提高客户服务的质量。

在这两种情况下，经纪商的做法都存在缺陷。他们无法加快提供服务或适当地为客户服务。保险市场将受益于可通过交换中心管理经纪人的专门解决方案。

一个简化索赔交换的中心将为 B2B 客户提供共享索赔数据的机会，无论是复杂的还是简单的都由保险公司和经纪人同时自行决定，它将使经纪人免于将索赔数据输入多个系统的需要。因此，所有经纪人都有平等的技术机会来监控索赔。

理赔调查的优步化

保险公司将始终需要检查损坏的财产或事故现场。建立一个大型的调查者网络并不能提供一个有效的解决方案。和 Rescue Lens 一样，保险科技公司也为保险公司提供解决方案，通过客户使用的应用程序，直接从网站捕捉事故的详细信息。然而，保险公司总是需要派代表审查索赔的情况。索赔专家结构的优步化迫在眉睫。事实上，一家位于美国的创业公司正在致力于此。保险公司必须知道事故现场附近有哪些独立的调查员，并且能够根据情况选择最相关、最熟练的专家。中心平台及其交换原则都是提供访问专家网络的合适环境，因为中心包含关于专家、关键事故数据和索赔的所有详细信息。

保证数据可靠和预防欺诈的区块链技术

尽管区块链技术在保险业中仍处于萌芽阶段，但它已是银行部门内部挑战领域的用户案例。

为了向 B2B 客户提供保险报价，保险公司必须分析客户的损失历史。考虑到一些损失与自身或未投保的情况有关，B2B 客户成为其完整损失记录的唯一信息源。保险公司和被保险人明白保险费率取决于损失历史。因此，在保险公司没有机会核实损失记录的情况下，各方之间没有可信的数据交换和透明度。此外，不诚实和骗保客户造成的财务损失会导致整个保险部门的费率上升。

这个问题可以通过索赔共享平台来解决，可以为任何公司提供在某个地方保存正确的索赔 / 损失记录的机会，而这种记录的可信度是通过基于区块链的技术来验证的。这种平台增强不会违反隐私规则，即公司将决定哪些数据点可以与谁共享。

这种解决方案对于发展中国家经济的智能实施尤其有用。例如，在缺乏强制的汽车第三方责任保险的情况下，由于保险公司和商业客户之间缺乏信任，大量的商业运输没有保险。区块链验证将恢复各方之间的信任，从而带来保险市场业务量的增加。

我们的索赔控制中心设计了这样一个平台。

再保险企业需要逆向创新

沃恩 · 詹金斯（Vaughan Jenkins）
Meta 金融公司独立顾问

工业革命的故事

自工业革命以来，2017 年 4 月 21 日是英国第一个没有煤电的工作日。如果我们考虑到旧的基础设施所提供的先进技术，那不同价值链的变化速度明显会有很大差异。它还说明了如何用新能源来代替原来的核心能源，以适应新的需求和不同的监管环境。

再保险是什么

自工业革命产生以来，再保险的基本形式变化相对较小。它通过促进有效的风险转移来促进经济增长。信任、承保专业知识和成本收入比相结合的模式，可以驾驭软硬定价的周期，在这一模式主导的市场中，瑞士再保险和慕尼黑再保险逐渐占据了主导地位。市场并非没有问题。与后来的银行业危机类似，伦敦劳合社市场也因 20 世纪 80 年代的惩罚性损害赔偿问题而崩溃，当时许多劳合社投资者都因对石棉责任索赔缺乏了解而破产了。在银行业，问题与失败的电子交易计划有关，尽管出现了市场失灵和一系列重大的自然灾害，但再保险市场是为了抵御风暴而建立的。

这种弹性最近受到了技术变革和新商业模式的根本性挑战，这使得一些传统再保险做法看起来就像燃煤发电机一样过时。当再保险公司争相与保险科技初创公司和另类风险转移方法提供者合作并进行重组时，保持相关性的难度达到了前所未有的水平。

再保险市场是建立在定价一致、多样化、专业化的基础之上的，这种多样化和专业化支持一个基本上有效（如果不是完全有效的话）的市场，将风险转化为一种可交易的市场工具。随着时间的推移，这个市场已经显示出一些渐进的创新，而如今必须解决一些新的结构变化。其他可供选择的风险转移机制，特别是保险关联证券（ILS）的发展，将会导致利润率下降，行业整合加速，并影响市场容量、定价和保险契约。

市场现实

与任何市场一样，规模经济和范围经济支持大型和利基参与者。资本市场的新进入者和权力的集中影响了损失和复苏周期的历史节奏。ILS 交易往往趋于完全抵押，理论上应该比传统再保险更能提供好的安全性。

然而，再保险人因灾难而实际承受的损失与它们从债券中可能获得的赔偿之间没有明显的相关性。灾难相关的债券反过来又会压低传统债券的价格。资本市场代表的是保险业务所谓的“无辜能力”。我可以告诉你，这些投资者迟早会面临巨额损失，然后他们会希望自己坚持持有美国国债，不管收益率有多低。在最糟糕的情况下，旧模式的破坏可能导致再保险市场重复次级抵押贷款市场崩溃的缺点。

再保险是一种服务

如果我们转向保险市场，尤其是个人专线的分销方面，那么保险科技正在通过 P2P 保险、小额保险、基于使用的服务，以及支持数字化转型的大量技术推动数字化共同风险共享的新概念。其中技术在不同层面（如承保、分销、理赔管理、客户服务，以及价值链的各个阶段）推动数字化。从中国到美国，到处都能听到兴奋的声音，尤其是与无风险承销商有关的。无论是 Lemonade、众安、Friendsurance，还是 Ladder，早在 2014 年，三位受人尊敬的评论员就设想过，我们将目睹一场由保险科技推动的变革，类似于 PC 栈取代大型主机的时代。然后从垂直集成（大型机供应商控制整个堆栈）转移到水平层（即英特尔、微软、PC 制造商和应用程序）。

在这个场景中，再保险被重新设想为一个服务平台，该平台结合了资本、受监管地位、地理范围以及支持定价的数据和模型。一些公司，特别是慕尼黑再保险已开始与保险科技初创公司进行更密切的合作，其他公司也纷纷效仿。再保险公司也已开始研究区块链的应用，其中最著名的是 B3i 财团，它包括 Aegon、安联、慕尼黑再保险、瑞士再保险和苏黎世再保险等 15 家再保险公司。但在这种开放的互操作性中，保险公司和经纪人能够通过开放平台相互沟通（这与银行业正在发生的变化非常相似），再保险公司可能正在埋下自我灭亡的种子。借用比尔·盖茨的话来说，市场未来可能需要再保险，但不需要再保险科技公司。

保险科技对再保险公司的影响

保险科技的转变正在鼓励分销商之间建立更短的创新价值链，将风险直接转移到再保险公司，减少包括保险公司在内的中间商之间的摩擦和成本。

再保险公司通过承保和产品知识带来的不仅是资本，还有知识产权。从理论上讲，知识的广度和深度可以为分销商提供比单一保险公司更多的支持。

如果再保险公司及其股东不能迅速适应新市场并支持新的风险类型，它们也可能成为创新的累赘。

在《为上帝的行为创造市场》（*Making a Market for Acts of God*）一书中，作者描述了一种独特的“再保险承保”市场文化，包括在“密集嵌套关系”内行事的承销商，这些关系在地理区域和公司之间延伸。这种文化由实践形成，虽然没有共同的 IT（例如，没有共同的交易平台），没有共同的风险计算算法（虽然巨灾风险也称为 CAT 模型，是共同的），没有统一的监管制度，但它仍然存在。

该行业不仅开放了其他资本来源以承担新的风险，而且新的参与者正在兴起，并参与不寻常和不熟悉的风险类型。这使得再保险公司的数据和实践变得没那么重要，而其他参与者则准备采用更强大和准确的数据分析功能。

保险市场中不缺乏试图通过最短路径寻找最佳风险承担者的资本。再保险公司需要警惕那些通过绕开传统分保代理商而更快获得市场机会的新型保险公司的威胁。然而，不断变化的分销策略可能仍无法突出和阻止再保险公司被诸如 ILS 和资本市场等替代品取代，甚至无法阻止大型科技公司利用更复杂的数据模型对风险进行定价，而其结果与它们相差不多。

这不是猜测，而是一个现实问题。

新风险交易平台的出现

威利斯再保险的数据显示，2016 年，与保险相关的证券和另类再保险资本继续增长，从 700 亿美元增长到 750 亿美元，增幅超过 7%，占再保险资本总额的近 17%，同时再保险行业的基础股本回报率（RoE）继续萎缩。

数据还显示，再保险公司似乎无法控制自己的费用率，“尽管它们面临压力，而且多年来再保险行业一直意识到有必要提高承保能力的效率”。

随着产能的增加，利润率面临的压力也在增加。再保险公司现在经营的业务部门接近收支平衡，威利斯再保险的跟踪集团的净资产收益率仅为 8%。在新常态下，随着保险业的资本重组速度快于以往承销业绩的历史周期，在重大风险事件发生后，利率不太可能上升。

如果用军事来类比的话，就像是在遭受炮火和弹药耗尽的情况下，尝试彻底改变编队。对新技术的投资、对新兴企业的投机，以及涵盖新风险的产品设计的成本增加，违背了对即时运营效率和有效性的需求。但为了保险科技公司和资本市场的利益，未来的一种方式是开发新的风险交易平台，这些平台可以“拍卖”混合风险组合，其中包括 ILS 和传统再保险模型，并将作为风险交易的门户。

怡安奔福（Aon Benfield）再保顾问有限公司在 2016 年推出 ABConnect 平台

时评论道：

> 通过下一代平台与我们的再保险合作伙伴合作，将产生更多的实时信息与客户分享，并使他们能够做出更明智的配售决定。

其他新的平台玩家正在涌现，其中包括非凡再保险（Extraordinary Re）等公司，该公司计划在2018年推出10亿美元的产品。它针对的是新的和服务不足的风险类别，如“意外的业务中断和网络”。新的风险意味着新的解决方案。

快速发展的金融科技公司和保险科技公司开发利用物联网、无人机和生物识别技术的新数据来源，向承保模型输入数据，将为新的风险概况以及更准确地为新的和新兴风险类型定价的能力提供信息。这种从分销商到再保险公司和资本市场（或替代风险承担者）的逆向创新，将使特定的细分市场在一种极端情况下变得更加商品化，而其他市场将在动态实时风险定价模型上运营。

平台将更好地促进竞争，为风险交易和知识共享提供中心。这将打破传统的基于共识的分析和低效的供应链关系。然而，这些可以提供一种新的基础设施，适合我们在充满活力的21世纪从事新的商业关系。

07

未来可能的商业模式

这一章中将讨论“商业模式”这一关系到保险科技初创公司未来可持续发展的重要问题。作者们回顾了过去四年所涌现的新商业模式，通过总结特点来定义或描述未来最可能的商业模式。

多年来，保险业并没有实质性的变化。为了解决客户不断增长的预期与保险公司的落后服务之间的矛盾，保险科技开始涉足核心创新、扩张创新、变革创新等领域。利用保险科技提供优质的替代品，以满足新兴的、不断变化的客户需求。

理论上讲，商业模式是指企业根据自己的战略性资源，结合市场状况与合作伙伴的利益要求，而设计的一种商业运行组织，目的是实现综合性盈利。新兴商业模式可能会应用智能互联技术、P2P、信用、共享经济等作为新的运营方式。这些技术相互联系、相互交织，形成了以下三个主要的变化。

变化一：利用高度复杂化的模型更好地获取独家数据并加以分析，提出有利于获取、保留、服务客户的有利建议，打造独特的用户体验。

变化二：利用数字化或自动化提供线上的、社会化的、安全的交互方式，以选择各种生活方式，使得脱离数字设备的线下业务更加难以维持。同时，信任和透明性将成为交易模式的重要组成部分。

颠覆式创新

公司可以关注的三种创新类型：

1. **核心创新**——以客户为核心优化产品，占企业创新权重的70%；
2. **扩张创新**——开拓相关市场或客户，占企业创新权重的20%；
3. **转型/颠覆式创新**——瞄准新需求，创造新市场，占企业创新权重的10%。

虽然大多数企业将资金和精力集中在稳健的核心创新（这项创新的收益占公司长期累计创新投资收益的10%）上，但风险更高的颠覆式创新能为企业带来更高的长期回报。

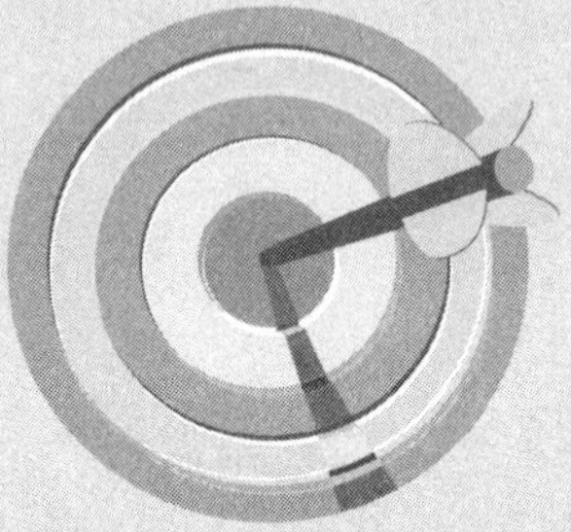

新兴市场和新商业模式

■ 共享经济的市场价值及前景：

- 目前为200亿美元；
- 截至2025年，预计将达到3350亿美元。

■ 未来10年，共享经济相关业务预计平均每年将增长30%，2016年只有10%的保险公司提供共享经济产品，35%处于设计或试点阶段，55%没有相关规划。

这是一种新趋势吗

未来10至15年，生活将实现全面互联互通和智能化：

■ 随着传感器和摄像头的微型化、智能化，房屋、汽车和资产将通过简单的应用程序实现7天24小时的全天候监控；

■ 可穿戴设备将实时连接网络，其获取的数据将有助于保险公司提供更好的服务，并更好地防范风险；

■ 人工智能的操作系统将实现自动化，不再需要人工操作，从而提高准确性和效率：

- **可穿戴设备**——监测我们的健康和饮食习惯，预防疾病；
- **移动设备和人工智能芯片**——互联互通，传输数据、提升服务水平；

- **自动驾驶汽车**——减少因超速和醉驾造成的数以万计的交通事故和相关索赔。

变化三：发展和建立新的合作关系和联盟，涉及许多以前在保险价值链中不存在的新势力。在各种不同的新场景下，保险人的角色被重新定位为白标保险产品的推动者、承保人或索赔处理人。新商业模式更侧重于以数据为导向、以协作为中心。该模式建立在合作伙伴和服务的生态系统之上，这个系统愿意并热衷于采用风险预防效果更好的商业行为。

人们认识到，虽然价值链的重塑和构建将带来创新机会，但真正具有颠覆性的商业模式才会带来变革性机会。

商业模式创新：从核心创新到颠覆式创新

丹·史密斯（Dan Smith）

指数风险投资的联合创始人兼执行合伙人

开发新商业模式最大的阻力来自现有模式。

克莱顿·克里斯坦森

理论上讲，商业模式是指企业根据自己的战略性资源，结合市场状况与合作伙伴的利益要求，而设计的一种商业运行组织，目的是实现综合性盈利。技术的应用渗透到商业模式的方方面面，并且具有重新配置现有商业模式、创建全新商业模式，以及以快速有效的方式开拓消费者市场的潜力。为了找出创新模式值得关注的重点，我们根据Nagji和Tuff的创新三层构架对其进行分类（参见图7–1）：

1. 核心创新——以客户为核心优化产品；
2. 扩张创新——开拓相关市场或客户；
3. 转型/颠覆式创新——瞄准新需求，创造新市场。

这一理论与麦肯锡三层构架理论类似。在创新资源配置方面，即核心、扩张和转型三方面的配置，大多数公司都努力按“70–20–10”的黄金平衡原则来配置。然而，最新的研究一致认为，财务回报大致与这个比例相反，核心创新的长期累计回报大概为10%左右。鉴于此，为确保创新的努力方向正确，必须突破保险业的现状。

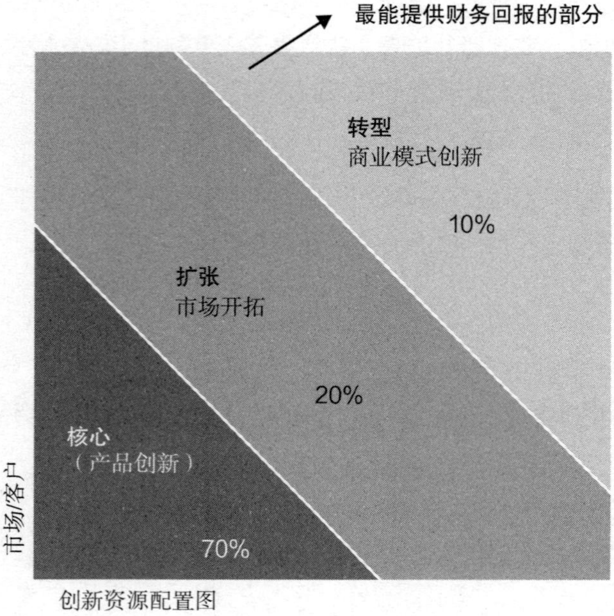

图 7–1　Nagji 和 Tuff 的三种创新发展模型

核心创新专注于为现有市场和客户提供创新或改进的产品。过去两年，保险科技的创新发展大都是以初创公司通过数字化能力扩大现有价值链为手段的，以优化在线分销（包括价格比较和产品汇总）和以低效流程数字化为着眼点。目前该领域已有深入研究（价值链分拆和数字分销），因此本节不会重新讨论这个主题。

扩张创新提升了企业的现有能力或产品，以服务于其他相关的市场或消费者的创新。此领域知名的商业模式趋势包括以下几类。

- **产品分类。**Trov 这样的保险科技企业正在通过结合新定价策略和新产品功能来解决短期及特定的投保需求，并打造良好的用户体验，以低成本的方式来创建数字资产存储库。这种数字资产存储是客户端存储的特有功能，这也有助于解释专注于研发数字保险库的初创公司的出现，例如 CBien 或 AssetVault。这提供了进入相关市场如资产（数字和实务）生命周期管理市场的机会。高尔公司通过个性化产品和特定非寿险组合产品的进一步定制实践，为商业客户提供白标产品。创建这些保险数据模块对于推动“保险即服务”这一理念至关重要，并且可以迅速开辟新的非保险分销渠道，为客户提供精准的定制保险服务。关于按需定制，很难跟踪或证明用户是否为“倒签单”，必须应用足够复杂的技术以防止欺诈。然而，从根本上说，核心的产品与第一类创新是相同的。

- **机器经纪人。**提供投保建议和全面的风险评估是价格比较和经纪人自动化的明确方向（如 Wrisk 或 Brolly）。实际上，它可以将每个孤立的保险产品整合到一张网络图表中。随着时间的推移，这项技术逐渐发展为智能投资顾问。这些创新帮助客户提供及时、丰富、个性化且有洞察力的建议。每个人的保险需求或风险状况的预测将变得不再困难。AI 和神经网络技术可用于了解消费者的风险偏好以提供特定的保单，这对于识别和精准了解不同客户的风险重叠或风险差别来说至关重要。以此为基础，机器人保险经纪人和 AI 精准产品推荐找到了自己的舞台。在商业实践中，这项技术正在被应用，其中包括 Risk Genius 的产品，其可以利用自然语言处理技术辨识的不同措辞。面向消费者的机器经纪人曾一度发展困难，因此它们转向了 B2B 服务模式，并创建了一个混合机器人平台，该平台能够担任经纪人的角色，但并非要取代经纪人，而是为公司获取长期优质客户，这在目前客户获取成本高、客户流失率高、综合费用率高的背景下显得尤其可贵。
- **嵌入式“拉动”保险。**相关市场分销和产品组合等模式开始在保险科技领域出现。保险公司与银行、电信公司、电子商务公司的商业合作关系已经有一段时间，其合作方式是一种很好的传统且有效的模式。这些在深层嵌入式保险中的创新机会，就像 B2B 保险 API 或应用程序界面一样有效，并对终端用户隐形。例如，在汽车销售中，特斯拉公司与安盛合作加入汽车保险和延长保修的产品组合。Tikkr 正于市场中寻求各种体育应用程序，并将各种有需求的体育活动保险植入其中。嵌入模式将保险从强制购买、推动式销售，转变为隐形或嵌入式购买、拉动式销售，这也是创建无摩擦“端到端”一站式体验的一揽子计划的一部分。为分销渠道合作伙伴创建这种无摩擦的集成且无缝的用户体验，有助于将产品成功销售给客户，将很快成为积极的影响因素。能够提供深层嵌入式个性化产品且减少手动输入数据，利用可以提高客户转化率和客户忠诚度的 AI/机器学习技术，将相关公开的可访问数据汇集在一起，有利于达成企业目标。
- **预防式风险管理。**在风险出现之前主动创建用户参与或监控服务。这一模式将数据、物联网和机器学习技术结合在一起，进而实现规模优势和成本效益，这能够为客户提供优质服务并降低保险公司的风险。目前有很多优秀创业案例，例如，自动驾驶车辆或驾驶行为诊断（如 Amodo）、运动与健康数据追踪（如 LifeQ、Quealth、Fitsense）、监控家庭漏水（如 Leakbot）；工业机器监控与哈特福德蒸汽锅炉的应用。在构建相关服务提供商的生态系统和采用预防性运营、承保模式时，需要对现有价值链进行调整，而新模式必须具有时效性、前瞻性，甚至预测性，这点与当今大多数传统保险公司截然不同。MMI Holdings“倍增”理论或 Discovery 的“活力”产品是南非成熟的保险模式，它们在寿险和健康保险市场中率先采用了预防模式。对于传统企业而言，预防模式使用户参与率提升，不仅积极影响客户的获取率、留存率和交叉销售率，还可以大大扩充已知的风险总量。创业公司面临的挑战是，在复制这些生态系统时，在与各种服务提供商结合上通常需要花费大量的资源和精力，因此该模式最好先由传统企业使用，如 Sureify。保险公司需要考虑的一个关键因素是，避免过于严格的风险筛选导致的逆向选择。保险公司使用客户数据并获得信息不对称优势（即使用客户数据以反对他们的保险欺诈），同时平衡保险公司的增长扩张，无疑是一项艰巨复杂的任务，需要进行积极的管理。这将是可接受的资产负债表风险与风险管理费用之间的成本–效益权衡。同样，如果承保了不可保风险，或者可能侵犯他人正当权益的风险，逆向选择也可能会带来监管或政治风险。

颠覆式创新是关于创造新市场和发现（有时是潜在的）客户新需求的创新。通常这种创新很难实现，因为主导这种商业模式的设计没有现成套路，因此它是一种高风险的创新形式。但是它将最终取代传统企业的收入和市场份额，因为许多颠覆式创新战略着眼于相关市场或服务于边缘客户群，而这些客户群对大型传统保险公司来说是没有吸引力的。然而，颠覆式创新很快能通过开发产品进入主要客户群。这些创新可能看起来影响微小或进展缓慢而无法满足传统（大型）企业的投资标准，它们通常对底线（风险最小）之内盈利更快的创新更感兴趣。这种想法通常会使传统（大型）企业拒绝考虑小市场或新市场的颠覆式创新。以下是一些例子。

P2P 或“数字互动”模式。该模式被认为是具有颠覆性的，因为它们在许多情况下把保险公司从这个模式中移除了，并推动了保险的民主化，随着时间的推移，它们可能成为机构和散户投资者新的资产投资类别。有趣的是，P2P 模式早在多年前就在一个名为 ROSCAs 的非正式组织中出现，并且已经在非洲得到了很好的应用。然而，技术的发展使该模式能够得到更广泛的应用。人们开发出的各种各样的数字模式，例如，依靠相似人群的共同投保需求来协商更好的保险合同（如 Bought By Many）、自我管理、自我选择风险池（又称风险池分拆）的平台，这类平台通常依靠组成团体或其他形式的用户参与，能使保险公司的客户获取成本降低或欺诈性索赔降低而获益（如 Insure-a-thing、Friendsurance、Guevara、So-sure 等）。用户通常每月支付固定数额，如果没有出险或低于规定最小索赔额，则客户能通过某种形式（通常是现金返还）获得奖励。

风险的集群规模化（由物联网或智能手机数据实现）是推动这种趋势的因素。其中一个障碍是固有的自我选择偏见，因为许多这类平台依赖于团体情谊以及成员之间的信任，从而使得欺诈性索赔保持在最低限度，但当客户群体规模很大时就很难做到了。同时该模式还需要一定规模的用户参与，这在对价格极其敏感的客户群之外很难实现，因为当今的保险不是参与驱动型产品。

预防模式 2.0。在手机移动主导的分销渠道中，实时数据和提供预防建议或补救措施已经成为转型的趋势。而这一转型正从物联网基础设施的“互联互通”（“家庭互联”“汽车互联”）向通过平台赋能的物联网生态系统关注“结果”发展。但是否会产生更广泛的预防模式呢？例如，涵盖生态系统模式中的所有相连的智能设备？假设消费者购买旅行保险“Citymapperv2.0”，如果消费者无法自己选择最优交通方式，那保险公司就会为他们提供一个交通选择的生态系统模式（汽车、自行车租赁、出租车、公共交通）。根据最佳风险评级比率或保单等级，消费者将自动获得一份可供选择的、预先支付的交通出行保障。这样一来，出行的客户实际上就买到了一份安心、一份保障，能够帮助实现此模式的公司包括 Concirrus。

双边市场平台。尽管不是数字化运作，健康保险公司已采用了双边市场平台模式。当该模式至少有两个变量产生显著的影响时，它们的工作效率是最高的，其变量通常是产品的价格、可用性或可变性。双边市场模式一般在保险中有更广泛的适用性，因为保险公司对其资产负债表的潜力使用不足，从而为来自“生产方”的机构投资者提供了资本供应方面的机会。全球性的数字平台（Facebook、谷歌、亚马逊等）也可以通过大量的在线分销和提供高覆盖范围的保障进行竞争。再保险公司通过管理型总代理（MGA），积极尝试数字服务客户的模式。双边平台的消费者一方可以解决客户满意度不足和产品缺乏创新等问题，否则消费者将对价格保持敏感，而这样一个（对价格）敏感的市场将使商品化和利润率下降。减少平台供应商风险的关键在于，为消费者提供差异化的解决方案、咨询服务或个性化建议，避免陷入恶性价格竞争。

免费增值模式。这种保险模式实际上是一种免费增值模式，因为所有人为少数人（索赔者）的利益付费。一个有趣的例子是加纳的 Tigo 和 Bima 的合作伙伴关系，在采用付费升级选项以扩大保障范围之前，它们已拥有超过 100 万用户。用户的网络信用是该机构评估风险的标准。其最初的利润率高达 60%，以此证明这是一个很有吸引力的模式，同时较低的购置成本也增加了该模式的吸引力，但是否拥有足够的偿付能力、明确的追加销售与交叉销售策略是考虑采用该模式的关键因素。

开放平台商业模式。保险公司可将部分业务对公开市场开放，以便从开放市场中的人才、专业技能或知识产权（从外到内）中受益，或者向市场展示公司卓越的能力，以便促成合作或联盟（从内到外）。创业合作的一个契机是使保险公司能够对新形式的网络风险进行评估和量化，并将新形式的数据纳入现有风险和定价模型。EigenRisk 是该领域成熟的独立软件供应商，初创公司 AdaptReady 和 ThreatInformer 可提供较好的风险评估方法。

总之，未来的商业模式将受到以下更广泛的趋势影响。

- **资产共享。**进入资产共享的时代，管理各方之间的风险可能变得更加复杂，特别是共享者、资产内容以及共享时间之间的风险管理。
- **数据无处不在。**实时数据的重点最终将转向前瞻性的风险模型，并将使更多公司从单线保险转向多线保险。对于保险公司而言，最重要的是从以产品为中心转变为以客户为中心。保险公司可能需要了解如何评估或量化非结构化数据集以及物联网的风险。
- **替代风险模型。**随着对长期历史风险模型的依赖性下降，保险业重点转向前瞻性的数据驱动模型，保险行业准入门槛下降。当到了这个历史拐点后，保险成为许多寻求阿尔法的机构投资者的可投资资产类别。对冲基金处于有利位置，因为基于地理和风险的多元化保单组合的风险调整回报建模与对冲基金投资组合的构建是相似的。定量对冲基金 Two Sigma 和保险公司 AIF 及汉密尔顿公司最近的合作关系表明，信用风险和保险风险定价之间的界限已经变得模糊。

- **移动通信的未来。**自动驾驶汽车消除了人为错误导致的交通事故，并将使车险在很大程度上显得多余。保险公司需要发展新的商业模式，以创建 B2B 商业保险，如混合保险或小额保险产品等。风险的本质也演变为系统性和技术性风险。
- **未来工作。**个体户越来越多，给信贷产品、保险和养老金计划带来了更大的压力。未来的产品需要包含这些“个人企业”的私人和商业责任，这是一个让中小企业进入市场的大好机会。
- **AI 和自动化。**机遇来自日益复杂的任务的自动化，例如，寻找节省成本和降低风险的承保机会。这种模式的风险来自 AI 网络，还有物联网带来的宏观系统性风险。例如，物联网和自动化技术应用到智能城市中会有好的一面（如监控城市建筑或桥梁结构的安全性、提供对受限区域的访问控制、控制交通流量），但如果这些数据和自动化协议的控制落入了有恶意的人手中，则会带来严重的威胁。

无论未来如何，一些根本性的变化是必然会发生的，这一点从其他以消费者为中心的行业中就能看出来。保险将由数据驱动，即使风险的特征和载体发生了变化，风险管理始终是必须存在的。随着数字化进入保险业，相关行业合作将更加紧密，价值链将重新配置。技术带来的变革意味着全球最大的保险公司和新的商业模式将做出改变。最终，无论哪家公司、哪种商业模式获胜，它们都需要满足消费者的需求，并影响消费者的消费决策，解决消费者的保险需求，带给他们财务安全和盈余。至于能否称之为“保险”，则是另一个论题！

保险的未来：从管理保单到管理风险

J.H.F. 翁诺 · 布勒默斯博士（Dr J.H.F. Onno Bloemers）
三角洲资本公司保险转型负责人

当前商业模式的结束

传统的保险商业模式，即保险公司通过保险合同向客户提供经济补偿或经济稳定性，正在受到冲击。

当今的客户希望他们生活的各个方面，以及他们与保险公司之间的许多交易，可以通过数字解决方案实现无缝对接。在当今竞争激烈的环境中，便利性和相关性都至关重要，新的业务和架构标准由快速发展的技术和即将瓦解的行业界限决定。

保险公司正在努力满足不断增长的消费者预期。努力的原因是监管压力的增加，这占用了现有组织内部可用的变革能力的很大一部分。许多保险公司仍然循规蹈矩，然而这毫无意义。很显然，这些情况都让保险公司面临很严重的困难和障碍，但保险公司在组织变革和创新方面面临很大的困境可能还有一些根本原因。

根本上看，尽管保险从业人员有充足的动力和精力，但是似乎现有的保险组织并不具备设计有效、不断更新、面向未来的商业模式。原因非常简单，因为以前保险组织根本不需要这样做。在过去很长一段时间内，传统保险商业模式都非常成功。

在全球范围内，通过为个人和企业提供系统性的风险转移、融资和投资，保险公司为稳定的经济增长做出了贡献。虽然保险公司完成了很多事，但这似乎并不包括快速、革命性的变化。总的来说，保险业缺乏推动业务转型有效的组织结构、技能和经验。现在，传统保险企业却不得不在短时间内赶上影响保险业的时代潮流，而步入革命性变革将是非常困难的事。同样，这也是创新实验室蓬勃发展的关键原因之一，也是它们与其上级组织保持一定距离的原因。

保险科技填补空白

保险科技创业公司热衷于利用客户需求与保险服务之间不断扩大的矛盾，为保险价值链中的特定方面提供新的解决或改进方案。越来越多的业务新理念改进了客户交互方式，引入了基于使用或行为的新定价模型，并提供全数字化的索赔体验或对价平台中的供需关系进行了重组。这些解决方案在取代传统、烦琐、官僚的旧模式中具有明显的优势。

目标和手段的混淆

然而，真正的创新必须在更基础的层面上进行。还记得20世纪初，美国铁路是多么壮观吗？传统的铁路公司认为其核心业务是建设铁路基础设施和运营列车。假如它们将核心业务转变为人员和货物的运输，那么或许它们会做出不同的选择，在新运输方式上投入更多的资金，以保持其存续，而不是失去抓住飞机和汽车时代大部分业务的机会。在时代的潮流里，它们混淆了目标和手段。

保险公司正处于类似情况中。长期以来，保险公司将保单作为重新配置风险和平衡保费收入的工具。传统企业已经发展出很好的能力来管理这些保单的生命周期。然而，多年来，产品开发、定价模型、风险管理和索赔处理已经发生了变化，并在某种程度上反映了技术的进步。

这里的关键问题是，风险是保险公司最初的核心业务，而保险单远不是管理风险的最佳解决方案。首先，在意外事件发生后，保险仅为部分经济损失提供经济补偿。例如，在火灾发生后，保险人的心理压力、创伤，或是满载回忆或情感的珍贵物品的损失无法得到弥补，更不用说事故对人们生活的巨大影响了。对于企业而言，也存在这样的情况，当企业在事故发生后必须暂时停业，客户会转向其他供应商。其次，保单没有为有规律、有目的购买保险的客户提供更多可供选择的合同。如果与客户的互动仅限于保单的更新和缴费，那么建立更稳固的客户关系的机会就会很少。最后，事实上保单的吸引力不大。人们不是因为内心的需求而寻求保单，而是迫于法律要求或是缺乏更好的替代方案。

保险新方法

然而，随着传感器、大数据和物联网的互联互通世界的兴起，出现了一种全新的方式，即管理风险。

保险公司需要从保单驱动的商业模式中后退一步，重新审视其存在的原因，从而为客户提供管理风险的解决方案。将现有内部数据与新数据源、实时传感器信息以及对风险的深刻理解相结合，保险公司可以大幅提高其对每个客户群的了解。以客户风险为出发点，保险公司可以提升分析能力，为客户提供个性化风险评估。这些数据为了解客户提供了新方法，包括他们的风险容忍度以及风险偏好。

一旦弄明白个人客户的风险状况和偏好，保险公司便可以利用这些信息将自己定位为专业风险管理人员，提供适合不同客户的一系列解决方案。根据生活方式和风险偏好，这些解决方案可能包括接受一定的风险，或者可能包括降低风险发生概率或损失程度的解决方案或服务。降低风险发生概率的措施可能包括将传感器技术（智能家居、自动驾驶车辆、物联网）应用于维护服务、培训和教育中。当然，利用新技术本身可能会引入新的风险，如网络和隐私风险，所有保险公司都应该考虑这些风险。另外，保险公司和客户签订的全面风险保单可能没有涵盖全部风险，例如，在减少或消除应用技术或服务的风险后仍然存在其他风险。

与传统的保单驱动方法相比，这种新方法具有几个关键优势。首先，为客户提高安全性保障更有意义，毕竟预防比治疗好，特别是在治疗仅能做到部分治疗时（指仅为部分经济损失提供经济补偿）。其次，实时传感器数据和物联网技术的使用，为与客户取得定期联系提供了基础。保险公司可以制定客户联系时间表，以积极的方式成为客户日常生活中不可或缺的一部分。最后，随着时间的推移，风险管理方案可能会导致索赔频率和金额大幅减少，因为较大人群的风险管理措施会产生良好的效果。家庭索赔可能会减少 40% ~ 60%。

实现创新

利用相关服务强化保单，为不同的保险领域提供机遇。越来越多的举措使保险公司与智能设备供应商合作，提供家庭自动化设备和适度的保单折扣。使用连接的水、火或入侵传感器来防止家中出现损坏，并在需要时立即报警。

在寿险和健康险方面，互联健康设备的兴起降低了保费，发挥了客户的主观能动性。保单持有人通过运动传感器来获得奖励，并获得人寿保险的折扣。跌倒检测传感器可以为老年人提供安全监测网络。

安全驾驶技术通过奖励正确的驾驶行为、测量速度和载重来实现更安全的驾驶，在需要时启用紧急援助。

在 B2B 保险中，同样的原则依然适用。虽然企业可能已经受到强制性安全措施检查，但提高安全意识和改变工作行为依然会使其获利颇丰。有保险公司开始通过订购模式为企业提供服务。企业在订购的基础上选择一组服务（例如，检查电气安装或专家风险分析），安装安全系统或传感器，从而减少对设备风险测量的大量支出。

以上很多例子都处于实践验证阶段，例如，使用连接技术作为保单的附加物，为特定风险提供点对点解决方案。但是转折点即将到来，另一种商业模式即将诞生，这一模式由技术作为主要解决方案管理保单中的剩余风险。随着越来越多的消费者希望在未来几年内使用智能设备，这一领域的发展可能会很快。

结论

保险公司需要发展成为提供更广泛的风险管理解决方案的组织。在公司内部提出正确的方向至关重要。正确的方向不是“如何销售更多保单”，而是“做什么业务”。

保险科技作为新主题，需要将自身融入更大的生态系统中，并通过增强或替代传统产品以成为其关键的组成部分。擅长分析风险模型并将其转化为对客户具有吸引力的产品的公司，无论是 B2C 企业还是 B2B 企业，都将占据主导地位。

建立和管理与技术提供商或服务提供商等的跨行业合作伙伴关系是保险公司所需提升的关键能力。通过建立战略合作联盟，保险公司对新进入者才可能保持竞争优势。因为保险公司最了解风险，所以未来的竞争将由保险公司主导，并为客户的安全和福祉做贡献。传统保单不会消失，但它们将不再是竞争力和公司价值的决定性因素。

炒作的背后：智能保险科技商业模式的深入研究

卡罗琳娜·伯迈斯特（Karolina Burmeister）
OP 金融集团高级关系经理

在保险行业工作，不可避免地参与了行业对数字化的持续炒作，数字化通常被称为金融科技或保险科技。根据数字化信徒的说法，基于卓越的客户体验，新的保险创业公司将迅速出现并统治世界。然而，新技术是否会减少保险需求？下面从欧洲的视角进行分析。

许多保险科技商业模式并不是新提出的，而是利用了之前尚未开发出的新技术。卓越的客户体验本身就是一个优势，降低风险水平对社会来说也很有利。尽管如此，在许多情况下，技术只会将风险从被保险人转移到保险公司。例如，所有保险公司都迫切需要网络信息责任保险来转移数据泄露等责任。在创业公司实现可持续盈利之前，还有很多因素要考虑。

智能健康保险

创意：心率和血压可以通过生物识别传感器和智能手表进行监控。这为消费者提供了实时数据和激励措施。

保险公司希望将客户的健康数据用于核保。但即使一个人被实时监控，是否就可以避免或完全防止健康问题呢？这项措施肯定会降低保险成本，但更重要的是，如何提高客户的健康和预期寿命。对于个人消费者而言，显而易见的缺点是这些设备和监控的成本可能远远超过优惠的折扣。

与美国不同，欧洲几乎所有人都自动或强制投保了社会医疗保险。因此，补充医疗保险（supplementary health insurance，SHI）并不是消费者值得投入的首要消费。芬兰研究人员最近得出结论，SHI 一般由受教育程度更高、健康状况更好、家庭收入高于普通消费者的人购买。目前约有 23% 的芬兰成年人拥有 SHI，其中还有许多实际上是由雇主提供的。

对于已经购买 SHI 的消费者而言，智能健康保险可能非常有吸引力，但保险公司和创业公司的市场规模可能会令他们失望，尤其是在拥有可靠社会医疗保险的情况下。另一方面，雇主可能只是对它们想要的智能健康设备更感兴趣。但是，欧盟的数据保护法规将让服务提供商、雇主和保险公司在管理健康数据方面付出较高的成本。如果必要的话，它们肯定还需要购买网络信息责任保险，来应对潜在的数据泄露风险。

智能家财险和企财险

创意：房主和保险公司可以利用传感器和监控系统来控制主要风险。

这个创意很有意思。几十年来，一直在工业场景使用的监控设备变得越来越便宜，并适用于普通消费者。通过简单的应用程序、传感器和相机，就可以全天候监控房屋，更快地监测到诸如水淹、盗窃和火灾等典型保险事故。保险公司可能会对消费者增加安全性的行为进行奖励，比如安装火灾洒水设备的消费者可能会受到奖励，正如拥有良好风险管理的工业企业都会获得保险公司的奖励一样。

与智能健康设备一样，财产监控和安全系统也很昂贵。即使技术可行且保险公司建议安装，也并非所有工业企业都会在这方面花钱。总体而言，监测技术肯定有助于防止许多财产索赔的发生。当安装基数足够大且可提供可靠的索赔历史数据时，只需几年时间就能用于保险定价。对于创业公司而言，拥有足够的资金来建立安装设备的客户群和跟踪记录数据库非常重要。

从最终用户到服务提供商的可保风险也在转变。例如，如果物联网传感器系统出现故障或更糟糕的情况，黑客入侵使窃贼可以自由进入房屋，这该怎么办？软件公司出现了越来越多的网络信息责任保险需求，并且希望能够由保险市场提供给他们。

无人驾驶汽车和汽车保险

无人驾驶汽车将大大减少事故的数量，汽车责任保险将变得过时。无人驾驶的优势是巨大的。欧盟每年大约有 26 000 人死于道路交通事故，其主要与超速驾驶（占所有死亡人数的 30%）和醉酒驾驶（25%）有关。如果没有超速驾驶和醉酒驾驶，14 000 人将免于死亡！当然，所有备用车辆都可以节省大量的维修费用。自动驾驶的汽车、公共汽车、卡车和多功能车将让世界焕然一新，与交通相关的风险将变得极低，驾驶汽车的责任保险也会下降。

唯一的缺点是，无人驾驶汽车实际上还未实现，而且过渡时间的跨度很长。可以说即使是现有保险公司中转型最慢的一家，也能够不费吹灰之力地完成车险调整。然而，当整个交通业都实现自动驾驶时，所有现有的汽车保险承销商可能已退休很久了。欧盟的汽车数量为 2.91 亿辆，目前每年新登记的数量为 1580 万辆，自动驾驶完全普及需要 18 年以上。我们仍在等待投入使用的第一辆无人驾驶汽车。

与此同时，汽车保险可能不会便宜得多。相反，即使欧盟的道路安全显著改善，但是由于技术越来越复杂，保险金额和维修成本将上升，正如过去几十年汽车保险的成本也一直在上升。

当第一辆自动驾驶汽车出现时，最好可以针对汽车制造商及其软件供应商，开发出一些较好的网络信息责任保险！因为不怀好意的人可以通过入侵驱动系统来实施汽车盗窃。值得注意的是，与自动驾驶汽车相关的立法问题仍然存在。保险公司需要基于未来不断变化的法律责任来设计新的保险产品。

互助保险（P2P）

互助保险是保险业中最古老的商业模式之一。据 ICMIF 数据，45 000 家互助和合作保险公司占全球保险市场总量的 27%。然而，新的互助保险方案难以建立足够的信任和资本缓冲。信任是至关重要的，保险公司需要确保没有人骗保，同时客户的索赔能得到全额支付，并且决策是公平和透明的。其中一些初创公司拥有漂亮的用户界面和出色的客户体验，使其成为现有保险公司极具吸引力的潜在收购目标。

与此同时，我认为迄今为止最好的新 P2P 保险是众筹。大家只需看看 gofundme.com 上的“事故和紧急筹款”部分就明白了。由于这种服务，因洪水和火灾而失去家园的没有保险的家庭，获得了数万美元的众筹资金。

能力和专业化

很多保险科技创业公司都会围绕汽车、健康和家庭财产保险等年轻企业家所熟悉的产品线来开发解决方案。但这些消费者只是全球保险需求的一小部分。创业公司为何不去尝试解决自然灾难、产品责任、恐怖主义、疫情等全球风险，因为这需要大量的资金和专业知识。

无论是哪个时代、哪个行业，资本和专业化都能让企业处于竞争优势。拥有充足资金的传统保险公司和再保险公司通过改善客户体验、投资数字化和新的技术，一定能够在科技革命中生存下来。

专业化将是另一种制胜的概念，因为技术将以不可预见的方式转移风险。获取专业知识并不容易，所有这一切都需要工作人员的辛勤工作和战略耐心。

另一方面，创业公司在获得大规模运营所需的客户群、专业技能和资金之前，还需要努力工作和保持耐心，因为世界上根本就没有免费的午餐。

评估互助保险商业模式的长期生存能力

达米亚诺·皮特罗尼（Damiano Pietroni）
埃森哲保险公司管理咨询经理

背景

P2P 保险的商业模式正在快速增长，并具有以下优点：

- P2P 保险公司将客户保费汇集到特定风险池中，如运动风险池或手机风险池；
- 客户的索赔从池中支付，如果该池的资金不足以支付索赔，P2P 保险公司将作为再保险人；
- 在支付所有索赔后，年末剩余的资金将退还给客户或转入下一年度；
- P2P 保险公司通过提取风险池中的一定比例的资金来覆盖成本获取利润。

P2P 保险的商业模式是本节的重点。首先介绍三家主要的 P2P 保险公司（美国的 Lemonade 公司、德国的 Friendsurance 公司和英国的 Guevara 公司）的商业模式与三家大型上市保险公司（安联、安盛和 AIG）的商业模式，并比较分析两组公司之间的优势和局限性。最后评估 P2P 保险模式的长期可行性。

共同点

Lemonade、Friendsurance、Guevara、安联、安盛和 AIG 都使用相同的风险汇集机制。

不同点

- 2016 年收入：安联（1220 亿欧元）、安盛（1000 亿欧元）、AIG（550 亿美元），这三家保险公司的收入远远超过 Lemonade、Friendsurance 和 Guevara。
- 交易的业务线更加多样化，因此能产生更多吸引客户的机会（见表 7–1）。

表 7–1　保险公司及其业务范围

公司	业务范围
安联 + 安盛 +AIG	• 个人（汽车、家庭、旅行、宠物、马、乐器、法律费用、个人责任） • 人寿（年金、重大疾病、人寿保险） • 商业（小型 / 大型企业、董事、工程） • 专业（空间、能源、海洋、航空、替代风险转移） • 再保险（AllianzRe、AXAPartners、AIG–AscotRe） • 资产管理（安联资产管理、AXA 投资管理、AIG 资产管理）
Lemonade	• 个人（家庭、租房者、公寓、合作社）
Friendsurance	• 个人（家庭、电子、个人责任、法律费用）
Guevara	• 个人（发动机）

P2P 保险模式的主要优势

1. **欺诈风险最小化。**由于以下三个因素，客户不愿意进行欺诈。首先，P2P 保险风险池明显小于普通的保险风险池，因此从池中支付的索赔与支付的保费之间的联系更加明显，这促使客户不能骗保，因为他们知道骗保会增加次年保费并破坏成员关系。其次，P2P 保险具有降低欺诈程度的社会因素，因为人们通常认为欺骗其他人比欺诈保险公司更难以接受。最后，如果索赔额未超出缴费额，多余的保费将退还给客户，就像 Friendsurance 一样，索赔欺诈的好处减少了，年末退还的保费降低了骗保动机。
2. **数字优先。**P2P 保险模式优先考虑互联网，它利用与客户的在线交互来实现承保、保单管理和理赔，从而引发下列情况：

- 降低人工成本。自动承保和理赔处理系统节约了人工成本。
- 减少中间环节进而降低购置成本。通过网络或手机直接向客户销售意味着可以避免经纪人费用和保单分销的成本。此外，与客户的直接接触允许 P2P 保险公司建立一个与客户有共鸣的品牌。
- 降低系统维护成本。强大的后台系统支持前台应用程序的维护成本远低于保险公司遵守法规为单一客户、基于（通常是传统的）IT 架构等维护多个业务线的成本。

P2P 保险模式的主要局限性以及应对策略如表 7–2 所示。针对限制严重性和每个解决方案的复杂性映射的 P2P 保险业务模型的主要限制如图 7–1 所示。

表 7–2　　P2P 保险模式的局限性和应对策略

ID	局限性	策略
1	较小的风险溢价池不能覆盖黑天鹅索赔事件，即意料之外并产生重大影响的事件。对于汽车 P2P 保险公司而言，这个问题尤其严重，例如，Guevara 针对被保险人永久性残疾的索赔可能超过 100 万英镑	购买再保险是关键（例如，Lemonade 购买了 Everest、Hiscox、MunichRe、Transatlantic、XLCatlin 等公司的再保险）
2	在 P2P 借贷中，债务人是客户，必须偿还贷款。在 P2P 保险中，责任在 P2P 保险公司，必须赔偿客户的有效索赔。这意味着 P2P 保险公司需要“同等”大量的信任才能运营，因为客户不会与任何他们不信任的 P2P 保险公司进行交易	为克服这个困难，P2P 保险公司必须： • 突出 P2P 保险公司领导团队的经验和才能 • 通过审查财务状况来证明组织的稳定性 • 收集并显示客户提供的积极反馈 • 让权威机构（如保险协会）审查组织的业务模式
3	P2P 模型无法承保能源、卫星和政治风险等特殊保险，因为当前的 P2P 保险业务模型依赖商品化风险自助承保	扩展 P2P 保险业务模型以涵盖专业风险，就像汇集个人风险一样，将其汇集在一起。可以按如下所示设计： • P2P 保险公司为以数字主导的互助保险组织提供足够的专业风险管理方案，例如，找到愿意互保的八家卫星运营商

续前表

ID	局限性	策略
		• P2P 保险公司从运营商处收取保费，作为交换购买再保险，并以下列形式向风险池提供技术专业知识： – 大型理赔员 – 技术承销商 – 维护专家 – 专业律师 • 对于给定年份的特定池，保费超过索赔额，后续年度的保费将进行调整以进行补偿
4	由于 P2P 保险在英国刚刚起步，尚未得到法律保护。 举几个法律灰色区域的例子： a. 代位权的概念，即保险索赔后保险公司对权利义务主体的替代，伴随着相关权利、义务和收益的转移，也适用于两家或多家保险公司各自对索赔部分取得代位权。这项法律制度适用于标准保险合同，也适用 P2P 保险合同吗 b. 英国的 P2P 保险纠纷是否可以在小额索赔程序中处理，还是必须遵循 P2P 保险平台确定的程序 c. 如果发生跨境争议，例如，德国 P2P 保险计划投保的德国汽车保险公司在法国与法国司机发生意外后提出索赔，对该索赔应采用何种法律 d. 关于 P2P 保险客户的重要事实的披露标准是否符合最大诚信原则，还是受平台特定规则的约束	这里最好的解决方案是： • 成立由保险 P2P 高管、金融监管局代表和保险专业律师组成的工作组，旨在为 P2P 保险合同与英国法律的应用提供权威解答 • 指派一组法律专业人员通过英国法院跟踪和记录与 P2P 保险相关的纠纷进展，然后创建一个专门出示此类信息的网站，确保可以轻松检索 P2P 保险法律原则

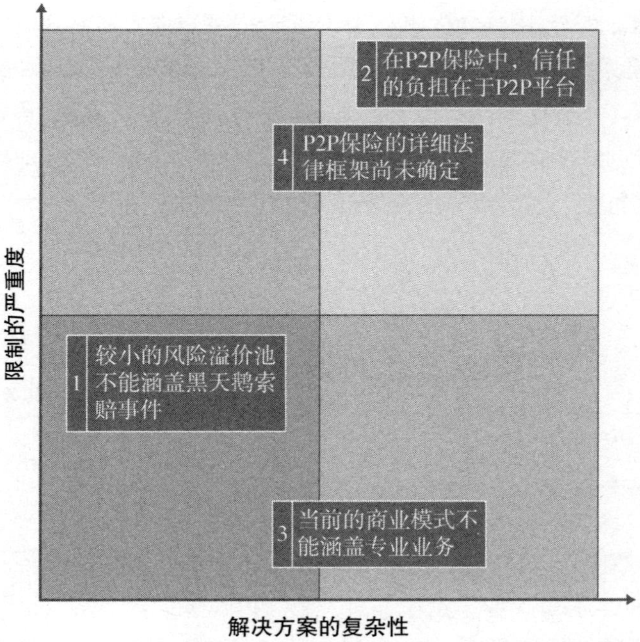

图 7–1　P2P 针对限制的严重性和每个解决方案的复杂性映射的保险业务模型的主要限制

结论

P2P 保险模式依赖于以下三个关键优势。第一，它是线性的且易于理解的，从而增加了客户的兴趣。第二，它通过优质的反馈机制阻止欺诈，并且成员之间的同伴关系本质上有利于减少欺诈。第三，P2P 保险业务是数字化的，由于承保和理赔的自动化，导致人工成本降低。由于与客户的直接交互而降低了购置成本，并且由于无须维护传统的 IT 架构，因此也降低了维护成本。

同时，P2P 保险有四个关键局限性，需要解决这些局限性以支持其增长。首先，较小的风险池无法满足当今通过再保险克服的黑天鹅索赔事件。其次，P2P 保险公司需要大量的信托资产才能运营。可以通过提高企业形象，增强客户信任来解决这个问题。再次，目前的 P2P 保险业务模式不适用于专业风险。通过扩展现有模式以涵盖更复杂的风险来解决这个问题。最后，P2P 保险的法律框架尚未完全建立，可以通过与监管机构和法院合作来构建新的运营框架和新法规来解决此问题。

总体而言，P2P 保险是可行的。这是对一组客户透明度需求的简单回应。与传统的保险模式相比，它具有天然的优势，这意味着它可以成为公认的替代方案。然而，为了实现这一点，首先必须在 P2P 保险中建立信任，从而解决关键局限性。这是此过程中最重要和最复杂的地方。然后，必须建立和适应能够接受专业风险的法律框架，并有可靠的再保险解决方案提供支持。

共享经济对保险业的意义

萨宾・L.B. 范德林登
保险科技创业训练营、保险科技造雨创新公司、定位圈公司的首席执行官

保险公司要注意，有些企业正在挑战 B2C 和 B2B 的传统市场。从自由职业平台（如 SkillShare）改变了工作方式，到食物共享平台（如 Shareyourmeal）改变社区的共享方式，以及乘车平台（BlaBlaCar）通过搭车使个人或团体的交通成本变得非常低。

共享经济，正在引领欧洲乃至整个世界的新经济和社会交互方式。参与共享经济的人数在飙升。优步、奈飞、爱彼迎、Zipcar 和 TaskRabbit 等企业正在与传统的娱乐公司、连锁酒店和汽车租赁服务行业竞争，使每个人都能将日常活动外包给其他消费者。这一切都要归功于无处不在的数字技术。

共享经济为世界各地的经济提供了可持续的增长机会。与此同时，它对政策制定者和监管机构提出了重大挑战。

共享经济不再微不足道

共享经济只是一种短暂的潮流吗？它远不止于此。有很多因素在推动它在全球范围内增长，比如快速变化的客户需求和新兴技术。这些因素正在从根本上改变创造和提供价值的方式。

如今，共享经济正在催生数十亿欧元的国民收入和市场价值。正在出现的平台允许任何人成为生产者并与其他人交易，在此过程中很多传统业务摆脱了中

介。Blockbuster 是共享汽车的早期尝试。共享经济中有五个公认的领域正在提供可观的收入，包括住宿、交通、家庭服务、专业服务和金融服务。保险也正逐渐渗透到这些不同的细分市场。

PwC 估计，现在共享经济的收入估计有 150 亿至 200 亿美元，未来 10 年还将每年增长 30%，到 2025 年将在欧洲创造 180 亿英镑的平台收入和 1400 亿英镑的交易收入。这也将代表着 3350 亿美元的收入，从而捕捉到消费者和企业中错失的机会。

为什么会这样

共享经济的热度是由以下因素推动的。

- **数码普及。**数码设备和数码照片已逐渐成为普遍现象。
- **易于访问的数字技术。**今天任何一位企业家都可以用有限的资金来应用数字技术，数字技术无处不在，可通过非常低的成本获得。
- **创业精神。**一段时间以前，为一家大公司工作是人们的常态。如今许多年轻的毕业生决定去创业，并发展自己的项目和公司。
- **接受新兴的创造性技能。**设计思维方面的专业知识已成为解决各行业客户参与挑战最重要的技能之一。
- **年轻企业的孵化。**数以千计的初创公司正在进入孵化计划，以加速它们的业务实现，如优步、爱彼迎和多宝箱。
- **接受共享经济企业。**无论是为了娱乐还是为了商务，有人每天都会使用这些服务出行（优步）、吃饭（Deliveroo）或住宿（爱彼迎）。

何为共享经济

那么何为共享经济？正如亚历克斯·斯特凡尼（Alex Stephany）在其所著的《共享经济商业模式》（*The Business of Sharing*）中所强调的那样："共享经济利用未充分利用的资源，使其可以实现在线访问，以便人们使用，从而在没有所有权的情况下也可以拥有使用权。"亚历克斯的说明包含以下几方面。

- **价值。**共享经济企业从互惠中实现价值。通常人们会从交易中获益，共享经济平台不直接参与交易，但会从交易中抽取部分服务费。

- **未充分利用的资源。**即闲置的资源，共享经济资产也是关于将资源的闲置时间（无形资产或有形资产）转化为收入，使得闲置资源也可以通过购买、分享和租赁来获取价值。
- **在线辅助功能。**为了便于共享，需要在线提供资源。这也包括各类在线收费模式。
- **社区。**剩余资源需要在社区内转移，而社区通常围绕相关利益集团而建立，这意味着它们必须通过论坛、评论、消息和博客来表达任何交易需求。
- **减少对所有权的需求。**一旦个人通过在线平台获取商品或服务，所有权的需求就会减少。不必拥有一辆汽车就可以享受汽车的使用权。

共享经济通过使用能够显示可用闲置资源的数字在线平台，使得无法在供应商和消费者之间出售或出租的资产得到充分利用。对于参与者而言，这意味着更灵活、全天候可获取的产品和服务，有效利用的资源，以及更可持续的消费市场供应方式。

共享经济的关键是平台

共享经济市场涉及三个重要的参与者：提供市场的平台、买家（也称为消费者、乘客或租客），卖方（也称为供应商、提供商或物主）。

买方和卖方通常是通过平台进行交易的个人或小型组织，平台为使用它的各方提供一套独立的服务，促进他们高效地进行交易，包括寻找潜在的交易对象，达成交易协议并履行。

平台必须做到以下几点。

- 买卖双方须有大量的参与者，以便每个参与者在市场都存在大量同质的交易对象，从而推动交易实现。这将使买卖双方获益。
- 使潜在的业务合作伙伴能够相互搜索，找到交易对象并完成交易。为了取得成功，平台必须减少交易摩擦，否则会导致交易成本高昂或烦琐。
- 使陌生人之间的交易安全可靠，买家和卖家确信他们的交易将按照约定进行，即使在与陌生的卖家交易时也是如此。新平台寻求实施信任机制来满足这一需求，例如，社交媒体 ID 检查、声誉评级、经验评级、反馈评分、激励以及实时地理位置等个性化服务。

这对保险意味着什么

在一份关于 2016 年保险业未来的报告中，Marketforce 对许多保险公司进行了采访，并确定“绝大多数保险公司在为共享经济提供解决方案方面几乎没有取得进展：只有 10% 的保险公司已在共享市场上提供产品，35% 的保险公司仅处于试点或战略阶段，55% 的保险公司没有采取任何措施来满足这些新的保险需求，它们可能会错失重要的新业务。”

然而，在与共享经济平台合作时，机会与风险是共存的。共享经济的用户通常没有保险或保险不足，标准保单通常不适合定期共享的商品。而且当没有所有权时，是否具有“保险利益”也是值得探讨的。让我们回顾几个共享经济商业模式。

P2P 模式：Friendsurance

Friendsurance 是最早提出 P2P 保险主张的机构之一。自 2010 年以来，它们通过应用社交网络和朋友之间的风险共享原则实验了共享经济。该公司鼓励小组用户参与小额理赔，它们在每年年底为没有索赔的小组返还奖金。作为德国市场的独立经纪人，它拥有 60 多家国内保险合作伙伴，为数十万客户提供汽车、家庭财产、电子产品、法律费用和个人责任保险。志同道合的客户希望这个团队是值得信赖并关心同龄人的组织。Friendsurance 的愿景则是让保险更容易、更透明、更实惠，并为客户降低成本。

传统保险公司仍然承担大额索赔，但小额索赔将由承保小组承担。在此期间结束时，如果索赔很少或根本没有，该承保小组将获得退款。返还率最高可达 50%。

B2C 模式：BlaBlaCar

BlaBlaCar 成立于 2006 年，为 20 多个国家的客户提供服务。这是一个 B2C 模式的长途共乘平台，它将在城市之间穿梭并且将有空座位的司机与顺路的个人联系起来。司机通常使用该平台来发布长途旅行，结识新朋友和同行伙伴。使用 BlaBlaCar 的搭车服务，从伦敦到曼彻斯特只需 12 英镑。2015 年，它们的用户超过了 2500 万，超过 1000 万人每季度使用 BlaBlaCar 一起旅行，是欧洲之星旅行者的三倍。

拥有和维护汽车的高成本通常会促使个人消费者考虑这样的选择，这样比使用现有的运输替代品更加愉快、方便和省钱，特别是在前往的地区公共交通不发达的情况下。

为了保护汽车共享者，BlaBlaCar与安盛集团合作，根据汽车的使用情况提供共享经济共乘保险，目的是保护司机和乘客。通常情况下，司机认为汽车即使不以创造利润为目的，也要投保。然而，共享汽车的人身伤害和故障风险索赔可能不在原车险保单的责任范围内，该公司正在设计新产品以将其纳入承保范围。

B2B模式：CBien

CBien创立于2013年，在法语中有“你的资产”和“非常棒”的双层语义，它使个人能够创建对其生活而言珍贵的财产清单，如手表、智能手机或笔记本电脑、摩托车、葡萄酒收藏品或名牌服装。大多数人认为CBien是一个资产管理平台，但它其实可以为用户做更多的事情。消费者可以在某个地方扫描、上传和管理他们的资产。保险公司可以利用该平台提供的技术对每件物品进行承保，并近乎实时地处理索赔。CBien首先开发了B2B商业模式，并与保险公司合作。如今它们正在向消费者市场扩展，通过一系列与消费者的直接互动来获取更多相关的消费者体验。

如何在这个新世界中茁壮成长

共享的过程是基于多方交易的。本节重点介绍的三个例子都是影响保险业务的商业模式。新的商业模式还在不断涌现，为了在这样的环境中茁壮成长，新进入者已经意识到必须开发以客户为中心，基于信任、真实性和透明度的客户服务模式。这也与300年前保险开始时的原则非常相似。

虽然目前通过数字工具（回应、说服和交换机制）解决了真实性和透明度问题，但信任也是共享经济的基本支柱，而保险需要在加强信任方面发挥更大作用。事实上，许多业界领袖认为，保险代表了共享经济的下一个前沿，许多保险公司如今正逐步投入大量资金来更好地了解这一新兴的参与体系。让认为共享业务涉及太多风险的人开始关注共享经济，仍然任重道远。

从理赔处理到索赔预防：保险公司如何利用预测分析改变其商业模式

伯特 · F. 霍舍尔（Bert F. Hölscher）
阿卡迪管理顾问有限公司合伙人

保险的主要目的是支付因意外或损坏而引起的索赔。大数据和预测分析有可能通过预测和预防索赔来改变这种运营模式。物联网等新技术为保险公司的商业模式提供了一种全新的方法。通过收集、分析和使用被保险人或保险标的物的各种数据，保险公司甚至可以在索赔发生之前更好地预防保险事故。

保险公司能够处理和分析与谷歌一样的互联网公司所提供的大量不同数据源的数据，以获得深入的商业洞察力，这是一种快速增长的新兴趋势。银行、电信和能源等其他行业已经展示了如何利用新数据来重塑其业务模型。例如，能源供应商使用智能计量技术来收集家庭的能源使用数据，以提高能源利用效率。独立互联网 App，如 smappee 通过提供实时能源读数和消费额，以及远程打开和关闭家用电器，将家庭能源利用变得更智能、更节能。结合"工业 4.0"和新兴数字化技术等新浪潮，保险公司有优化其现有运营环境和商业模式的巨大潜力。

工业 4.0 是一种将自动化、数据交换、制造技术相结合的趋势。它包括网络生产系统、物联网和云计算等，并且形成了"智能工厂"的概念。简而言之，网络生产系统集成了计算、网络和生产过程，使生产过程能够影响计算机。智能工厂通过网络生产系统融合虚拟和现实世界，实现技术和业务流程的融合，是实现新工业时代的关键。以上是对工业 4.0 概念的解释。

在模块化结构化的智能工厂中，网络生产系统能监控生产过程，并创建生产过程的虚拟副本，从而使它们能够做出正确的决策。网络生产系统能实时通信和协作，其基本原则是企业正在整个价值链中创建智能网络，通过连接机器、材料和系统实现全自动化。一些典型例子，包括可以预测故障并自动触发维护过程的机器，或者对生产中的意外变化做出反应的自动物流系统。这些新兴的交互系统具有巨大的潜力，可以颠覆保险业的商业逻辑。

保险公司庞大的盈利潜力

虽然保险行业的现有业务逻辑主要侧重于在索赔结算流程中进行创新，但未来的机会将集中在预防事故发生的技术进步上。欧洲保险和再保险联合会关于欧洲保险公司的报告中称，欧洲非寿险公司在2014年赔付了3130亿欧元，其中车险赔付为988亿欧元，健康险为941亿欧元。这些数字显示，保险公司在通过使用创新技术预防事故来优化其财务平衡方面，具有巨大的盈利潜力。

商业模式的变化需要改变当前的商业逻辑。在现有的商业模式中，保险公司收取保险费以投资资本市场，保费是产生利润的关键点。由于目前的低利率政策，这种盈利模式正在受到威胁。随着创新商业模式的出现，保险公司需要将目光转向流程链的最初阶段，因为它需要防止事故以保持盈利能力。这是从事后处理转变为事前处理的方法。这需要与各种供应商进行新的合作，以便获取相关数据。

大数据催生数据驱动的商业模式

大数据分析是一种自动收集、处理、归纳和分析大数据集过程的技术，用于帮助企业开发出更好的决策模型。大数据分析与传统的数据分析不同，因为它可以获取和分析的数据量非常大，速度快且无需通用结构的数据集。在现代数字业务中，数据是指导所有决策和行为的关键因素，完整而准确的数据分析是保险公司开发数据驱动型商业模式的前提。遗憾的是，大多数保险公司所依赖的分析工具和流程并不适用于现代企业数量庞大、结构复杂的大数据。为了利用大数据，保险公司必须采用经过优化的大数据分析平台来处理大量实时数据。

借助新的数据分析工具，保险公司可以分析多种数据来源，例如从天气模型到社交媒体，这些数据可以帮助企业完成用户画像，降低成本，更有针对性地承担企业想要投保的风险，预测欺诈行为或确定可能的巨额索赔。此外，有关产品使用或客户生活方式的数据可以为保险公司带来更大的价值。保险公司能够通过智能传感器监控和分析维修周期，通过智能家居设备对私人住宅进行安全保护，通过智能手表对投保客户进行健康检查。

确定收集和分析的数据来源

先不谈技术和创新算法。为了重塑保险公司的商业模式，需要收集客户保险资产状态数据，以及在被保险人的生命中每个可能的事故原因。虽然越来越多的实物资产配备了传感器和网络端口，但保险公司仍需要创建新的业务流程，进而掌握这些重要的数据。提高机器的可靠性符合制造商的利益，因此它将借此机会为其产品和设施配备传感器和网络链接，以控制和维护设备的内部运行。制造商可以监控当前的设备状态和维护周期，以确保各项设备是可用的。

保险公司可以链接制造商的数据，并收集各种相关数据。通过大数据技术收集的信息对保险公司具有很高的价值，因为它可以帮助保险公司深入了解保单持有人如何使用其财产。因此，保险公司需要找到一种方法，使它们与制造商的利益保持一致，并掌握客户对设备或财产使用和维护的信息，并加以分析。这将促使传统保险公司进行创新，成为“智能保险提供商”。因此，保险公司需要与各种组织（如汽车制造商、机械供应商、智能家居技术提供商以及医疗机构等）合作，建立动态的业务网络，以收集和分析各种相关数据（如图 7–2 所示）。

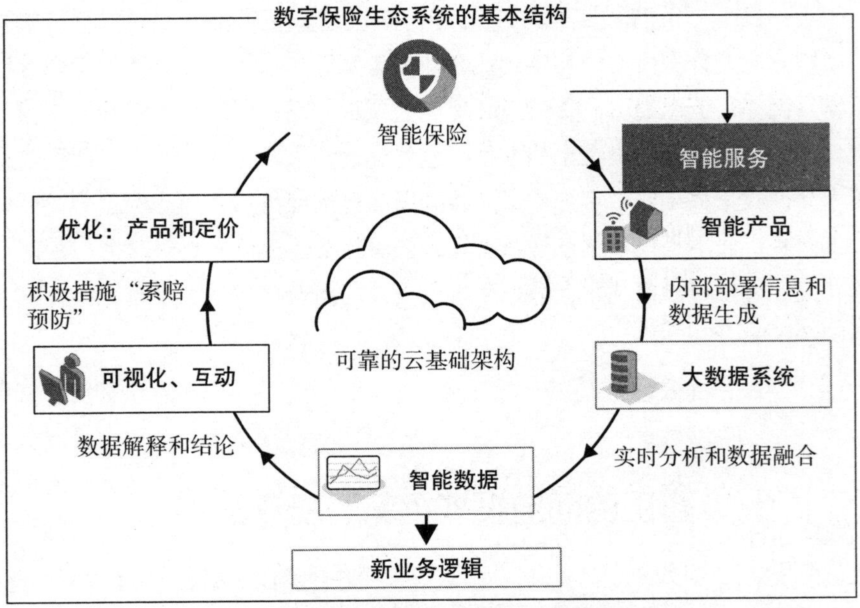

图 7–2　智能保险的业务逻辑和数据基础设施

这种商业方法将对现代保险公司的业务逻辑产生深远影响。收集、分析和阐述大数据需要新技术和新人才，如程序员和大数据分析师。程序员将负责组织和创造新的保险生态系统，以确保来自各种数据源的持续数据流，数据分析师将负责提取相关数据并进行分析。

这些人才参与定价决策，有助于保险公司改进其索赔统计数据并大幅减少索赔量。这种方法标志着保险公司的事前管理，同时意味着利用数字技术增加利润。

基于预防的个性化产品

在收集设备和客户数据以减少索赔量时，保险公司可以为客户提供更好的条款和保障，帮助他们预防事故或损害。保险公司还可以根据被保险人的预防措施开发全新的个性化定价模型。被保险人的预防措施越多，索赔量就越有可能减少。这意味着保险公司可以测定并应用更具吸引力的保险费率。这最终将为客户和保险公司带来双赢。

现有的保险公司仍需要谨慎小心，因为这种创新的商业方法可能会带来新的竞争威胁。它允许有野心的初创公司和数据专家进入市场，并重新定义现有的业务逻辑。例如，英国 Drive like a girl 保险公司提供与被保险人的驾驶风格相关的保费。该公司将一部手机大小的远程信息处理盒装入客户的汽车中。远程信息处理技术允许收集关于每个客户的个人驾驶概况等准确信息，因此保险公司可以计算个人保费，而不是仅根据统计数据提供公平保费。建议所有保险公司立即开始数据开发，并学习如何利用大数据来扩展当前的商业模式，防止新进入者占领更多的市场份额。

真正的商业模式创新：基于信用

托比亚斯·陶皮兹（Tobias Taupitz）
拉卡联合创始人兼首席执行官

现状分析

金融服务部门正面临着前所未有的创新大潮。传统商业模式也正不断受到挑战，从银行到支付，从资本市场到贷款和储蓄，最终都将被金融科技这一术语占领。新进入者建立了许多挑战传统的品牌，迫使老牌企业不得不重新考虑它们的产品，以造福消费者。然而，保险业还未开始深度转型，这主要受企业需求（资本要求、投资收益率压力、大额亏损事件等）的影响，而不是客户体验的需求。

在保险领域，客户因高额保费和烦琐的投保流程而不满，而保险公司则对夸大损失额度或骗保头痛。这是一个恶性循环。

考虑到保险合同背后的机制，保险公司与客户的利益冲突是明确的，即每多一个索赔就减少了保险公司的（承保）利润，同样延迟赔付就允许保险公司多获得一天、一周或一个月的投资收入。客户很少被视为与股东同等的主体。在一段时间内，收取的保费是保险公司为风险损失提供保障所能产生的最大收入。因此，产生利益冲突是不可避免的。

到目前为止，索赔率仍然是根据专业知识预测的（虽然准确性在不断提高）。在风险准备金、运营支出和利润三者中，保险将利润放在首位，因为利润率主要是股东的需求。然而，保险公司的成本在持续增加，2005 年至 2015 年，汽车和财产保险的佣金和费用每年分别增长 1.5% 和 0.8%。

结算的索赔越少，保险公司的利润就越高，而避免索赔是目前收益方程式中唯一无法解决的部分。因此，保险公司避免索赔的意愿已日益增强。但保险公司必须遵守约定的条款、条件和具有法律约束力的合同，从顾客的角度来看，避免索赔似乎是不对的。

传统的保险运营模式是一种旨在引起摩擦并导致利益冲突的商业模式。为了回到把不确定变为确定并为社会服务的时代，保险业需要做出很多努力。

变革的迹象

当前，人寿保险行业的产品供给已经发生了变化，开始从承保转向了收费收入。这种转变受到外部因素的推动，例如，增加资产管理活动。标准人寿保险公司声称自己“正在建立一家世界级的投资公司”，同时他们声称，2015 年约 92% 的收入是以收费为基础的。因此有人质疑说，从传统的担保转向客户承担投资风险的产品，主要帮助了保险公司而不是客户。

谈到保险领域的动态，拥有数百年历史的运营模式仍未迎来重大变革。当前保险公司的重点大多是提高运营效率，一般的保险公司开始越来越多地寻求与保险科技初创公司合作，以强化其传统业务。

一种商业模式在几个世纪的过程中没有发生重大变化，要么意味这是一个最佳模式，要么所涉及的部门迄今为止都成功避免了转型。如果现在的情况是后者，那么人们期待看到能够更好地满足客户特定需求的替代商业模式的出现，而变革只是时间问题。

到目前为止，已有 P2P 保险解决方案来增强传统模型的尝试。这些公司中的大多数都认识到客户和保险公司之间固有的利益冲突，并已针对这个问题制定了自己的解决方案，例如向客户退还多余的保费或将其捐赠给慈善机构。

然而，有人可能会争辩，保险业问题的答案不能从现有精算模型的偏差中得出。保险期间结束时，如果在年底退还部分保费，这只意味着保险公司从客户那里收取了过多的保费。

基于信用的新方法

监管机构认识到需要采用新的监管方法，阿布扎比、伦敦等城市建立了创新中心并制订了沙箱计划。不断变化的监管环境成为变革的催化剂，使企业能够离开传统的路径，并挑战保险价值链中的每一个组成部分。

更重要的是，其主要风险是承保风险的保险公司，可以放弃基于精算预测损失水平的运营模式。这为新途径铺平了道路，即建立基于信用风险的产品。基于信用风险的模式意味着客户可在结束前后的一段时间内付款，并且提前知道已结算的索赔的确切价值。客户可以加入一个由一群希望保护类似财产的志同道合的人组成的小组，在结束前后的这段时间内，该小组将平等分担所有的索赔费用。

为每项索赔收取固定费用，将赔付和收取的费用与索赔的实际价值联系起来，实现与客户的利益保持一致。该公司在为客户谋取最佳利益时也获得了收入，即减少了它们的索赔。客户在此新模式中的每月付款会有所不同，因为这将与索赔数量直接相关。但是，通过保险和再保险合作伙伴提供的总体超额损失协议，可以保护客户免受极端情况的影响。

从客户的角度来看，他们参与其中获得好处：支付价格以最终损失为限，预期支付的平均价格比现在要低得多。

根据索赔的真实成本确定月末付款额，这将导致客户与其付款之间产生直接关联。这解决了当今保险领域的一个共同问题：道德风险。一个月内发生的索赔越少，客户支付的就越少。客户行为与各自的付款直接相关。因此，必须将客户分配到类似的风险池中。风险教育和预防将在其中发挥至关重要的作用，并帮助减少负面影响。

诚然引入信用风险的模式还没有产生。但真正的问题是如何更好地管理、承保信用风险。凭借信用卡和贷款的深厚专业知识，管理信用应该是可行的。基于信用的模式是一个潮流，并将很快推向市场。拉卡是使用这种模式的例子之一，其目标是支持新世界的发展。

从事后处理到事前“教练”

本杰明·冯·欧弗（Benjamin Von Euw）
金融集团企业架构师

根据剑桥词典，保险被定义为双方之间的协议，其中投保人向保险公司支付保费以获得保障，如果被保险人遭受事故、伤害或损失，保险公司支付约定费用。默认情况下，保险事故是随机发生而不是人为影响发生。无论是寿险或非寿险，个人或团体保险，保险公司都会收取保险费并签发保单，如果发生随机事件，保险公司将会履行合同义务。传统的商业模式依赖于随机的保险事故，但这些事故是随机的还是人为影响的？

传统保险业务依赖于知识匮乏

几个世纪以来，人们都相信亚里士多德的观点：生命是从非生物（比如一张纸）中自发产生的。然而，1859 年时经过严格的实验，巴斯德抑制了细菌生长，并证明生命不是由非生物自发产生的，生物是由现有生物繁殖而来的。后来人类又发现药物治疗比放血治疗更有效率，以及人的特征是父母通过 DNA 传给孩子的。最近的研究表明，我们的祖先生活时的气候影响了人类的鼻子。总有一天，可能会研究出治疗癌症的方法，也许还会证明婴儿的性别也不是随机的。

事实上，经过调查，大多数随机事件可以解释为非随机事件。例如，飞机失事通常是由于气象、技术或人为失误，或可以预见的天气造成的。即使是黄油面朝下的烤面包也可能不是随意摆放的，而是取决于它的重量、形状和桌面高度。多年来，科技公司一直在努力分析和理解汽车的碰撞事故，其自动驾驶汽车已经行驶了数百万公里，这种自动驾驶汽车可以挽救生命，使传统车险失去存在的必要。

在很大程度上，传统的保险商业模式仍然认为死亡、疾病或事故是随机性的，但随着知识的增加，会发现这是个确定的标准。

数字生态系统引领知识新时代

数字生态系统产生的数据是新知识时代的关键组成部分。现在生成并记录的数据超过了以前各个时代数据的总和。这使人们拥有快速获取知识的能力，特别是当数据能“说话”，以分析其背后的原因时。同时，数据收集也变得更加容易了，因为大多数数据都是自动生成、记录和共享的，无须人工监测或输入。

无论数据是由客户自身独占还是与他人共享，数字生态系统都会跟踪并记录客户的整个生活和环境，如习惯、位置、天气、健康、财富、家庭、朋友……数据知道人们在说、听、写什么……一些技术甚至正在尝试解读人类的思维。最后，当数据被交叉检验时，人们几乎不可能撒谎、欺骗、欺诈或完全匿名。例如，根据 Facebook 的观点，即使用户将状态设置为“单身”，利用聊天的内容和数量也能判断出用户正在约会。

数字生态系统的力量在于，它不仅关注特定的行业数据，还允许用户使用 AI 等方法和技术来分析来自应用程序、系统、行业和政府的大量开放或私人的数据，从而帮助他们设计越来越复杂的模型。起初，大数据可能看起来只是很多的信息，但它们现在已经可以完美地描述某些个人的特征，甚至某个事件或项目减少失误的方法。与传统保险公司相比，大型科技公司更先进，因为它们不仅可以访问这些数据，还可以将其与数十亿客户相关联。

数据不会撒谎，但只有处理方法得当时才能提供正确的建议。保险公司为了在精算师的帮助下确定保费，成为第一批分析数据、生命表和统计数据的行业。然而，在这场数据、知识和复杂模型的新竞赛中，保险公司必须进一步成为数据专家，依靠数据驱动的洞察力。如果传统保险公司不想被新进入者超越，就必须成为数字生态系统的一部分。

了解数据的人把握未来

分析有助于了解当前发生的情况并获取知识。这种知识形成了不同的模型，而且非常强大，因为它不仅限于分析过去，还可以预测和影响未来。就像为了避免生病而接种疫苗，观察、分析、预测并影响未来的健康状况一样。在很多情况下，数据可以提供很多意想不到却又真实需要的信息。

同时，模型可能会使预期寿命的计算公式变得更复杂、准确，甚至引入个人的生活方程式，以取代普通公式，这些方程式需要一系列参数，包括DNA、饮食习惯、运动数据、地理位置、职业、朋友、幸福和健康状况等。即便如此，我们还需要很多其他信息。但请记住，由于技术进步、知识的增加以及对事件的控制，人类的寿命要比以前长得多。朱尔斯·凡尔纳（Jules Verne）写的科幻小说《从地球到月球》(*From the Earth to the Moon*)，以及电影《少数派报告》(*Minority Report*）中的疯狂科幻故事已成为科学事实。最近，科学家们通过对八个因素的观察，发现AI可以比医生更能准确地预测心脏病的发作！

保险业也应该使用知识和预测来改进自己的业务流程。当你能预测时，为什么还要询问客户并要求客户填写表格呢？这些活动对客户来说没有任何价值，客户像讨厌泥巴一样讨厌填表。有些客户可能正在处理失去亲人、发生事故或房屋火灾等事故，他们已经太忙、太累，因此不愿意为填表付钱或浪费时间。数据洞察力使保险公司有机会预测客户的预期，不需要表格，并在几秒钟内理赔，甚至通过智能合约"自动理赔"。这可能意味着更多的运营支出，因为保险公司为处理索赔付出了更多，但这也意味着更好的客户满意度和更少的欺诈。如果客户无须申请就能获得赔付，客户满意度将会很高！

数据和知识的最大价值不在于了解过去，而是预测和改变未来。知识不仅有助于更好地为客户服务，还将引导保险业的商业模式发生重大变化，将其转变为预测、中介、实时和自动化的行业。

“教练”——保险的未来

预防是更有效的。如果保险公司帮助客户过上更长寿、更健康、更富裕的生活，同时避免火灾、抢劫和其他事件，这一定会让客户更加满意。例如，保险公司可能会在心脏病发作之前将客户送到医院，而不是在客户去世后向受益人支付保险金。为了实现这一目标，保险公司将充当“教练”，与客户建立牢固而密切的关系，分析他们的行为，给予他们即时反馈，并提供激励来影响其行为。保险公司将分享客户的信息，帮助其他供应商制作更好的产品（如食品、药品、汽车和工具），并通过对有机食品和健康活动的战略投资来影响客户的生活环境。

客户想要“私人教练”吗？如果每天被24小时跟踪，客户会做何反应？应该告诉客户该怎么做吗？客户是否想要一切确定的生活，而不是保留生活的随机性和神秘感？这些可能是保险公司成为“私人教练”的阻碍。但是面临遗传学问题时，如染色体异常，如果客户拒绝遵循指导建议会有什么后果？保险公司该放弃建议还是强制客户？保险公司的AI机器人将如何应对种族主义和性别歧视？谁将负责决策？

任何教练都会犯错误，正如许多其他理论在被证明是错误的之前，都充当了错误的指导。几十年来，为了防止人们发生可能致命的花生过敏，过敏症专家建议年轻人尽量避免食用它们。然而，最近进行的一项研究表明，从生命的前11个月开始持续食用花生可以更有效地预防过敏症的发生。更糟糕的是，过敏症专家此前的建议可能会导致人们对花生和其他食物的过敏加重。如果未来几十年在保险公司的推动下，人们形成了一种生活方式，当出现类似“花生过敏”的情况时，保险公司将会如何反应？这种选择对这些人的生活会产生什么样的负面影响？除了法律挑战，保险业还必须解决许多道德问题。

保险公司不应仅限于在生活中帮助客户，还应该影响整个生命生态系统。这一新的价值主张要求保险公司回答新问题，重新定义传统业务模式，包括选择关键合作伙伴、活动和资源，改造客户关系，细分市场和渠道。

结论

保险被认为是转移和降低风险的好方法，但需要限制甚至避免风险。传统的商业模式侧重于在随机事件发生后采取措施，但在技术的冲击下，它很难生存下来。在随机的数据中找到确定的关系和模式，可以带来颠覆性变化。传统的保险业务模式将被“教练”模式所取代，它将成为一个更加积极主动的合作伙伴。保险公司将与新生态系统紧密相连，支持其客户实现个人目标，避免随机风险影响其生活环境。这一模式将在全球范围内发展、交易，但必须以信任为基础，解决最重要的隐私和道德问题。

08

打造科技与用户需求结合的企业文化

与更为广泛的未来科技市场一样，一场关于技术创造保险科技能力的争论仍在继续。这不仅关系到数据在预测风险和灾难方面的高度相关性，还关系到新进入者提供的多变技术所启发的商业模式。

本章所涵盖的主题十分广泛：

- **关联保险公司**

物联网和互联世界的增长意味着我们正在见证前所未有的数据增长。每天从外部来源收集和处理的数据是促进风险建模和预测灾难的关键因素。

- **AI/ 机器学习**

AI 和机器学习算法减少了公司开支，加快了日常运营，并带来了更大的市场机会。

- **增强现实 / 虚拟现实**

利用虚拟现实或增强现实等技术为企业和个人风险场景建模，极大地增强了保险公司的能力，使它们能够利用场景建模，更好地应对灾难、索赔处理的复杂性和风险增长的领域，比如与气候变化和恐怖主义相关的事件。

保险科技最独特的属性之一：能够利用其他行业的技术

采用“科技至上”的思维模式，是毋庸置疑的

- 千禧一代将很快成为未来劳动力的主力军
- 年轻员工要求在公司里扮演更有意义的角色。保险公司需要开始将员工视为合作伙伴，而不仅是员工

保险科技的一个大问题：为什么客户总是正确的

- 对于如今利用人工智能技术的保险公司来说，它们需要数据、资本和技术
- 物联网已经在汽车保险领域取得了显著的成功

通过创造美妙和愉快的体验，激发与客户的情感互动，以此区分产品和服务

保险科技的行动列表

- 许多索赔过程是例行程序，因此可以通过机器人自动化顺利完成
- GDPR在处理索赔时，转移了举证责任和对保险合同语言的依赖，给整个行业带来了挑战
- 如今，平台开始对社交媒体进行调查，发现了一些模式，声称调查人员很难通过视频和语音压力分析来识别这些模式

区块链初创企业——为什么不太可能成为保险业的英雄

- 到2025年，全球国内生产总值的10%将存储在区块链技术中
- 区块链可以提供更好的数据来源，通过对所有资产的准确登记，以及政策执行的自动化，更快和更可靠的索赔处理

保险科技与人工智能

以目标为基础的保险是试图更好地理解客户的一种方式

智慧之旅：从契约炒作到保险现实

一种智能合约，作为部署到分布式和复制的分类账上的代码，具有控制自身状态和资产的能力。

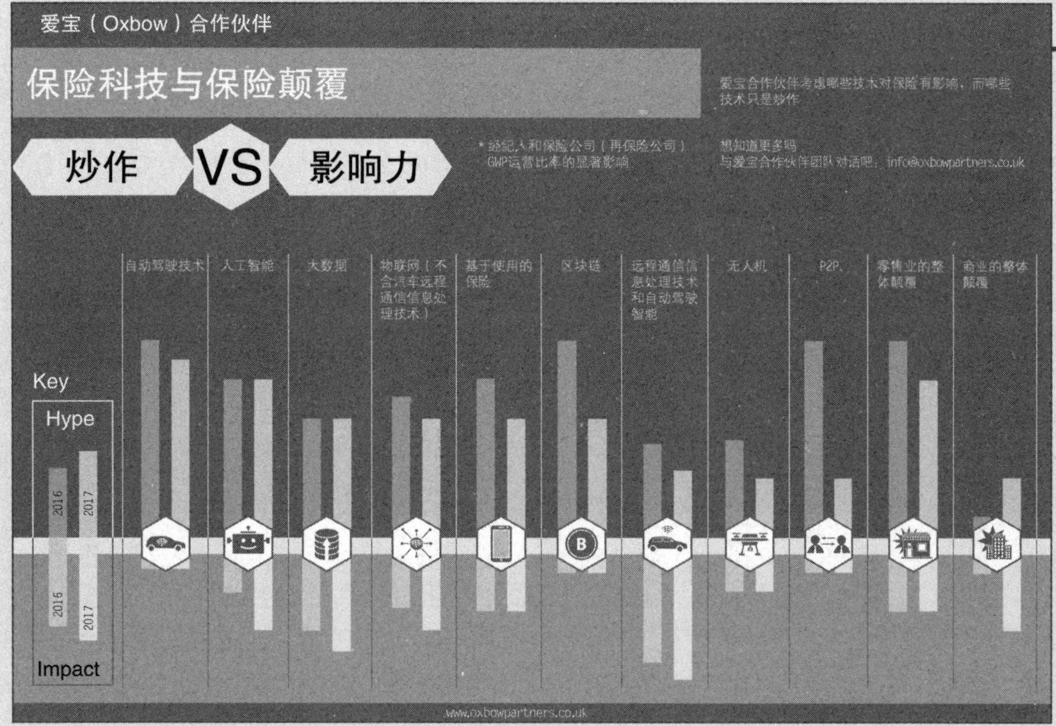

机器人正在接管世界——到2020年，全球机器人市值将会达到1000亿英镑

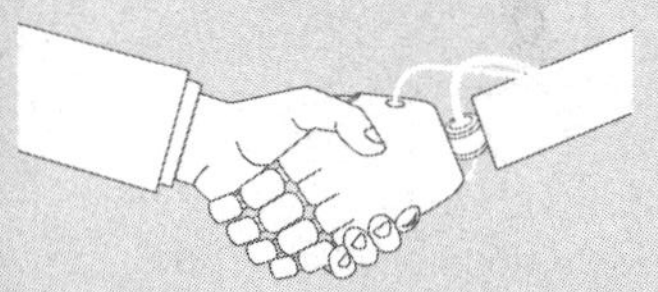

- **网络安全**

我们每天都会接触到新的网络爆炸性头条新闻。网络安全犯罪在全球范围内呈上升趋势，并创造了保险产品在全新领域的新需求。鉴于数字性质以及因网络黑客或欺诈引起的不可预测的传染，其安全性颇具挑战。

- **无人机**

这项技术正在突飞猛进，在自然灾害中作为空中“警卫”，充当交付、履行以及紧急支援工具。

- **区块链和智能合约**

在索赔处理过程中，这些技术的支持加快了服务水平的执行能力，并且具有区块链的可跟踪 / 不可变的特性，可以确保欺诈最小化。

- **数据、数据、数据**

保险是以历史记录和存储的数据为基础，但其并没有充分发挥内在潜力。保险技术在世界预测建模、物联网、机器学习领域提供了突破性的创新，这意味着，用历史数据来衡量未来风险的方法将过时，新的保险单结构可以使用预测的、外部的和非结构化的数据。

采用“科技至上”的思维模式为何如此重要

朱利安·布雷托（Julien Breteau）
Intrepid 公司内容营销负责人

到 2025 年，消费者场景将以数字化为主。拒绝顺应新趋势的保险公司因不做改变而最终灭亡。

尽管采用新技术和业务数字化很重要，但同样重要的是，帮助员工成为技术先锋，并教会他们使用技术，明白技术如何让保险处理过程（以及他们的工作）变得更容易。

取代夜以继日的等待，投保人现在可以立即获得重要信息（如索赔补偿、健康评分），以及一键式出具报告。及时反馈不仅对客户来说是必需的，而且对员工来说也是必要的。

如今，大多数在职人员都专注于将客户体验数字化，但这是问题的微小部分，同样重要的是将员工的经验数字化。

通过专注于员工和客户的建设，建立一种具有创新价值的公司文化。在这种文化中，任何人的参与和贡献都受到欢迎，在职人员可以在行业中巩固他们未来的地位。

创造正确的工作场所

生产力和创新被企业结构和复杂系统所扼杀。大多数行业巨头坚持严格的传统模式，拒绝改变将直接影响它们关于增长型数字经济的投资，以及让数字经济成为自身一部分的能力。

目前，市场大趋势倾向于创造数字的公司，即不受旧系统限制的公司将会占领市场。去除固化结构，为灵活经营创造空间。利用科技简化运营，使得它们能够：

- 雇用更少的员工，且每个员工创造出更高的市场价值；
- 在几天内开发出敏捷的程序和设计，而不是几个月或几年；
- 迅速找到合适的人来填补重要的角色；
- 增加用于创新和新项目研究的时间；
- 迅速应对市场变化。

为了给员工创造合适的工作场所，保险公司需要像了解客户那样了解员工所期望的数字体验。太多的保险公司仍在推动书面交易，过时和僵化的老系统仍在使用中。这不仅影响了从注册到索赔处理的客户程序，也会让员工感到失望，并迫使优秀的人寻找新的工作。

吸引最优秀的人才

千禧一代很快就会主宰劳动力市场。在全球范围内，年轻的员工要求在公司扮演更有价值的角色。保险公司需要将员工视为合作伙伴，而不只是员工。它们首先要了解千禧一代的心态：

- 重视工作安排的灵活性；
- 希望获得大量反馈（以保持跟踪和更新）；
- 相信集成技术是不可避免的；
- 希望被倾听，并且意见能够被尊重。

拥有发展和培养人才的声望，对于Z世代和Y世代最有抱负的求职者来说具有很大的吸引力。这个时代的人渴望获得成长，大量学习经验，享受旅行，体验新文化，以及获得技能的机会。

解决这一问题的方法之一是，要求"快速通道"候选人在晋升到管理岗位之前，在不同的岗位、不同的职能部门轮岗一段时间，让员工体验企业正在进行的各个方面的数字变革。通过这种方法，不仅能使企业更好地储备优秀人才，同时也能够帮助企业吸引这些优秀人才。

千禧一代会被创业体验所吸引。以提供这些机会而闻名的公司将能够吸引来自世界各地的优秀人才。但是，仅仅派遣员工去体验不同的职能或国家是不够的。公司必须确保环境和反馈循环到位，以使其成为公司和员工的宝贵经验。维护员工职业发展轨道中的合作方式至关重要，公司可以通过以下方式确保管理者与最优秀的人才保持积极的关系：

- 了解他们的优点；
- 提供有关已完成任务的反馈；
- 鼓励他们发言并参与其中；
- 即使在数字世界中也能面对面交流。在讨论重要事项时，新一代人更喜欢个人会议；
- 凝聚整个团队，使其具有决定性和战略性。

以类似的方式，我们可以通过以下方式促进创新：

- 引入新技术。**AI**和机器学习算法可以降低公司费用，加快日常运营，并在市场中获得更大的机会。

- 检查产品 / 服务之间的关系，精确定位客户行为，确认其在与应用程序、网站和销售人员交互过程中导致的好的和坏的结果。
- 具备挑战精神的团队帮助个人实现目标。通过提供补充应用程序，以最大限度减少员工和保单持有人的不良行为。

现有企业越早采用科技优先的思维模式，它们就能越早吸引、雇用和留住最优秀的人才。

改变是不可避免的

目前，有几家知名公司在新技术（特别是机器学习）方面取得了很大的进展。例如，谷歌公司从开始一直在研究算法及其与“问题解决”的关系，最近才真正把踏板放在 AI 上。

Deep Mind 是谷歌上次展会的明星，是负责阿尔法狗的研究项目。阿尔法狗是一个极具竞争力的 AI 系统，在 2015 年底击败了世界围棋冠军（一种需要复杂的多层次认知的游戏）。在此之前，许多人一直认为这是不可能完成的任务。

对于那些担心 AI 可能变得无法控制的人来说，阿尔法狗的成功肯定会引起其关注。关于这个问题，谷歌的搜索部门和 AI 负责人约翰·贾南德里亚（John Giannandrea）认为，机器学习应该超越所有风险成为谷歌的首要任务。

用于信息处理的更智能的算法每天都在进步，但未能创新的公司将无法容纳更新的机器和应用程序。目前，对于未做创新的公司，仍留有容纳创新的短暂机会，若仍抓不住，它们将永远失去其位置。

改变是不可避免的…… 不要落后。

为了更好的未来

公司开始采用科技至上的思维模式，即不断测试、不断改进和不断构建。大多数领先企业仍在学习如何使用这些新技术。但这种转变不一定要在一夜之间发生。公司需要：

- 进行广泛的研究并开发概念验证；

- 咨询员工的意见和见解；
- 启动、测试和重复。

保险公司应该关注各类新兴技术，如区块链、可穿戴设备和AI。这些大型企业已经拥有这项技术，并将运营成本降低了60% ~ 70%。但重要的是要记住，此次改革需要进行端到端的转型。前端（客户体验）和后端（员工体验）对公司的成功都至关重要。索赔数字平台，在线注册、访问，以及为客户提供服务的医疗网络，必须转化为员工的数字处理。我们经常看到客户端已是数字平台，而在员工方面却仍是人工劳动密集型平台。

该行业将要经历的变化是前所未有的，并且是大规模的，虽然它不必从大规模开始。我们知道保险公司可以利用区块链、AI、机器学习、聊天机器人等建立端到端的数字保险平台，并具备自动化保险体验等多方面能力。那么为什么不从那里开始，构建端到端平台并对其进行测试？

大型企业专注于与新平台协作并进行整合，但由于它们仍在过于复杂且依赖劳动力的遗留系统上运行，因此仍存在巨大“风险”。理想情况下，保险公司应该花费相同的时间从上到下建立新平台，从头开始建立一个独立于公司结构约束的保险平台。在新平台上，创新和灵活性不会被孤岛和永无止境的等级制度所扼杀。

保险公司应开始行动并慢慢成长，例如，公司每个月宣布它正在研究“X”创新技术，这并不只是公关活动，更是从头建立真正业务的过程。为最优秀、最热心的员工提供参与流程的机会。让他们向技术一流的团队学习，让他们提出自己的想法，让他们有机会学习成长。也许那时我们将开始看到员工们极具能力，富有创造力并采取主动，能够摆脱传统企业文化的束缚。

研究——构建——测试——启动——重复，这是一个简单的过程。

保险中的实用机器人：未来就在这里

托尼·塔奎尼（Tony Tarquini）
Pegasystems 有限公司 EMEA 保险总监

机器人正在占领世界，这将不再是科幻，由 AI 驱动的机器人已可以清洁房子、教育年轻人、照顾老人、帮忙拿酒和拖鞋。报告显示，到 2020 年，全球机器人市场价值将达到 1000 亿英镑。本节集中讨论机器人技术的细节，而不是 AI 的全方位发展。AI 世界结合了神经网络、数据科学和机器学习，以及许多其他类别的领域。

实际上，机器人技术不是战略性的企业级转型工具，也不是灵丹妙药。机器人技术只是一种功能强大的战术性工具。如果可以在清晰的架构和路线图中正确使用它，那企业可以拥有即时的成本优势和质量优势，特别是针对重复的手动任务和传统连接。

保险业刚刚开始进行机器人技术之旅，很少有人了解机器人技术可以为保险做些什么。对于今天商业上能够实施的技术，我们所知更少，仍然处于梦想阶段。

本节讨论保险公司可用的不同形式的机器人技术，何时使用它们，其在商业上的可行性，以及某些项目为什么会失败。另外，还将考虑人类和机器人一起工作的重要性，对机器人的治理、监督，以及六个关键领域的测试。

何时在保险行业机构中部署机器人

机器人部署环境的主要特征是：质量概念要优先于数量、强度和廉价劳动力。在成功的机器人环境中，将非增值（NVA）工作降级为由机器人担负，并将人类的工作集中在以客户为中心的业务流程中的智能部分。通过这种模式提高整体生产力效率。

当人们极为明显地通过死记硬背来填补空白，或者当业务过快地变动，以至于无法形成标准解决方案时，机器人技术就能产生重大影响。在以下情况下尤其有效：

- 遗留的旧系统和流程（特别是多重遗产）会抑制生产力；
- API 或服务不存在；
- 服务 /API 集成太慢或太昂贵，无法实现投资回报率；
- 目前通过培训、文档和流程外包能够解决问题。

在上述这些情形下，外部客户要求超越最初的传统交互和流程，而这通常由更敏捷的竞争对手和保险科技初创公司来重新定义行业实践。传统的保险公司被抛在后面，不得不竞相追赶，否则其他人就会加入竞争，它们的客户将会消失。

然而，机器人技术并没有对业务流程进行重大重构，还不足以实现转型的全部优势。这些战术性的快速改进只有在长期战略转型计划中才有价值。

机器人可以提供的典型优势是什么

在保险中使用机器人技术可以获得的好处有：改进运营方式；提升效率，进而提高生产率；提高执行质量；记录绩效以及改善客户和员工体验。

- 保险公司从机器人技术中获得的第一个好处就是通过在业务高峰期和低谷期按需调整资源容量的能力来提高运营灵活性。
- 通常情况下，机器人的产能是一名全职员工的三倍，并且可以一周 7 天 24 小时全天候工作，不会超过离岸人力资源成本的 50%。因此，无论计算时间还是工时，完成一个过程的平均时间可以减少 40% ~ 60%，从而将成本降低 30% ~ 80%。
- 100% 的准确性和一致性，与错误、遗漏和返工相关的成本支出也被消除。
- 完整审计跟踪的创建可以简化法规执行程序，并促进风险管理。
- 机器人技术通过减少等待时间和准确地执行来增强客户体验。
- 通过减少单调的重复性工作来提高员工满意度。
- 通过使用机器人技术，保险公司可以加快实现价值和投资回报的速度。在大约六到八周内完成对合理期望的设计、配置、测试和机器人的部署，并在三到六个月内实现投资回报，不同于传统项目业务案例相关的时间尺度。

何时以及如何使用不同类型的机器人技术

机器人技术的世界正在迅速发展：可用的产品、用于描述它们的术语，以及市场上新兴的供应商层出不穷。没有任何一种产品能解决所有的问题，当保险公司在为项目流程采用任何一种工具或技术类型时，必须考虑其适用性。其中最关键的是，确定它如何与其他技术（比如业务流程管理、案例管理、AI 技术）进行整合，并利用这些技术进行改进创新，而不是尝试重新创建它们。在更高级别的创新转型中，当涉及机器人业务案例的强度时，机器人技术通常会与其他技术（以及持续维护）进行整合。此时，统一的架构是这类整合的主要优势。

事实上，所有机器人技术供应商都认为，它们的大部分收入来自 10 亿美元以上甚至 100 亿美元营业额级别的客户。机器人技术的经济学非常关注规模，其客户主要是大型国际保险公司。

然而，虽说机器人技术的目标市场是规模较大的保险公司，但供应商几乎总是规模较小（营业额不超过 2000 万美元的组织）或仅仅是大型技术供应商下属的规模较小的自治部门。

谨慎的尽职调查是大型企业战略决策的依据，其调查内容包含对小供应商本身能力、研发能力、未来发展方向和商业稳定性的分析，及其商业未来的观察。

当成熟的分析公司开始专注于机器人市场时，术语表达将趋于一致，从而促进了更好的比较，使不同工具应用于不同业务问题中。

聊天机器人

随着越来越多的部署，以及复杂性的增加，这个领域各类工具的更新变得越来越快速，同时竞争越来越激烈。然而，在数字商业模式下，要同时在线和离线维持客户对话，例如，基于 AI 的神经语言编程（NLP）聊天（包括情感分析）工具，直接或嵌入 Facebook 飞书信中，进行虚拟聊天客户服务代理，或者传统的面对面互动。

真正棘手的是处理对话场景，并在聊天频道的孤岛之外继续对话。保险公司必须提供连续的对话场景，并能够在机器学习和基于预测分析的交互、基于聊天的对话、机器人过程自动化过程中，在需要时将对话由机器转换为人。人和机器人一起工作，人对机器人进行治理和监督，这一模式是否能通过图灵测试极为关键，同时这也是未来几年内计划进入该领域的任何保险公司的关键性差异化因素。

机器人过程自动化（Robotic Process Automation，RPA）映射机器人进行复制的过程，以便在屏幕和数据库之间移动数据，执行操作和计算，创建审计跟踪，并从其他工具和技术触发更多机器人的过程或功能。机器人过程自动化（RPA）主要分为两大类：无人值守和有人值守。

A. 无人值守。通常在服务器上引用，无人值守 RPA 倾向于复制完整的端到端流程，并在更简单的流程（如欺诈检测和 AML 检查）上为较小的工作组提供接近 100% 的改进。然而，机器人技术的历史充斥着无人值守的 RPA 故障，因为它无法适应多种具体情况。此外，在大量流程异常的情况下，过于烦琐的业务案例不会叠加。无人值守的 RPA 技术往往基于屏幕抓取和 OCR（文本识别）。

B. 有人值守 [也称为机器人桌面自动化（RDA）]。通常在用户桌面上引用，有人值守 RPA 倾向于为个体员工复制较小的任务自动化，并在更大的工作组上通过变更地址、改进付款和资金转移等流程得到 10% ~ 20% 的提升。有人值守 RPA 的成功率要高得多，实现价值的时间要快得多。有人值守 RPA 主要基于应用程序和操作系统之间的技术注入。这也是人们认为的 RPA 的未来发展趋势。

劳动力智能系统

“无法测量的东西就无法管理”，这句古老格言对于机器人技术来说十分精确。大多数保险公司都没有意识到它们能提高约为 40% 的生产率。通过测量、管理和技术的正确应用，生产率可以增加到 60% 以上，实际上可能高达 70%。

当生产率提高到 80% 时，由于强度太高而无法持续，如果不能保持测量，生产率就会迅速下降。持续评估活动的测量工具可以向管理层指出提高生产率以及是否采用“修复”的方法。这也是一个平衡、理性和专注的机器人战略的基础性核心。这还可以用作云解决方案部署的技术，主要原因在于需要快速报告、活动的高峰和低谷，以及存储重要数据。

确定哪些进程对于机器人来说是可行的

如前所述，正确的技术必须解决正确的业务问题。为了最大限度地获得成功，在选择要解决的业务流程时，需要注意以下一些关键的小特征：

- 它应该主要基于规则而不依赖于人类的判断；

- 它应该由数字，最好是由结构化数据支持；
- 它应该是功能型的，并运营稳定；
- 它应该节省大量时间和消除复杂性；
- 它应该可以在整个企业中重复使用和扩展，包括多个地理区域，很少或无须适应；
- 对于概念验证项目，该流程利用公司的关键系统最为重要。

能使用机器人自动化的流程示例

流程选择通常分为两类：可以在所有组织中执行的通用活动和保险公司特定的特殊活动。前一类包括用户登录系统和应用程序、数据提取活动（如来自表单或网站），以及为操作和遵从法规而创建的审计跟踪等过程。特定的保险流程通常可能包括：

- 地址或付款变更和资金转账；
- 政策修订；
- 合规性检查；
- 背景验证，如信用检查、欺诈检测；
- 承保的数据捕获和分类，特别是源自电子表格的大量时间表；
- 自动生成文档；
- 付款对账；
- 月末整合。

人的因素及其对成功的作用

毫无疑问，与工业革命的卢德派一样，机器人技术与AI也引发了人们对生计保护的担忧。尽管自19世纪以来，用自动化技术取代人类的行为一直有增无减，但机器人技术却以其名称引起了人们的特别关注，而AI要想获得成功，就不得不非常周到地解决这些问题。

保险公司必须仔细解释“将机器人代替人类”的策略，使员工专注于更复杂、更具智力挑战的活动，并确保人类和机器人和谐共处。员工应定位在那些对判断要求较高的活动上，强调与客户的互动，而不是重复性活动，这样做不仅可以提高保单持有人的 NPS[①] 分数，还可以为员工提供支持并提高其士气。

通过双向方法实现整个业务的融入，以获得成功。任何项目最大的失败都是缺乏自上而下的支持，因此所有相关人员都必须明白这一点。另外，强有力的治理和在整个企业中部署可重复使用的标准，也都是实现目标的重要组成部分。但是，这必须与自下而上的行为改变计划相结合。大力强调员工的个人利益，以防止员工采用消极的态度。除了专家团队指导新技能和庆祝成功之外，还必须提高基层成功的可能性。

小结

机器人技术不是解决所有问题的答案，也无法帮助企业实现转型。它是一种快速发展的技术，具有快速塑造业务的巨大潜力。采用该技术的企业必须注意选择供应商，以帮助自己正确部署工具以及使用机器人的目标。然而，通过合理的策略、明智的执行和强大的计划，机器人技术可以为当今运营的每个传统保险组织创造新的业务，提升其面向未来的灵活性和整体价值。

无摩擦保险的效用

奈杰尔·沃尔什（Nigel Walsh）
德勤公司合伙人

想象一个"它就是好用"的世界。世界上最有价值的公司和最出色的机构让这句标语变得更著名，这并不是简单的巧合！大多数人十分熟悉"它就是好用"这句话，它的表达通常是如此精确和肯定，让我们相信，即使只是大声读出来，这句话也会给我们大多数人带来一个温暖的微笑。我们了解并相信它。当然，这句话通常指需要花费大量时间的事物，但这些事物并不一定会挽救你的生命或者

① NPS 净推动者得分指数从 -100 到 100，用于测量客户是否愿意向其他人推荐公司的产品或服务。它用来测量客户对公司产品或服务的总体满意度，以及客户对品牌的忠诚度。

在危机中帮助到你。如果你需要，它当然可以在那段旅程中或之后扮演一个重要的角色。

在智能设备出现之前，没有人曾经想要或者想象过音乐播放器、电话和互联网设备能够集为一体（也没有人被问过！）。但现在，你会发现电子设备是如此智能。

当代智能设备的编程语言能够体现出同理心和情感，其价值近 800 英镑。它们本身能做什么并不重要，重要的是使用者能用它们做些什么。也就是说，当你打开（智能设备的）包装盒，里面没有条款和条件，也没有手册。它非常直观，每个人都能用自己习惯的方式进行快速应用。这就是我所说的简便。

再来看我所认为的世界上最好的机构之一是如何履行承诺的，它们在物流方面做得很好。当我们订购商品时，通常能得到一个很好的价格，并能在第二天或一小时内就收到，这取决于我们的注册级别。当你需要它时，你知道它是值得信赖的。这就是我所说的执行力。

在英国，我们已经广泛采用了非接触式支付方法。芯片和密码能够省去每次交易时签名的麻烦，也不会出现两次签名总是比对不上的困扰，但在这之后不久，就出现了更为便捷的非接触式支付方法。下一阶段的发展将会是能够在大多数手机和手表上配置非接触式卡片。现在，我仍不得不拿出钱包，插入卡片，然后输入四位密码，这是我不再期待的另一个摩擦点。这也是我所谓的速度。

我选择的机构几乎每个人都能接触到，我们很有可能亲身体验过其中一个（如果不是所有的话）。同样，还有成千上万的其他公司每天都提供着出色的用户体验。这也是我们每天在购买金融资产或实物资产时所在做的事情。我们会进行比较，无论购买的是什么或从哪里购买，我们所做的每次互动都会为预期设定标准。现在，90% 的购物经历都是令人愉悦且有效率的。

然而，考虑到这三个例子，随着赌桌上的赌注越来越高，我们期望改变并将变化融入日常生活的节奏，也将永远会让我感到惊讶。今天的创新就是明天的预期基准。

所有这些与保险机构有什么关系呢

无论我们是在使用移动设备付款还是线上订购，在这些实例中都有很多东西值得学习，例如，我们应该如何将它们整合在一起，用以匹配甚至超越那些已有的且不断提升中的事物。

多年来，创新就是要打破这些部分，使它们更加高效、数字化和无缝化［例如，英国自行车运动的大卫·布雷斯福德爵士（Sir David Brailsford）所带来的边际收益］，这其中还有很多路要走，特别是对于传统保险公司而言。但是，在许多情况下，足够好已经不够好了。如果你把这三个主题结合在一起（简单、执行和速度），那突然之间，你就会从最终客户的增量（依然非常重要）变化和收益转向指数变化，无论是个人模式、商业模式，还是介于两者之间的经纪人模式。

我们有理由并且绝对有必要这样做，原因之一就在于，我们现在对于尝试新事物的态度更加开放。然而，缺点是我们的注意力范围也在以相同的速度下降。这不仅是保险公司不能错过的机会，还是保险公司一直在面对的威胁；否则，其他人将利用这一优势来获得客户资源。因此，如果我们将手机、音乐播放器和互联网设备与金融服务进行比较，就会发现消费者未被实现的需求，而这正是我们今后的目标，即不要问客户想要什么，直接创造出让人们无法舍弃的理想产品。

对于普通产品，这并不那么重要，但对于具有法律效应的合约而言呢？有一天你或你家人的生命、其他人的生命、你的家庭或生活都可能会依赖于这一纸合约，尽管你可能并不能真实感受到这份保险合约有多么好。

然而，这可以回到我原来的观点：必须以最恰当的方式共享我们让客户获益的方式。如今，讲述故事的能力正迅速发展为一家机构最有价值的资产，并为客户带来一种体验之旅，即使客户可能永远没机会或希望永远不会激活这份保险合约。对于汽车保险这类强制性保险而言，都有一个基础保障，但你也可以通过它来实现更多保障，例如，故障赔付、法律支持、需要时的备用车等。这些功能通常由保险方精心策划并由多方提供。我们能否真正将所有这些功能结合在一起，为最终消费者提供无缝连接的体验吗？

将这与我所列举的第一个手机或汽车生产商的例子进行比较非常有趣。在我的例子中，机构本身承担着对客户的承诺和期望，无论这是假定的，还是直接地执行承诺的职责，也不论是否由他人负责物流运输。在保险领域，情况往往并非如此，这可能产生消费者被迫要承受的额外摩擦。

在英国，人们会陷入“电脑出错”的模式。我对此的理解是，有人不承担责任并怪罪于程序过程。我们应该用最简单的方法，像客户一样思考。作为一个机构，我们如何让一线员工有能力应对任何障碍点？

传统系统/程序和监管通常被用作无法完成客户需求的原因，同时这也是我们寻求投资的原因，要么完全摒弃传统系统，要么对其进行简化和现代化。这些障碍创造了推动变革的正确动力，而这完全取决于我们如何看待它们。对于一家拥有大量传统技术系统的大型保险公司而言，采取新的监管措施极为困难且代价昂贵；但对于一家小型保险公司而言，它们能够迅速地转变，以此在争取客户这一方面获得竞争优势。

完美并不是没有更多的东西可以添加，而是没有更多的东西可以删减

简单化对于我们的内部客户和外部终端用户同样重要。否则，我们最终创造出的环境几乎不可能完成人们最想要的事情，即提供出色的用户体验。只有超人才能在应付一系列办公室事务的同时用手机与客户进行沟通。重点应该放在这里，因为这样会带来巨大的好处。如果我们采用端对端程序，并查看所有交互点，无论是经纪商、第三方供应商还是其他人，如果能创造出完美的无摩擦用户体验，我们的世界会是什么样子？这意味着现在就要采取干预措施以减少之后会出现的问题。我相信这是我们必须做的事情，从而让我们的环境成为一个理想的工作场所！

除了简单化，无论我们身处价值链的何处，即使消费者们并不在意这些，我们也要专注于执行。当客户打电话来时，我们需要让所有程序、人员和能力完全集中，以完美执行客户的需求，让他们感觉自己是我们唯一关注的对象。

我们知道客户为什么以及会何时打来电话，例如，在2018年的第一次霜冻或其他许多可预测的事件发生时。如果我们能领先一步，我们就能说“沃尔什先生，我们一直期待着您的来电”，或者更好地提前两步。在如今的互联世界中，不要在等到客户来电时才说：“沃尔什先生，我们预计本周会有霜冻，您可以采

取以下措施避免发生损失。”提供让客户永远无须主动打来电话的体验，能够改变用户关系并大幅提升信任和价值。

进步几乎是唯一不会减速的东西！感觉好像经历的每一天都是两倍的时间。传统运营商如何跟上步伐是不断加剧的挑战。初创公司和新生保险机构不受这些规则的约束，并常将其作为优势。它们能够以完全不同的方式加速为市场提供产品，或为新客户和新产品提供服务，这改变了我们已经开始厌恶和期望改变的传统关系。

简单性、执行力和进步，每一项都为保险公司带来了增量收益，然而，将它们结合在一起可以创造出真正具有颠覆性和指数级收益的机会。作为消费者，我们可以调动情绪，即成为那些不会让我们失望的品牌的粉丝及拥护者。我们可以通过无摩擦的用户体验来满足客户未被满足的需求，这应该是我们唯一的目标。它的设计仍需美观和直观，那么我的母亲或孩子也可以轻松使用它！

史蒂夫·乔布斯先生曾有一句名言——“还有一件事”，尽管这句话近年来用得少了，但它总会给人们带来一些惊喜和喜悦。每当他说完这句话后，接下来的内容肯定会让观众处于积极的情绪中，让他们充满兴奋和期待。我们如何在保险客户需要时为他们提供这种体验？

虽然在某些情况下我们可能会故意设计这些，但并不是说我们会立刻达成零摩擦的成就。如果客户想要离开，至少我们要与他们进行交流！任何遗留下的摩擦都必须是我们特意为之的。

我从未想过哪一家保险公司会不专注于工作，或者说在客户需要的时候却联系不上。然而，有时候齿轮需要更多的推动和润滑。为了创造无摩擦的客户体验，我们要做的不仅仅是提供产品，还要创建让客户和员工有归属感的沉浸式品牌，当谈论到我们的品牌时，他们都会流露出热情和自豪感。一旦你成为我们的客户，我们就需要尽可能地保持事情的简单性并全力执行。在东方世界中，我们能看到像微信供应商——腾讯公司是如何轻松地完成这些事情的。微信是一个通信交流平台，但你可以非常舒适地在这里完成你所有的需求。我们可以清晰地看到，大部分保险科技投资都专注于这一领域，从分销中发现摩擦点（和成本）。这既是最接近客户的部分，也是建立互动的最佳机会。

正如我们所知，保险不仅仅是一个提供保险服务的平台。无摩擦也不仅仅是对问题程序的渐进式修复，而是能够带来欣喜的革命性飞跃。为了实现无摩擦用户体验，我们要勇敢、要大胆、要习惯于克服不适感。

智慧之旅：从合约炒作到保险现实

阿克伯·达图（Akber Datoo）
D2 法律技术律师事务所合伙人

区块链技术和“智能合约”经常被指责为故意炒作。但多个行业仍在继续寻找机会来释放其内在的创新性和颠覆性潜力。鉴于保险的基本机制和合同管理的普遍问题，这个行业确实需要智能合约。

什么是支撑智能合约概念的区块链

区块链是一个记录交易并通过点对点网络形成“区块”的数据库。参与者在本地安装应用程序，所有“节点”都会保存数据库的副本，即没有中央实体来进行控制。区块链中的数据库被构造为分类账户，由每个参与者的计算机完全复制，所以由依时间批次的有效的条目区块组成。每个区块都包括前一区块的重述，因此，区块们能够连接在一起。连接在一起的区块形成一条链，每个附加的区块都能加强原有的区块链。交易尽可能地在用户或节点之间传递。如果区块链中的任一区块内的数据被更改，那么后一区块对它的重述也会随之改变，因此，参与者将很清楚地了解任何改变。结果就会生成在分布式基础上运行的不可消除的记录。

什么是智能合约

智能合约是计算机协议，将合同义务嵌入源代码中，源代码被编译成可执行的计算机代码，然后可以根据该合同的条款和条件自动执行。将构成智能合约的代码添加为区块链应用程序条目的一部分，就形成了区块链的分布式分类账架构。我们可以将智能合约定义为“应用于分布式和重复性分类账的代码”，它能够控制自身状态和资产，也能够响应外部信息的输入。在区块链中的信任构建，意味着智能合约可以在彼此不知道的两方之间进行。区块链的参与者（可能是智能合约的一方，或对该合约感兴趣的人）可以访问包含该智能合约的区块。相关区块可以是公共的（所有人都可以查看），也可能需要获取许可才能访问。

智能合约可以完全自动化并自我实施。一旦设定了代表合同义务的计算机代码，合同就会运行，计算机将根据代码和合同义务所依赖的外部信息公正地执行合同条款。这种自动化与传统信任建立成本的缺失相结合，大大降低了交易成本，使这种交易更有利可图。

但是，起草一份能够考虑到所有偶然性并说明其预期结果的合同是十分困难的，对于现实世界中的商业合同而言尤为如此。因此，当出现各方无法预见的情况时，对于法院和法官提供帮助的需求就增加了。在这种情况下，智能合约的编码结果不应自动出现。人们可以利用 AI 来起草、管理和执行智能合约，但是迄今为止，嵌入核心产业所要求的公平和信任概念仍是一项挑战。这意味着智能合约是开放式的，并依赖于非自动化因素的输入。

语义信息和智能合约的问题

信息可以分为两种类型：句法信息和语义信息。前者是关于符号之间关系的规则，而后者则是这些符号的含义（即“意图”）。正如香浓和韦弗在他们的开创性著作《交流的数学理论》（*A Mathematical Theory of Communication*）中所展示的那样，句法信息可以被解析和测量，并且可以用数学证明。

然而，语义信息是我们人类赋予符号的含义。规范化语义信息（如自然语言）使其可处理化以及表示其含义都是十分困难的任务。例如，合同中常用于处理合同各方无法预见的情况的所谓“信任”的法律概念十分复杂，尤其是在保险合同中。

智能合约能在预设条件得到满足时自动执行结果，同时区块链实现具有不变性。因此，如果在理解自然语言的语义时出现错误，就会存在巨大的风险。现在已经有人提出了不同的解决方案，如“逃生舱”概念，它是一种改变智能合约条款的预编程方式。

确定性和非确定性智能合约

需要考虑两种类型的智能合约：确定性合约和非确定性合约。它们的主要区别在于网络是否有足够的信息来确定结果，或者是否需要外部信息。理想的做法是将这类服务去中心化，以减少潜在的信任问题并提高透明度。

在非确定性合约中，分布式网络本身没有足够的信息来做出所需的决定，因此需要外部源 / 方，即一个“顾问”。智能合约的各方需要同意将某一可信来源作为顾问，用来提交作为支付条件关键部分的结果。因此，外部源的可靠性和可信赖性十分关键。有人已经通过运用深思熟虑过的流程来减少不良行为的发生，例如联邦顾问或仲裁程序。主成分分析可用于降低欺诈 / 操纵的风险，以打破数据来源并加大计算难度。

保险合约：智能合约的机会

英国保险合同法立足于普通法，并被编入《1906 年海上保险法》(*The Marine Insurance Act 1906*)，旨在保护保险市场免受那些比保险公司更了解其业务的客户的剥削。被保险人需要遵循更严格的信任标准，当他们做出不当行为时，保险公司有权拒绝保险索赔。

在保诚保险公司中，查内尔认为保险合同的基本要求是：

- 为换取另一方进行保险赔付承诺，所支付的保险费取决于特定事件的发生；
- 特定的事件是不利于保单持有人利益的事件，且保单持有人无法控制（即存在一种偶然因素）；
- 存在可保利益（即被保险人对所保对象具有合法或公平的利益，并且可能因其损失而受损或因其安全而受益）。

2016 年 8 月生效的《2015 年英国保险法》(*The UK Insurance Act 2015*) 创造了新的局面，它为已有 100 多年历史的保险合同法带来了巨大的改变。对于商业合同，它强制要求被保险方和保险公司在预约阶段进行合作。为实现这一点，《2015 年英国保险法》要求被保险人有义务向保险公司公平陈述其风险。这非常有利于智能合约的使用，基于对已知标的事件的公允陈述，对于核心代码条件的讨论也变得透明起来。

随着保险支出评估所需的数据呈爆炸式增长，我们可以在社交媒体和物联网上获取这些信息，也可以客观地评估保险政策核心中的事件发生率。如果标的数据是值得信赖且受保护的，以免受欺诈和操纵，那么智能合约可以显著减轻保险的一项主要问题，即欺诈性索赔。此外，自动支付使被保险人的索赔过程变得简单，这可以提升客户满意度。

保险业面临的另一个挑战是控制与索赔相关的成本，例如，在有人受伤的情况下必须使用的专业医疗器械，或用于车祸和维修车辆的汽车修理厂。在后一种情况中，联网汽车可以实现智能合约编码，其数据清楚地证实了事故的发生。智能合约代码可以将偿付限制在指定的第三方内，而这些第三方也在支撑智能合约的相关区块链中。

智能合约还可以帮助保险公司判断一件事情是否属于合约可保范围。当被保险人快速浏览重大疾病险的保险条款时，他们会发现一张长长的、列举了所有不在可保范围内的疾病清单，这可能会让保单持有人怀疑保险公司排除这些疾病是不是不公平。在了解保单的真实覆盖范围方面，保单持有人通常处于信息劣势。在许多方面，智能合约只会编纂条款和列举排除清单。然而，基于已经编码（并在各方之间达成一致）的数据逻辑，支付执行的自动化至少能够强制消除保险公司可能利用主观性来使自己受益的可能性（虽然这样会给他们带来声誉风险）。

保险政策向智能合约转型的下一步

考虑到我们讨论过的问题，并且鉴于保险业的广度，我们很明显地看到，保险业的某些领域能够更容易和更快地向智能合约转型，这些领域的保险条款通常是可以客观确定的，并且可以通过欺诈风险较低的数据进行验证。

对顾问的依赖不容低估，而且社交网络和物联网将成为各种不同保险应用程序中最便宜和最常用的数据源，从而为所有未来的索赔验证工作提供最便宜和最可靠的顾问。然而，人们对于数据隐私和保护权感到十分担忧。保险行业如何处理这些问题将成为能否采用智能合约的关键决定因素。

它还是保险吗

保险合同的基本要求之一是被保险人可能会承担损失。如果这个条件不成立，那么就会有人认为它实际上是一个衍生品合同（从而就会面对很不一样的监管要求）。因此，除非能够客观地判定被保险人的损失，否则智能保险合约就会面临一个更基本的难题。也就是说，假设监管能够跟上智能合约的变革潜力，并且智能合约能够满足合同各方的预期商业目标，那么我们是否需要担心合约形式（而不是实质）呢？

相较于现有的传统合约而言，智能合约确实能够更好地管理不确定性，而一旦智能保险合约真的实现，监管也一定会跟上脚步。

保险科技和 AI：你可以逃避，但无法掩盖未来

理查德·特林（Richard Turrin）

AI| 金融科技 | 理财科技 | 保险科技专家，新加坡人寿首席创新官

AI 是对保险科技影响最大的颠覆性技术。我每天都在和 AI 一起工作，因此我知道，人们可以逃避，但是却无法掩饰 AI 将从根本上改变保险业的事实。

尽管我们可以很直观地看出，AI 可能会打破用户与系统进行交互的模式，但我希望你能想象一下 AI 技术还可以为保险科技做些什么。销售保险和解决索赔是最简单的部分。AI 将做得更多，它将为我们提供新的保险产品、新的方式来审视风险，并让我们能够查看远超出人类极限的大规模数据。

认知计算

认知计算（能够理解对话意图的计算机）将主宰未来。这些计算机也将能够理解我们人类拥有的情感和个性。认知计算将为我们提供前所未有的自动化进步，能够实现从销售到索赔的不间断服务。AI 最强大的功能在于系统能够了解我们作为客户的身份，我们对生活的态度以及需要怎样的保险。保险的未来并非是一些人所担心的去人性化，事实上，AI 将变得比以往更加个性化。

聊天机器人改变人类与机器的交互方式

聊天机器人成为保险科技最热门的话题是有充分理由的，它们是第一个改变人类与机器交互方式的真实科技。聊天机器人被设计成与科技对话的接口，以便我们可以用自然语言的形式与机器进行交谈。它是一种基础技术，在此基础上，更复杂的自动化顾问将被最终构建出来，因此请不要轻视聊天机器人。但即使你尝试着去忽视它们，也不可能，因为聊天机器人已经存在于我们的起居室里，我们可以通过提示关键词来让它播放音乐、打开灯或购买洗涤剂。保险科技聊天机器人即将上线，我们可以通过它购买保险、检查保单信息，或由互联网的常见问题部分或呼叫中心完成许多简单的工作。

虽然实现聊天机器人与人类的全面对话还有很长的路要走，但它们可以执行的简单任务就足以帮助我们显著提高效率，并改变我们与保险平台交互的方式。它们所提供的即时可扩展的交互界面，可以被看作呼叫中心和网站之间的中介。最重要的是，它们实现了 7 天 24 小时都能对交付机制中的信息进行访问，该机制可以在几个月内推出并整合到保险平台中。它们将成为客户的永久伴侣，并在整个客户旅程中更好地为他们服务。最重要的是，它们可以通过设置来教导用户，最终让用户可以自己完成更多的事情。我们可以这样想象，AI 让人类有更强的能力来处理自己的事务，因此不再需要充当中间人的人工代理商。这会吓到你吗？你们当中有多少人还想打电话给航空公司来选择座位，而不是通过手机预订呢？

聊天机器人的进步使得现在的“机器人”不仅可以与我们交谈，还可以通过所谓情绪分析的程序来确定讨论的基调。因此，机器人的回答变得更加个性化，因为它们可以检测客户的情绪状态，并根据客户的满意度来应对他们。如果说聊天机器人让你能够与计算机进行沟通，那么情绪分析就相当于计算机的心脏。举个最简单的例子，机器人可以通过客户回应的基调来确定客户何时对其所提供的服务感到不满意。当客户听起来开始变得沮丧时，机器人就可以将呼叫转移到人工代理。在更复杂的用途中，情绪分析可以用来查看客户如何与新系统进行交互。你可以将用户的情绪与先前的版本进行比较，并获得客户对系统改善满意度的明确结果。

即使将聊天机器人与情绪分析程序整合到保险公司的每个部分，也仍然无法解决我们将继续分类销售健康险、汽车险和寿险等保险产品的问题。这不是所有人对未来的看法，但我们似乎被困在了这种模式中，因为目前我们的保险产品都只能覆盖特定的领域。这使得我们不能根据客户的需求或目标与客户建立联系。

AI 和目标保险

基于目标的保险是更好地了解客户需求方式的一种尝试，这些需求基于他们想要在下一年或在他们人生中实现的目标，或者可能是他们的生活。如果你询问客户是否需要补充外国医疗保险，那你可能会得到否定的答案。但如果你问同一个顾客他们今年是否计划在国外度过美好的假期，你可能会得到肯定的答案。客户们倾向于考虑他们想要实现的目标，而不是考虑哪种保险适用于他们。目标保险能够帮助客户绘制其生命历程，同时发现潜在的保险领域，而不是探测个人的保险策略。

AI 和目标系统是完美的技术结合，能够为我们销售保险的方式带来重大改变。目前正在开发的目标系统将理解客户目标的过程“游戏化”。游戏化能简化理解客户目标的过程，不会提出烦琐的问题，使客户感到困惑。第一代目标系统将使用聊天机器人和游戏化来使客户体验具有互动性。第二代系统将完全释放 AI 的潜力，大大简化流程，使整个系统只需要提出两个问题：“你是谁？”和“我能为你做些什么？”而结合大数据的 AI 将完成剩余的工作。它将完全基于对大数据足迹的分析来了解你作为客户的身份，你在生活中的处境，以及你的最佳保险需求。然后，它将与你进行讨论以更好地完善投保范围，从而为你提供最佳保险。

这听起来很牵强吗？第一代聊天机器人已经被运用于许多保险公司，不断地为客户提供服务。有的公司在 2017 年于新加坡推出了第一个在 Facebook Messenger 上销售旅游保险的聊天机器人。虽然现在大多数机器人不会让人们以为自己正在与之交谈，但是不要忽视它们可以做的简单事情，如回答问题或帮助引导客户完成注册或索赔流程。第二代和第一代系统之间的飞跃似乎发展很大，但事实并非如此，该技术实际上已经很成熟，问题在于如何获得对数据源的访问权限，这些数据源能将你与你的数据明确地联结在一起。这种情况正在迅速改变，因为在“了解客户（KYC）”法规的推动下，政府正将公民和纳税人的名录上传到网络上，以减少欺诈行为。新加坡将于2018年初为新加坡居民推出KYC系统。一旦这些KYC系统正式上线，个人数据就可以在各个社交媒体平台上流通，从而为你提供定制保险计划所需的一切。我们将在2022年或2023年看到首个这样的系统。

如果AI有助于使保单更加个性化，那么保险公司就需要学会将保单融入同一个目标保障范围，而不是出售一系列独立的保单。承保这些新保单也需要AI，因为它们将根据客户实际行为的多个风险特征来进行定价。以汽车为例，每个客户都有一个基于五到十个维度的自定义风险频谱，每个维度都有不同的风险评分。我们很容易想象一个由使用天数、行驶里程、区域、速度、电话使用情况、乘客数量、制动力以及车载仪中的其他数据所组成的风险频谱。现在，将这些汽车资料和以相似度收集来的被保险人的健康、财产、职业和爱好资料放在一起，你就可以制定一份保单，为你的客户提供比以往更加个性化的服务。同样重要的是，你将把客户的资金重新分配到他们需要最多保护的领域，并更好地承保他们所面对的“真正的”风险。这也是我期待的未来。

下一代保险将建立在AI之上

到目前为止，我们只考虑了AI将对现有系统做些什么，以改善客户体验并更轻松地访问行为数据。下一步，AI将帮助我们设计能够覆盖AI所能定义风险的新型保险。AI最能发挥作用的地方是网络空间，因为在损失发生之前，人类无法监控或响应网络空间的威胁。网络安全确实是保险领域的新前沿，也是AI可以监控、缓解和量化客户所面临的风险领域。它们可以扫描网络生活中的恶意攻击迹象，发出警报，并清楚明确地给出此次攻击甚至是潜在危害的严重程度。AI监控的威胁将比目前网络安全政策中所涉及的恶意活动所导致的数据窃取或丢失更为微妙，但却是确保人们网络生活的根源，而网络生活具有超越数据的价值。获取有关健康、生命、损失、驾驶行为和个人习惯的精细数据将破坏精算规范。同样重要的是，由于AI可以从人们的网络生活中获取新数据，这将为我们提供新的可量化的风险维度，我们可以对其进行定价和管理。

如果你认为这在遥远的未来才会发生，并不会影响到你，那你就错了，这些变化现在正在发生。AI 将使保险更容易、更便宜、更个性化，管理的风险种类更多，甚至超出我们目前的设想。它将改变我们与客户的交互方式，并改善整体客户体验。纸张和 PDF 表格是构建我们行业的基础，而下一代保险将建立在 AI 之上。因此，如果你想在这种转变中存活下来，那就开始像 AI 公司而非保险公司那样思考。

区块链初创公司：难以相信的保险业英雄

贝基·唐宁（Becky Downing）
Buzzmove 首席执行官

区块链技术经常被吹捧为保险业的最新圣杯。它有能力简化索赔流程，降低高额保费，并帮助保险公司提升参保率。这听起来非常令人印象深刻，但这项新技术的影响到底有多大？

世界经济论坛在 2015 年 9 月发表的一篇论文中提道，“到 2025 年，全球国内生产总值的百分之十将存储在区块链技术中”。这一点非常重要。然而，如果没有超出科技思维的人群，区块链永远都不会实现这种潜力。

保险业的许多从业者认为这项技术完全被夸大了。可以说，这是人们对于区块链的本质及其作用缺乏真正的理解。如果外行人无法理解和消费新技术或创新概念，那么他们就会认为它不值得付出时间和注意力。

这并不意味着保险公司应该坐等区块链达到一定水平，更不意味着要等到普通大众能够理解。等待太久会让竞争对手有机会进行创新并获得永久的竞争优势，而后进入者永远追赶不上。

现在是拥抱和理解区块链技术最佳的时机，因为它仍是“新生儿”。现在学习理解和接受区块链的人将获得珍贵的优势，这可能有些陈词滥调，但依然是事实。尤其是区块链可以解决保险业目前面临的许多紧迫问题。

区块链合适吗

即便暂时不谈区块链，大多数人也会同意保险行业需要提升。保险目前在索赔处理上花费了 10% ~ 15% 的保费收入。由于参与者之间传递的数据并不可靠，后勤部门工作人员需要一遍遍重新检查可变数据库的信息，因此保险公司对索赔的响应很慢。保险行业还因骗保损失了约 5%，其部分原因在于缺乏数据透明度。该行业目前没有能力直接打击骗保行为，这使得索赔流程变得更加复杂。

有那么多需要改进的地方，区块链能成为解决方案吗？区块链能够提供更好的数据来源，能够更快、更可靠地处理索赔，能够自动执行保险条款。所有这些都将能够更好地防范骗保、降低风险和减少信息泄露。然而，与更广泛的金融科技市场相比，保险公司在采用区块链技术的问题上有些犹豫不决。鉴于保险公司依然在使用笨拙的传统系统，这是可以理解的，更不用说固有的官僚主义和组织对变革的抵制。大多数保险公司的企业文化重视一致性、可靠性、可预测性和短期盈利能力。这些价值观在过去曾为保险公司贡献力量。但当反应敏捷的新进入者颠覆了传统行业时，这些价值就不再适用了。与金融科技一样，这些能够从根本上改变整个保险行业的创新，将来自那些不受公司流程、财务委员会和红头文件约束的新进入者和初创公司。

与初创公司合作

当然，这并不意味着现有企业无法进行创新。它们需要利用这种能量，将初创公司作为授信第三方与之进行合作，从而能够更快地融入区块链生态系统，降低其全球平台的成本，改善客户和市场范围，并开发新的前景。

有许多原因可以解释为何相较于在内部发展区块链项目，与区块链初创公司合作会更加有利。有些原因是众所周知并经常被引用的，但另一些原因却不常被人们认识到，但它们可能更重要。

没有传统系统

初创公司不受传统系统的约束。它们可以从一个想法开始，而不像现有企业那样受到技术限制。

速度和敏捷性

相较于传统企业，初创公司在测试和学习方面更快。即使许多保险科技的创新都失败了，但某些创新将会超出我们的认知范围并改变保险领域。

内部偏见

不仅仅是保险业，任何行业的大多数老牌企业的领导人都将短期内的销售和营销作为首要目标，而不是工程或技术。传统企业专注于达成每个季度的销售数据，而不是如何将创新产品推向市场以确保公司在五到十年内取得成功。而新的保险公司就像一张白纸，它们能够专注于用户需求并进行有效创建。

初创公司由远见之人领导

当我们谈论区块链时，与创业公司合作更为重要的一个关键原因是：大多数保险科技初创公司都在试图重新设计部分保险流程（例如，改善分销渠道，或使用大数据来降低风险），而区块链初创公司更具有远见卓识。它们需要做到这一点，因为有远见的人能看到大多数人不了解的技术，以及这些技术将如何塑造和改变未来的行业。这些人通常都是初生牛犊不怕虎，会以非常不同的甚至是大胆的方式思考他们提供的产品和服务。想想史蒂夫·乔布斯或埃隆·马斯克。当这些有远见的人成功执行时，它们可能将具有极大的颠覆性和有效性。让这些拥有前瞻性思维的人领导区块链项目是至关重要的。

初创公司自身投入更多

有一个古老的关于鸡和猪的商业寓言。在故事中，鸡与猪建立了商业伙伴关系，开设了一家提供培根和鸡蛋早餐的餐厅。猪的反应是："不用谢。我会全力以赴，而你只需参与其中。"同样，大多数初创公司的创始人都承担了很大的个人风险，并为建立公司做出了巨大牺牲。由此可见，他们对于成功的动力可能远远高于传统企业的任何内部员工或外部顾问。这种承诺可以成为向市场快速推出创新性、颠覆性概念的强大力量。

更好的团队

人们很容易认为创业公司的优势完全来自他们的技术，从而忽视了文化和团队的关键作用。许多保险科技初创公司拥有蓬勃发展、充满活力和创新的文化，吸引了来自不同行业掌握了和一流技能的人才。

初创公司充满激情

初创公司的创始人和员工（尤其是早期的团队成员）离开原有的有保障的（并且通常是高薪的）工作并不是为了无所事事。他们之所以选择风险，是因为他们真的相信并热衷于自己正在构建和努力实现的目标。当这种热情渗透到产品和客户服务中时，就可以带来强大的竞争力，这种竞争力是难以复刻的。

预算限制

是的，这实际上是一个优势！拥有庞大的预算通常会适得其反，它可能会产生自满情绪，而有限的预算和短期运营压力会迫使创业公司更具创造性地思考。最有效的增长策略通常来自这种境况。

初创公司接受失败

这听起来有违直觉，但人们不可能不经历失败就有创新。当然，这不包含导致公司最终倒闭的那种失败，而是意味着不断尝试。大多数实验都会失败，这样才能找到获得成功的少数实验。那些已经成功的人士能够产生强大而成功的客户价值议题，但保险公司并不是为找到这些议题而生的。从根本上说，它们是厌恶风险的，因为持续的失败会导致失业。当然，先进的企业已经建立了内部创新实验室和加速器，可以说它们已朝着正确方向迈出了一大步，但就其本身来说还不够。因为如果没有正确思维的创新实验室，那么传统模式永远不会被打破。

前进之路

初创公司的创始人富有热情和远见，并且对成功有着紧迫感和需求，创新掌握在这些人手里更好。因此，传统企业要确保其未来发展的最快捷方式就是与这些创业公司合作。

传统企业可以并且应该投资于创建团队，并与区块链业务建立密切联系以获取知识。它们应该开发、测试和构建可以扩展和部署的原型。要做到这一点，它们需要重新定位自己，以便与创业公司进行有效的合作。

有很多方法可以做到这一点，创建沙盒环境就是其中之一。这使得选定的创业公司能够与传统企业进行有意义的实验，并在整个过程中分享经验。如果概念或战略合作被证明是成功的，那么传统企业就可以选择继续合作，甚至收购创业公司。

为了使区块链在保险业发挥其潜力，创业公司和传统企业之间需拥有更多的合伙关系，这一点至关重要。区块链的好处越快地被探索和开发，技术就能越快地进入主流。将传统企业的长期经验、承保能力与创业公司的创新能力、热情和驱动力相结合，你将拥有不可阻挡的组合，并能够快速适应新时代。区块链真的可以成为圣杯，而不仅仅是“天上的馅饼”。

语音助手技术的结构化方法

托比亚斯·贝克尔（Tobias Becker）
Diconium Strategy 公司经理
托比亚斯·特伦德尔（Tobias Troendle）
Diconium Strategy 公司管理顾问

语音助手的关联性：从触控到音控

语音助手的崛起并不是意料之外的事情。多年来，正如谷歌 Project Jacquard 所演示的那样，用户界面一直在变化，以适应我们的习惯，例如亚马逊的“一键式购买”按钮可以连接到衣服上的传感器。在每个客户的生命中寻找杆位，似乎没有什么是不可能的。此外，即时通信企业正在崛起，将进一步增加其与更自然的交易方式的相关性，特别是对于年轻一代而言。这些趋势以及智能家居技术等，在控制单元以及 AI 的新可能性下，正在推动语音助手的崛起。此外，当寻求最大限度地提高家庭的便利性时，触控可能并不总是最佳的输入方法，我们仍然存在创新的空间。

像 Lemonade 这样的公司证明了通过结合 AI 和即时通信技术，保险业也可以进行创新。目前，这几乎是保险科技企业所独有的，而传统企业正在努力培养创新文化。对于提供咨询密集型产品和处理长途客户旅程的行业而言，基于语音助手的价值主张听起来很有希望。通过在线渠道获取客户的成本很昂贵，而通过语音助手进行宣传（几乎）是未被涉及的领域，因此竞争较少、成本较低。此外，保险公司希望通过语音助手为其客户创建更加个性化的连接并为其提供增值服务，如图 8–1 所示。

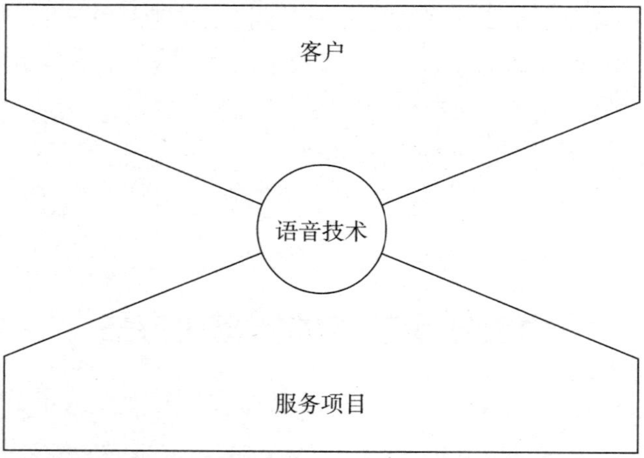

图 8–1　技术供应商作为公司与其客户之间的守门人

即使听起来很有希望，但是使用语音助手也存在风险。提供语音助手的技术公司在为其平台开发技能时提供支持，但会产生长期锁定效应并产生依赖关系。此外，公司会失去对客户接触点的控制，只能在技术功能的范围内做出决定。由于该技术尚处于早期阶段，关于哪种服务能发挥作用，还没有明确的答案。虽然服务数量增加，但客户通常会对天气、流量、新闻和提醒等语音内置功能表现出兴趣。

特别是对于保险公司而言，在数据安全性方面会产生额外的风险。目前尚未解决的问题不仅包括基于语音的身份验证，也包括用户和保险公司之间的数据传输，因为两者中间始终存在技术提供商。由于保险涉及敏感的个人和财务信息，因此需要找到一种安全的方式进行沟通。此外，信息责任很难被认定，特别是当保险公司希望通过语音助手销售产品时。因此，需要找到智能解决方案来满足世界各地不同法律的要求。

技术快照——保险公司及其策略

随着新的保险公司不断进入市场，竞争者们正在快速前进。尽管如此，市场上已可以分出不同的策略和方法。先行者亚马逊公司行动迅速，专注于以低价格、公司合伙关系和易于使用的开发工具来提升其市场渗透率。亚马逊公司已经和大众、福特、LG 和梅赛德斯等品牌建立了合作伙伴关系。谷歌公司正在努力追赶。谷歌公司在国际化和其他许多问题上苦苦挣扎，谷歌搜索独有的访问入口能否在长期内为其带来超越亚马逊旗下公司 Alexa 的竞争优势，这个问题将变得十分有趣。除此之外，其他以 B2C 为核心的公司也拥有自己的语音助手，如苹果公司的 Siri、微软公司的 Cortana 和三星公司的 Bixby。即使当下在市场竞争中落后，这些公司仍然有机会，因为它们都使用多功能硬件而不必再单独购买。

如何实现

我们确信语音助手将在保险业内产生真正的商业潜力。为了利用这些潜能，保险公司需要考虑它们想要通过语音助手来实现什么样的目标。关键问题是："我是想要用语音助手支持我现有的商业模式，还是建立一个全新的商业模式？"（详见图 8–2）。

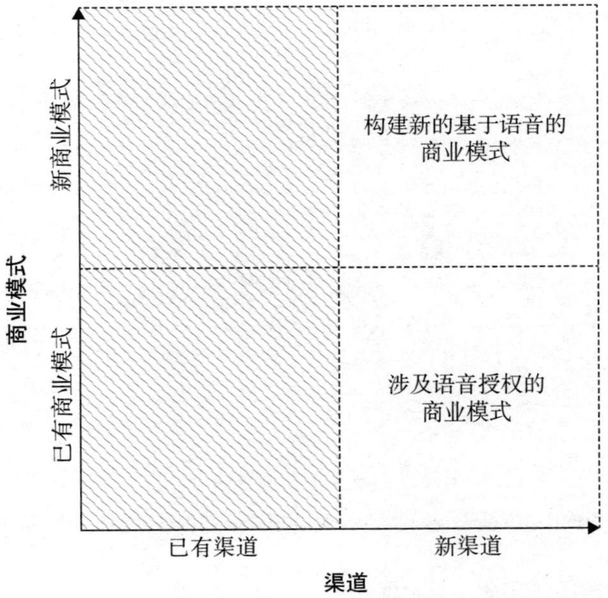

图 8–2　不同商业模式下新渠道的使用

资料来源：diconium strategy，"Established banks and their business models are existentially threatened by agile digital players"，Tobias Becker，IngmarBerger，2016.2.

由于语音助手领域的某些限制，创建一个全新的商业模式非常复杂。用户场景仅限于界面（即语音）和使用环境（如坐在家里的沙发上）。目前，利用语音助手的潜力仅限于支持的场景。使用语音助手的所有交通系统都是通过操作系统进行信息传递的，该界面完全由运营商拥有，如亚马逊或谷歌。因此，运营商了解并追踪每次交互，语音商业模式完全取决于该运营商的策略。

通过各自的应用商店（如亚马逊的 Skill Store）可以生成最小的收入流。用户场景的局限性使得单一交易在没有任何其他接触点的情况下，产生收入非常困难。通过语音助手提供额外服务来支持现有的商业模式要容易得多，它也是测试潜力和构建能力的最佳场所。考虑到特定的基于语音的用户场景，可以通过额外的客户利益来丰富现有的价值主张。

1. 了解你的客户

第一步，你需要了解你的客户和他们的问题。使用 Osterwalder 的价值主张画布将现有商业模式下的客户工作进行可视化（如图 8–3 所示），你就可以根据客户所做的工作，找到客户在人生旅途中可能经历的痛苦和收益。

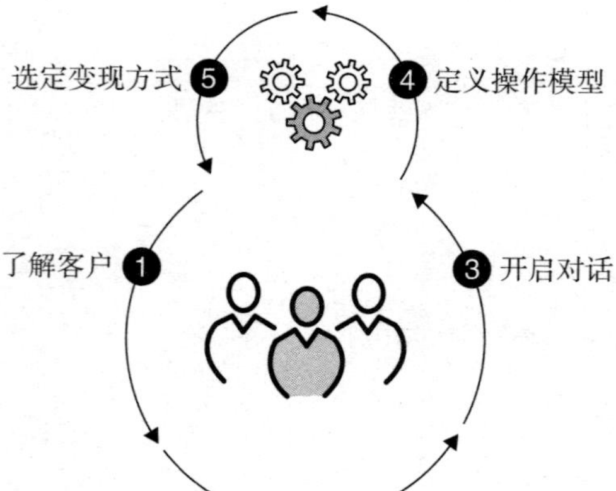

图 8–3　基于 Osterwalder 商业模式画布构建的结构化方法

2. 定义语音价值主张

通过收集的客户工作、损失和收益，你可以定义自己的语音价值主张。这里的关键问题应该是“语音助手能在哪些地方帮助客户解决工作、支持收益或减轻痛苦”。在从客户的角度出发前，写下现有的价值主张可能会有所帮助。这将确保你的注意力并更直观地展现语音助手所能带来的额外效益。

3. 开启对话

在确定了价值主张之后，你应该能够对语音服务进行原型设计。只需勾勒出与 Alexa 的对话或制作一个视频，假装与语音助手进行对话。通过早期演示，你完全可以走出办公楼并与潜在客户交谈。获取他们的反馈，以优化你的价值主张和语音服务。不要忘记了解你的客户是愿意为使用语音助手服务付费，还是希望能免费享有该服务。

4. 定义操作模型

一旦你定义并测试了语音服务，就可以开始深入了解运营模式。其服务需要包含提供特定价值主张时所必需的关键功能。关键功能可能是“显示当前账户余额”。定义了一组初始关键功能后，你应该获取实现服务所需的关键资源，如客户数据库。你可能需要外部服务来提供你的价值主张，如天气数据。因此，要选定在机构外部的关键合伙人。

5. 选定变现方式

根据你在第三步中收集的客户反馈，你现在应该决定你想要的收入模式。考虑到前面所说的限制：在语音界面上执行单个交易的变现很复杂，并且可能不被客户采用。“高级模式”将使用服务作为客户需要订购的高级套餐的一部分，这可能是更好的选择，当然这取决于现有的收入流。

水晶球：语音助手的未来潜力

这个领域的创新之旅才刚刚开始，我们甚至不知道它将会带我们走向何方。亚马逊公司已经通过引入 Echo Look 证明了语音助手不是盲目的，技术创新可以带来新的潜力。在技术创新领域，智能助手具有巨大的潜力，AI 将发挥着至关重要的作用。几年内，它们将最终能够完全理解场景，并能判断、预期和预测哪些信息将在何时与客户相关。技术供应商和其他参与者之间的合伙关系也会产生创新。尤其在我们家中，语音助手将成为多个任务和活动的首选输入方法，因为它们可以作为不同供应商的新型通用遥控器。此外，自动化公司证明除了在家中的主要用途之外，语音助手还能在其他领域提升客户体验，因此，保险公司也有发展语音服务的潜力。语音助手变得越来越重要，同时增加了新的功能，也成为客户生活的基本组成部分。在此背景下，数字商务将会发生变化，尤其是保险等咨询密集型产品的数字商务将不断发展。

因此，对于计划参与保险市场的每一家公司而言，培养好奇心并尽快开始使用这项新技术至关重要。由于客户和公司都存在学习曲线，因此必须计划多次迭代，以准确满足客户需求。

保险科技的大问题：为什么客户依旧永远是对的

简萨娜·卡恩普兰卡姆（Janthana Kaenprakhamroy）
Tapoly 首席执行官及创始人

在 2009 年，有人产生了一个能够改变世界的想法。加里特·坎普（Garrett Camp）花了 800 美元雇用一名私人司机后得出结论，必须有更便宜的乘车方式。经过反复思考以及与朋友的讨论，坎普提出了一个简单的解决方案：为什么不通过分享路程来减少出行成本呢？从此，优步公司诞生了。

2012 年，优步公司通过创建优步 X 推出了另一项创新。通过使用自己的汽车，优步司机可以大幅削减人们对常规出租车的使用。相对于又慢又贵的出租车服务，消费者现在可以轻松预订更便宜的车程，优步司机通常在几分钟内就可到达，乘客甚至可以在优步应用程序上查看汽车的位置。这是一个令人生畏的组合，最近广为流传的一个关于优步的消息是，它创造了一个价值 700 亿美元的全球科技巨头。

假如优步公司采取了不同的路线，例如，优步不仅仅让打车变得更便宜、更容易获得，而是开始采用一种更有远见的长期策略来支持无人驾驶汽车。在某种程度上，这种投资会得到很好的回报，而这一点我们很难反驳。但是，如果在 2009 年，加里特·坎普认为改善出租车的最佳方法是更换司机，那么今天又会有多少人听说优步呢？

明天的技术，今天的问题

这个问题当然是不可能回答的，但它可能与保险科技的现状有关。因为虽然令人兴奋的技术有望颠覆保险业，但它们可能无法回答消费者今天存在的问题。例如，为什么不能为我的爱彼迎房产购买保险呢？为什么必须为家中的几件物品购买全额保险？在哪里可以找到一个非常灵活、对用户友好的在线保险服务？

在进一步研究之前，这些突破性的技术值得研究一下。为什么尽管它们具有巨大的潜力，但却可能不是支撑保险领域转型的最佳选择，特别是对初创公司而言。

1. AI

尽管 AI 在近期取得的所有巨大成功（这很可能会颠覆保险行业），但巨大的中期障碍依然存在，并阻碍 AI 在保险科技领域的广泛采用。就这种颠覆性技术而言，保险等受到严格监管的行业中的大多数公司所面临的运营风险是不可接受的。而且至关重要的是，保险公司必须能够与人类进行有意义的互动，而这对于现有的最复杂的 AI 软件或聊天机器人来说，也还有很长的路要走。

当然，事情正在迅速改变。对于如今想要掌握 AI 的公司而言，它们需要三样东西：数据、资金和技术。根据定义，初创公司（至少从一开始）在这三者中都存在缺陷，这种缺陷（不是 AI 本身）使得它们难以创建主要专注于客户体验的业务。

2. 物联网

物联网最终可以在线链接成千上万的日常物品，它因有改变保险业的潜力而受到广泛吹捧。实际上，物联网已经在汽车保险领域取得了显著的成功。但矛盾的是，这一成功更有可能强调该技术在特定领域的特殊效果，而不是表明物联网即将在保险科技中被广泛采用。离广泛应用在线链接的日常设备还有一段距离，这意味着，现在采用物联网技术对于大型保险公司来说是非常繁重和缓慢的，而对于初创公司来说又过于昂贵。

3. 区块链

区块链也许是金融界最热切期待的技术，人们相信属于区块链的时机已经成熟。作为所有交易的公共数字分类账，区块链承诺一个透明和安全的交易世界，且几乎不可能被破解。

在保险方面，至少就目前而言，分类账的公共性质带来了其自身存在的问题。对于公司而言，它们需要保留客户基础，而对于消费者本身而言，他们会担心个人数据的安全。更重要的是，与股票市场不同，保险市场远没有达到完全数字化，该市场依赖于人工互动和实物交易。尽管这种情况必然会发生变化，但就目前来看，强行整合保险市场和区块链技术似乎不太可能帮助优化客户体验。

客户领导的地方……

如果这些令人印象深刻的技术都不一定是现有大多数保险科技初创公司的理想对象，那什么才有可能是呢？正如我所建议的，这可能是一个错误的问题。据统计，保险科技是当今金融科技最热门的领域之一，因为其历史悠久（且相对不变）的商业模式越来越被视为进行创新和风险投资的成熟时机。而且，与最好的金融科技理念一样，最好的保险科技正在持续关注解决客户难题，消除客户的痛点，以及满足在其他地方无法得到满足的客户需求。因此，关键问题是，哪些技术可以在保险科技领域创造理想的客户体验？

在回答这个问题之前，请让我分享一下是什么激励我成立了一家保险科技公司。像其他数百万人一样，我决定通过爱彼迎平台租出部分公寓来增加一点额外收入。我知道获得正确的保险是至关重要的，所以我开始做自己原以为 10 分钟就能完成的工作。但我想错了，通过几个小时的电话，我才发现了一家能够提供我想要的保险的保险公司，但要付出巨额保险费用。这令我非常震惊，在我们能够轻松在网上预订房间、办公室或出租车的情况下，我们却在共享经济中找不到合适的保险选择。

这次经历让我体会到了保险客户的绝望，因为我就是其中一员！尽管共享经济行业的增长速度惊人并且拥有更大的潜力，但它们所得到的保险覆盖率实在太低了。

像爱彼迎、BlaBlaCar 和优步这样的公司之所以一直在蓬勃发展，是因为它们始终专注于发现客户需求，然后不断改进它们的服务以配合客户行为。讽刺的是，这些行业的保险仍然停留在过时的模式中，更多地关注保险公司的运营效率或长期建立的风险模型，而不是客户的实际需求。这似乎是一个显而易见的观点，但这正是保险科技如此令人兴奋的原因：它不是受技术而是受客户需求驱动的，其业务的潜力与跑腿兔（Task Rabbit）或优步等业务一样充满活力、一样成功。

精明的初创公司

幸运的是，聪明的初创公司已经开始使用一些技术来帮助保险科技公司满足这些客户需求。英杰华提供的 Take Leakbot 小插件可以连接到旋塞附近的管道，从而检测管道或水龙头的泄漏，然后通过智能手机将信息传递给用户。尽早地察觉到泄露问题，可以帮助客户避免更大的费用支出和严重的损害。另一个例子是 Jolt，一款将智能手机变成仪表盘摄像机的应用程序。Jolt 既有助于防止欺诈，也可以提供帮助客户证明其索赔的真实性的证据，很显然，这会受到保险行业的欢迎，它使索赔流程更快、更公平。更进一步，Jolt 的制造商相信通过减少欺诈性索赔，Jolt 可以为优秀的驾驶员节省大量的保费。

在保险科技领域，众多初创公司正在创建灵活直观的用户界面，使得搜索和申请保险的过程更加轻松，这些公司包括 Buzzmove 和 Fabric（我自己的公司 Tapoly 也将很快完成这一进程）。良好的用户体验是行业的最低要求，但正是在这些领域，保险公司长期以来一直落后于广义上的金融行业，给消费者带来了很多不必要的麻烦。

从开始尝试提供出租车服务到现在已有八年，优步公司以及整个行业都变得与从前大不一样了。在引领了出租车服务转型之后，优步公司如今正处于推动无人驾驶汽车的最前沿，无人驾驶汽车是一种一旦实现就能真正带来颠覆性变化的科技变革。然而，至关重要的是，优步之所以达到了这一点，不是因为它最重视激进的技术变革，而是通过将客户体验提升到更好的状态来实现变革的。由于保险科技正处于金融科技的中心位置，并实现了令人兴奋的创新，我希望保险科技行业能够继续拥抱革新。

索赔技术：保险科技的行动清单

克雷格·波利（Craig Polley）
数码风险服务有限公司董事

通常情况下，索赔流程在很大程度上定义了客户体验，以及让客户决定是否购买这家保险公司或保险中介机构的保险产品。保险索赔价值链中的保险科技参与者，应该在索赔方面占据优势，超出客户预期，并使客户满意。本章提出了保险科技索赔行动清单，重点领域包括私人汽车、个人财产以及业主私人住宅。就现实而言，这些重点领域被人们普遍接受，且无须特别关注法律或法规。

以下是索赔流程的常见要素：

1. 事件发生；
2. 事故通知、记录和确认；
3. 索赔生效；
4. 维修、更换或支付；
5. 最终解决方案；
6. 代位求偿、赔偿或第三方赔付。

将索赔的第一方和第三方区分开来是很重要的：第一方是（署名的）投保人，第三方是可能有权获得或以其他方式向投保人要求补偿的任何其他人。如果投保驾驶员影响了其他车辆并且是过错方，则保险公司应该赔偿投保人对第三方支付的偿金。本节不会深入研究第三方责任、贡献或代位权。在履行索赔承诺时，以下最基本的规则有助于提升客户体验：

1. 报告损失的简易性和可得性；
2. 沟通、沟通再沟通；
3. 保留精确的记录；
4. 管理期望（见上文第二点）；
5. 有效管理外部供应商；
6. 处理索赔的时间 / 速度。

保险科技希望在整个价值链中的哪些环节占据一定地位？有些科技企业可

能只是想卖掉别人的产品并以此继续前进，而这相当于价格比较空间中的盒子转移，并没有创造真正的价值。销售由保险公司、再保险公司或劳埃德保险公司承保的保险产品的保险科技公司将需要了解：（a）哪一方将管理索赔；（b）可能涉及哪些供应商。对于保险科技公司来说，管理整个索赔过程是不太可能的，但是有很多机会可以引入平台进而简化、加速和优化索赔处理过程。

索赔常在不方便的时候发生。许多索赔也可以同时出现，保险业称之为激增。因此，必须对索赔进行仔细的编排、规划和处理。同样不可避免的是，并非每个保单持有人都会对索赔结果感到 100% 的满意，因此，完善的投诉处理流程非常重要。投诉流程通常可能是监管申请的关键组成部分，并受到持续监督。因此，需要拥有强大的记录保存功能的文档化程序。

供应商情况

有时索赔处理最好由保单的承销商执行。这意味着索赔控制将主要掌握在其他人手中。保险公司通常将索赔业务外包，包括专业的第三方管理员（TPA 或理赔管理公司）。这些公司中的大多数都提供一整套服务，能够在不参考主要公司的情况下解决索赔（称为“委托权限”）。它们收取费用并利用保险公司提供的现金资金直接支付赔偿金，但通常有一定的限额。同样，许多律师事务所都设有处理索赔的管理机构，专门处理伤害和债务问题。虽然确保承保能力和产品是许多保险科技公司的主要目标，但供应商也非常重要。

如果需要控制索赔，且赔偿提供者认为保险科技完全有能力管理索赔，并授予其处理权限，则必须评估其可以管理多少索赔流程，并考虑是否构建或购买索赔管理平台。它是一个“买方市场”，因此在进行评估时，请务必了解可用的服务范围、该如何提供这些服务、增值服务的差异化因素，以及定价问题和成本归属问题。

在考虑了所有这些因素之后，如果确定你的保险科技业务可以处理索赔，或者更进一步，使索赔技术成为关键的竞争优势，那么就有广泛而丰富的机会来改善价值链，并且可以选择在现有企业中引入渐进式改革。

在索赔中的客户体验

客户索赔仍然需要通过电话和表格填写（纸张或数字化）来进行操作。保险公司正在尝试添加移动手机和其他渠道，增加客户选择发起索赔或处理通信的选项、验证方法等。其中轻巧、移动优先、响应迅速的设计是关键。如果定期互动和客户参与保险产品应用程序是业务目标的关键部分，那么在菜单中添加有效的索赔报告和处理工具是有道理的。许多公司仍然要求保单持有人下载、打印和提交表单，这可能分别反映了后端策略、索赔和客户平台之间的脱节。

索赔分析

电子表格仍然是索赔管理器工具箱中使用最广泛的工具，另外可能还有一些额外的管理信息工具支持。汇集结构化和非结构化数据，以及捕获客户端通信、人工制品和数据的多渠道功能是保险科技有潜力发挥作用的地方。现有公司存储着许多形式的索赔数据（通常是档案盒）。当可以直接或间接使用所有可用于识别个人的信息时，个人可识别信息之间的界限显然是必要的。其他所有东西都融入了现代资本的有效平台，使其能够将索赔范式从后见之明和洞察力转变为远见。在某些情况下，索赔甚至可能会自动验证和解决。在其他情况下，可以根据历史索赔经验或倾向预估结算时间、结算成本和复杂责任的移除。

机器人技术……产生索赔机器

软件和机器、聊天机器人和机器人顾问现在正在被编程，以实现通过与人类的对话经验来学习。自然语言处理，也就是用一个人的声音来指挥和控制并获得所需，现在已经变得司空见惯。聊天机器人能够比人类更有效地捕获日常数据，并且能够触发自动化进程，以减省手动操作会带来的大量资源消耗。

许多索赔流程都是常规化的，因此人类开发的精细化流程可以通过机器自动化成功完成。最显著的例子是首次损失通知（FNoL）流程中，保险公司或经纪人与保单持有者就索赔问题进行的问答。必要时，索赔的内容、地点、原因和方式可以被捕获并输入核心系统和相关的事件，从而触发响应团队。以这种方式捕获和分析可持续构建数据，也是可扩展的，能够满足大企业的需求。

物联网在索赔中的应用

随着洗衣机或冰箱开始“智能化”，可连接的东西确实有可能被连接在一起，因此物联网也将在索赔过程中找到应用场景。联网汽车可以通过无线网络得知不利事件；家庭、工厂和农田中的传感器可以立即发出警报，同时表明（或证明）了保险单可以承保的损失。事实上，集中监控安全和火灾探测在数十年前就已被引入，至今为止的许多保险单都规定了此类设备的使用和维护，以降低风险。工厂和机器的故障以及其后果，往往导致了商业保险的索赔。遏制索赔的速度，可以减轻保单持有人和保险公司的索赔后果。无论是家用还是商用的风力涡轮机和光伏太阳能电池板，不仅在损坏时需要维修或更换，而且还可能造成经济损失，这两者都是保险可保的。例如，如果预测到冰雹或风暴等恶劣天气，预防措施可以减少或消除损坏风险。

数字证据和打击索赔欺诈

保险科技公司需要仔细考虑该如何保持客户交互数据的记录。英国保险法（于 2016 年 8 月生效）和其他欧盟指令（包括通用数据保护法规）给整个行业带来了挑战。在处理索赔时，“公平对待客户”的概念改变了举证责任和对保险合同语言的依赖。在处理多渠道通信时，无论业务分类可能存在多大的差异，以及管辖权要求记录到任何程度，都必须捕获并保留在索赔过程中信息的交换方式和内容。相反，行业监管者可能需要确保欺诈行为受到了常规的、有力的监管。这通常是强制性的，不监管公司所能决定的，因为在监管机构看来，欺诈是对其他保单持有人和更广泛的金融体系的威胁。因此，参与处理索赔的任何人都需要证明，并可能需要采用抵制欺诈行为的方法来证明。

欺诈检测不仅仅是索赔问题，还是更广泛的欺诈预防的一部分。它也适用于销售点，它们在提案和承保阶段从保单持有人处获取信息。虽然使用技术和数据防范保险欺诈并不是新鲜事，但是实时行为分析等新技术更为先进，也较为新鲜。许多平台现在都在查询社交媒体，但索赔调查员难以识别它们的模式。在撰写本文时，美国和加拿大移民局正在实验将视频分析和语音压力分析结合在一起。由亚利桑那大学开发的 AVATAR 平台展现了冰山一角，它也是多语言的！保险科技公司应与保险合作伙伴和专家保持密切联系，以制定检测和处理欺诈的策略和程序。很多机构在这方面资源充足，并且在减少欺诈风险方面有共同利益。

仅有科技是远远不够的

哈里·威廉姆斯（Harry Williams）
峡湾公司业务设计师

保险是由技术驱动型投资丰富起来的最新行业，但风险也开始出现。技术的使用可能只是为了自身利益，而技术不仅可能导致更高的复杂性，也可能带来过度的一致性，从而改变了竞争动态，这些都是技术的风险。

设计可以提供答案。要理解这一点，重要的是要抛开误解，即设计不只是让东西看起来很好。设计之所以是如此强大的工具，其根本原因在于对人们的重视，无论是你的客户、员工还是社会中的其他人。在本节中，我们将介绍三种方式，讲述设计可以如何用于创建客户喜爱而竞争对手讨厌的产品和服务。

从解决问题的视角进行设计

仅仅关注如何将技术用于创造新服务是创造无人不想要的服务的第一步。我们应该采用以设计为主导的方法，首先考虑用户及其需求，而不是那些很酷的新技术。任何产品开发过程的第一阶段都应该是找出你要解决的问题。这应该包括与客户交谈，以了解他们在整个保险过程中的行为和感受。在获得这些信息后，你可以开始了解用户体验的高低点。重要的是，你将看到创造新服务的机会，这些服务将改善客户的整体体验。你可能会发现，用户认为索赔过程非常耗时且复杂。从识别到这个问题开始，就可以开始创建解决此问题的服务。这降低了可能花费 12 个月时间来开发花哨的“机器人顾问 – 聊天机器人 –AI 助手”客户互动平台，并将其在市场中发布而没人想要它的风险。

这并不是说不断关注用户的需求会对业务造成不利的影响。一旦找到值得解决的问题，并找到问题的解决方案，就可以继续研究该业务的其他领域，以确保所提供的服务具有商业意义。发现客户想要的服务是关键，这能够为企业赚钱，并且在技术上是可行的。

设计差异化

我们生活在一个充实的世界，市场比以往更具竞争力。随着技术成本的降低和信息的自由获取，进入市场的门槛达到了长期以来的最低值。刚毕业的大学生就可以开始自己的保险科技业务。现在已不再是缺乏信息和选择的时代了，这意味着以合理的价格提供多功能的产品才足以吸引客户。在这个充裕的时代，仅仅对理性、逻辑和功能需求的吸引力是不够的。为了在这个积压的市场中能够区分出你的产品，你需要创造美好而愉快的用户体验，并与你的客户建立情感联系。

在当下，这听起来相当奇特和复杂。但实现这一目标需要遵循良好的设计原则。设计可用于解决复杂性，并为客户提供最简单的用户体验。如果你的目标是创造一种神奇的体验，并实现与竞争对手的差异化，那么你就应该追求简洁，这可能听起来有点简单，但它一直是世界上一些最成功的产品、服务和商业的基本原则。检查一下你的手机、电脑或手表，如果它带有苹果公司的标志，那么你就会发现这一原则。当史蒂夫·乔布斯于 1997 年回归拯救苹果公司时，他的一个指导原则就是“简约是复杂的最终形式”。苹果公司坚持不懈地致力于坚持这一原则，使它们成为有史以来最成功的企业之一，创造了全世界数百万人喜爱的产品和服务。

由于保险行业普遍较为复杂，简化事物比以往任何时候都更加有力。保险很复杂，客户很难比较保险单，很难理解他们所投保的内容，并且要经历痛苦的索赔程序。除了给客户带来糟糕的体验外，这种复杂性还会带来了不信任。如果客户不理解他们收到的四份保单文件，他们又如何信任保险公司将在他们需要时为其提供保障呢?

你可以从重新思考沟通和呈现信息的方式开始简化用户体验。首先，你需要重新考虑如何与客户交谈。想象一下，你正在向酒吧里的朋友描述一些东西，而这就是你应该使用的语言类型。删除大多数客户无法理解的术语和过于复杂的单词。你可以将品牌想象为现实生活中的一个人，这样你就能够通过语言赋予品牌个性。它可能是一个值得信赖的朋友，一个充满爱心的家庭成员，也可能是一位权威的同事。思考一下这个人的特征，并确保这些在你的商务交谈中都能产生影响。这样客户才可能与你的品牌形成友好的、人性化的联系，简洁的语言也已将行业的复杂性去掉了。其次，如何呈现信息。在一个图像逐渐消失而上限至280个字符的Twitter大行其道的时代，客户没有时间或意图来弄清楚所有这些保险的含义。通过将客户真正需要的关键信息简化为可视化摘要，客户更有可能明白你提供给他们的内容，并相信你最关心他们的利益。

由于整个保险行业都存在着复杂性问题，能够克服这一问题的保险公司将迈出分化的第一步。美国保险公司Lemonade证明了简单性和透明度在市场上所能提供的明显差异化，这让它们引起了一波关注，并让它们获得了6000万美元的支持。它们的沟通风格既有趣又轻松。它们的商业模式很简单，并且能自豪地在网站上展示给所有人。它们提供的体验快速又有趣，这意味着你可以在90秒内购买保险，或在三分钟内完成索赔。能够采用这些关键设计原则，并将其付诸实践的保险公司，将实现与竞争对手的可持续差异化。

简单是一个能让服务与众不同的设计原则。另外，还有很多其他原则需要探索，包括实用性、功能性以及优雅和诚信。关键是找出将对你的服务产生最大影响的原则，并与有天赋的设计师一起执行它们。

设计部门之外的设计

从本节开始，你应该清楚设计的价值不仅仅是让产品看起来更好。设计是解决问题的工具，也是实现可持续差异化的工具。但要实现这些好处，心态变化是关键。将设计延伸到设计部门之外，并不意味着将设计师放在你的财务和合规团队中，它是指改变所有员工接触和解决问题的方式。关键是将客户置于你所做的每件事的中心，确保你提出的解决方案不仅仅是解决业务需求，还能解决用户需求。因为没有用户，就没有业务。

改变机构内每个人的行为是一项巨大的挑战。爱彼迎很擅长在整个机构中推广这种“设计思维方式”。在每个团队中，项目经理负责代表客户，以确保每次讨论都考虑到对客户的影响，并且每个解决方案都能为他们提供价值。如果设计是要对公司产生积极的影响，你需要做出改变并遵循这种改变。无论是确保团队能听到“客户的声音”，还是在团队中进行“设计思维”培训，最好的回应就是行动。

小结

如果你要想建立成功的保险科技业务，仅靠技术是不够的。如果你想创造客户喜爱的产品和服务，并使之与竞争对手的产品区分开来，那么设计就是一种可以提供帮助的工具。因此，请记住：将用户需求放在你正在解决的问题的中心，遵循设计原则以创建具有可持续竞争优势的用户体验，并创造一种公司上下都重视设计原则的企业文化。

The INSURTECH Book

09

保险企业未来行动计划

本章畅想了保险科技的未来。来自世界各地的六位作者对即将发生的变化提出了他们的解释和看法，对我们来说，这里的各种观点几乎和章节本身一样迷人。

对于乌尔里希·克莱帕斯（Ulrich Kleipass）来说，保险领域的创新显然早就不是什么稀奇的事了，保险行业也不再完全着眼于内部，而是积极地通过外部（合作伙伴、客户，甚至是同行）来实现创新和数字化。这使得“外部创新管理”的正确与否变得至关重要，克莱帕斯为现有保险公司提供了一个切实可行的八项行动计划。

保琳·戴维斯（Pauline Davies）关于“客户联网”新世界的有力论点，实际上意味着小额保险的加速普及。戴维斯对非保险现状的详细分析，特别是其对非洲现状的分析，以及对数字化和保险科技如何能改变这种现状的分析是务实而又鼓舞人心的。许多人会觉得，小额保险的应用本身就是保险科技值得推崇的理由。

本章的第三节为邱明（音译）和崔亚伟（音译）所著。他们分析了保险科技的未来，将其作为一种“需求侧”创新（即客户、理解和控制）和“供给侧”创新（即将大数据和 AI 充分应用于内部结构和效率的提供商）的手段。邱明和崔亚伟提出了一个包含所有类型的保险（健康险、财险等）、个人理财、财富管理

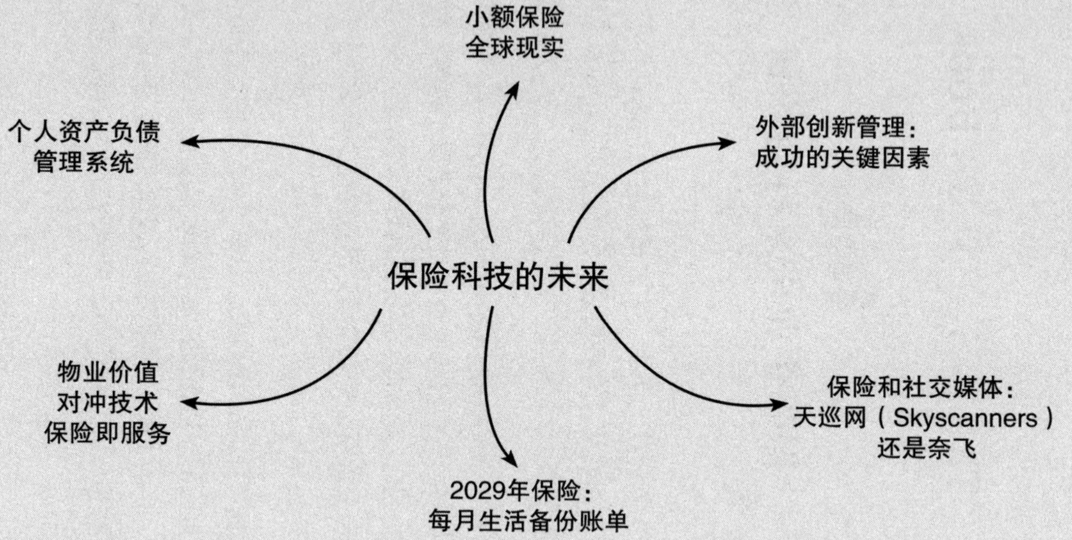

小额保险
全球现实
个人资产负债
管理系统
外部创新管理：
成功的关键因素
保险科技的未来
物业价值
对冲技术
保险即服务
保险和社交媒体：
天巡网（Skyscanners）
还是奈飞
2029年保险：
每月生活备份账单

咨询以及执行权的个人资产负债管理系统。

没有社会媒体的讨论，对保险科技未来的构想就不可能完成。不出所料，埃里克·亚伯拉罕森（Erik Abrahamsson）通过媒体对未来保险业两个可能的结果进行了引人入胜而又令人信服的描述：天巡网和奈飞分别代表着他所描述的“最糟糕”和“最好”的情况，众安公司则是未来成功的社交媒体保险公司的典范（他没有说他最可能相信哪种情况，看看你怎么想）。对于我们所有的撰稿人（不仅仅是这章的撰稿人，而是本书所有的撰稿人）来说，一个共同的思路是保险科技实际上不完全是关于科技的，而更多的是关于你用它来做什么，以及为什么这么做。

思维的转变也是吉拉德·沙伊（Gilad Shai）“把握”未来的关键。他设想现有保险公司不再自顾自地解决“技术问题”，而是将保险重新构想成“保险即服务”，即与专业技术伙伴（保险科技公司）合作提供的风险服务。

英国的保险专业人士会识别出吉拉德所举的一些例子背后的深意，其可能意味着“计划”。英国经纪人历来以专门寻找新的风险、寻找承担这些风险的新客户以及与保险公司合作，并针对这些风险迅速设计出保险产品来提供保障而受到重视。但吉拉德确实是在挑战我们的认知，他不希望我们简单地认为保险科技很有用，因为它也是必要的麻烦，或者甚至是一个无法避免的威胁。他的挑战在于，让保险科技成为现有保险公司业务的核心部分，成为无处不在的 SWOT 分析中的机会和优势。吉拉德没有空去考虑急于打破现状的保险科技初创企业应该如何看待他的想法，或者它们将如何塑造自己的产品和渠道。也许下次他会有机会去考虑?

最后，乔治·凯塞尔曼（George Kesselman）丰富翔实的文字将带领我们穿越到 2029 年 1 月。我们的每月生活备份账单详细展示了这个月的活动需要支付的费用、精确校准和计算的个人“风险”，以及随之而来的生活备份保障在我们生活各个方面的使用。这是一个持续论证的力作，无论你是否觉得凯塞尔曼描述的未来对你个人具有吸引力，但他的文字确实是发人深省的，这也是他对“保险是一种公用事业”最原始的理解。总的来说，本章所记录的观点既会让你感到耳熟能详，又能让你感到些许陌生，既严丝合缝又虚无缥缈，既显而易见又发人深省，而这也是本书最合适的结尾。

数字化转型与企业创新管理：企业行动计划

乌尔里希·克莱帕斯博士
埃尔戈集团创新柏林项目负责人

数字化已变得越来越具有战略意义：保险公司必须将现有业务数字化，同时通过新的流程、产品、市场和业务模式进行创新。这就提出了一个问题：如何运营这一创新过程。尽管创新并不像其他研发密集型产业那么突出，但是对保险业来说，这也不是什么新鲜事物。然而，保险公司在寻找新创意时已经从注重内部变成了利用外部合作伙伴、同行以及客户来推动创新。那么，它们应该遵循哪些指导原则呢？

1. 超越渐进式创新

渐进式创新在战略规划中是可以预见和便于考虑的。而另一方面，现有的系统很难应对指数级的发展速度和颠覆式创新。然而，从物联网到提高数据可用性的驱动因素影响着颠覆式创新如何进入保险行业。而创新有可能出现在客户前端，也有可能出现在承保过程中，或可能拥有一些其他功能。因此，保险公司需要适应，需要对更激进的方法持更加开放的态度。创新的目标不应该仅仅是进一步提高效率，而应该是以更低的成本向更多相同类型的客户销售更多相同的产品。保险公司应该开始在它们的舒适区域之外进行更多的尝试，因为未来的竞争者甚至可能并非来自保险行业自身（如汽车制造商销售车险产品）。

2. 迈向全数字保险价值链

其他行业（比如银行业）已经证明了当初创企业在一个行业兴风作浪时会发生什么：它们加速了价值链的分解。在过去的三年里，我们目睹了许多所谓的保险科技公司通过扮演数字化经纪人的角色，向客户提供更具吸引力的数字化前端来挑战保险行业。Knip 和 Clark 等欧洲公司率先推出了合同管理工具，它们比传统保险公司迄今为止提供的任何工具都更具“数字感”。事实上，这些例子只标志着第一代保险科技公司，而其创始人必须明白，为了真正威胁到现有的保险公司，他们必须进一步融入价值链，而不仅仅是专注于价值创造过程的某一环节。这意味着，他们还必须提供诸如完全数字化的索赔过程以及自主或合作设计的保险产品以优化数字化客户的体验。否则，当客户发现一个良好的客户前端却搭载着类似传统的产品之后，他们最终会感到非常失望。

3. 企业的创新是一个渐进的过程

保险公司需要经历一个创新学习周期。它们大多数从实验阶段开始，尝试不同的形式，也创立一些新的流程。并非所有公司都有投资初创企业的经验，作为并购交易的一部分，花费 8000 万欧元可能很常见，但是通过可转换票据投资 10 万欧元可能就并非如此了。这个阶段应该被理解为专业化时期。这可能意味着公司能够更有选择性地甄别创新主题，并且更有效地组织合作项目。最后，我们观察到绩效导向的压力越来越大，为了留存企业的职能，创新需要显示影响实际业务的关键业绩指标。这里的测量标准可以从提高在线转化率等商业目标，到实现文化目标，再到提升企业声誉。

4. 你需要专注于正确的创新主题

高德纳公司技术成熟度模型的概念为决定要着手哪些创新主题提供了一个很好的切入点。可以说，早期的技术成熟度主题尚处于起步阶段，还无法很快带来商业上的影响。例如，区块链在 2016 年仍处于起步阶段，因此大多数保险公司在可预见的未来很难找到有利可图的用例。在这方面，像 B3i 这样的联合产业计划是在创新主题真正进入市场之前的坚实基础。在天平的另一端，是大多数组织中已经确立的主题（如 SEO、SEA）。在这里，我们可以认为这些主题也不应该是创新功能的焦点，因为它们应该是相关业务部门的“正常业务”。还剩下什么？很多！从“智能家居”到“联网汽车”，而客户将判断哪些创新将继续存在。

5. 通过探查与创新初创公司合作

探查可以被描述为一个系统的过程，以“发现新的合作、共同开发、许可或收购的机会”。你如何选择正确的目标并实现它们？探查与销售功能有许多相似之处，例如，通过不同的渠道（如体验日、会议、案头研究）收集线索；初创企业是通过探查员来接触的（有时反之亦然）；讨论协作潜力，并明确共同想法，直到双方同意进行概念验证……有时随之而来的是一个可扩展的项目。

然而，要有效地控制这一过程，你需要：

- 知道你在寻找什么，需要清楚地了解组织感兴趣的内容。没有业务部门的支持，合作将停留在创新管理的职能范围内，并且很少能够扩展；
- 找到合适的技术来支持你的流程。这一方面意味着内部工具（如数据库跟踪），另一方面意味着合作技术（如让初创公司能够使用一些测试数据的应用接口）；
- 合理安排流程，以便能够快速执行实验计划。你的创业伙伴不像你想象得有那么多时间和金钱。

6. 去创新所在的地方

创新不一定会主动来找你，因此你必须主动去创新所在的地方。可能你的总部在汉堡，但如果保险科技初创公司位于硅谷、伦敦或者柏林，那么你必须弄清楚如何与它们建立联系。虽然它们是资源密集型企业（尤其是那些规模更小的保险公司），但是在核心地域派遣创新探查员来接近“奇迹发生”之地，显然是有好处的。

7. 与最好的伙伴合作

与已建立的加速器（如伦敦创业训练营）、公司创建者（如 FinLeap）或者风险投资家进行合作，以便更好地接触到最新的潮流、初创企业以及人才，这是其中的一种选择。这样可以节省生产准备和运营成本，并带来更快的影响和向他人学习的机会。

8. 投资初创企业

这一趋势正在增长，但对于许多保险公司来说，仍是一项新奇的活动。投资可以增加相互承诺。当涉及股权投资时，业务部门总是会对创新项目进行不同的优先级排序。投资是一个相对实惠的好机会，可以帮助公司深入了解合作伙伴、行业以及技术。你可能以超越直接竞争对手的价格来获取重要技术。虽然你不想限制创业伙伴的发展轨迹，但你仍然可以通过这种方式获得更大的影响力。

外部创新管理是通过利用外部合作伙伴、同行和客户在创新方面取得的进展，成为推动一家老牌保险公司实现数字化转型的主要杠杆。我是一位活跃的投资者，曾与250多家创业公司合作过，拥有丰富的经验和阅历。本节集中讨论了成功实施外部创新管理的重要驱动力，并将其作为数字议程的一部分。虽然让这一切立竿见影的“银弹”尚未找到，但企业创新管理可以为一家保险公司的成功做出持久的贡献。我无法保证企业一定能够成功，但是试错一定会比坐以待毙让你走得更远。

联系客户的新世界是小额保险的未来吗

保琳·戴维斯

费朗斯通合伙人及InsuredHQ首席执行官

基于互联网和过去三十年来网络的通信方式的迅速发展，今天世界各地的人们都拥有比以往任何时候都要多的联系方式，除了那些几乎没有网络的地区。据估计，截至2017年3月，欧洲人口占世界人口的10.9%，其中77.4%有互联网接入。在占世界总人口4.8%的北美，这一数字上升到88.1%。我们甚至可以说，在这两个大陆上，对任何想要使用它的人而言，互联网（在某种程度上）都可以敞开大门。然而，世界其他地区的情况并非如此，非洲是最极端的例子。非洲人口占全球人口的16.6%，接近12.5亿，但是其中只有27.7%的人口是互联网用户，略高于四分之一。如果进一步细分这些数字，非洲和欧洲/北美之间的差距就会变得更加明显。肯尼亚是其中的领先国家，互联网的人口普及率为77.8%，普及率超过60%的还有一个国家（毛里求斯），但有19个国家的普及率低于10%，排在榜单末尾的国家是厄立特里亚（1.3%）和尼日尔（2%）。有趣的是，在非洲国家，互联网的可用性似乎只是这些国家财政实力的粗略反映。以肯尼亚为例，尽管其互联网普及率高于欧洲，但其人均GDP仅排名非洲第22位，在全球排名第150位。厄立特里亚的人均GDP在非洲排名第34位（在53个国家中），而尼日尔排名第48位。

如果经济实力不是互联网普及率低的原因，那还有其他什么因素吗？严峻的现实是，在许多非洲国家根本没有互联网，尤其是在农村地区。这些国家在必要的基础设施（比如宽带电缆）方面投资明显不足。在一些有互联网的地区，互联网上可能缺乏当地语言的内容，也可能存在潜在用户无法使用现有技术的教育问题。据估计，全球没有互联网接入的人口约为40亿，约占世界人口的60%。不过，这些正在改变。Facebook的免费基础程序能够让移动用户无须支付数据费用就能访问Facebook，这个程序目前可以在42个国家使用，其中一半以上在非洲。Facebook还在研发卫星和太阳能无人机，让农村地区不用宽带电缆就能上网。而谷歌公司有一个由X（前谷歌X）运营的Loon项目，目标是利用太阳能气球网络实现全球互联网覆盖。该项目自2013年开始实施，并于2015年被麻省理工学院科技评论评为当年十大突破性科技。

即使不考虑这些突破，非洲从一个非常低的基数开始，在互联网普及率的增长方面仍然领先。2000—2017年间，它们的互联网普及率提高了7700%以上，相比之下，北美和欧洲（500%）的普及率同期仅增长196%。

这和保险，特别是小额保险，有什么关系呢？小额保险可以定义为针对不享受社会保障服务的低收入人群的保险。其特点是保费低、覆盖范围小。这个细分市场中最常见的保险产品一般是意外险、健康险以及寿险，当然也有一些针对农业和财产风险的保险产品。我们可以很容易地理解，当灾难发生时，国际社会的这一部门面临的风险最大，而且很明显，受到气候变化不利影响的将是穷人。保险可以减轻风险，从而减少脆弱性。那些更有能力从财政困境中恢复过来的人对国民经济也会有更好的贡献，他们不会消耗国家的资源。因此，向这个市场提供保险产品是许多国家的优先事项，特别是在非洲、亚洲（尤其是印度）和南美洲。不过，小额保险的提供仍是一个重大的挑战。这其中有很多原因，包括让保费过高的交付成本，客户对保险的用处缺乏充分了解，可用的产品范围有限，缺乏进入偏远社区的渠道，以及缺乏支付保险费和获得索赔的银行账户。其造成的结果就是，尽管小额保险的年增长率约为30%，但它的覆盖率仍然很低，2014年非洲的小额保险覆盖率估计为5.43%。

技术进步肯定有助于提高分配率。多年来，移动网络运营商一直被视为理想的保险公司合作伙伴，因为它们在市场营销、客户获取和保费支付等方面都涉足了原本不相关的领域。然而，移动技术在保险交付方面有其自身的局限性。许多保险产品被当作“免费”产品来进行销售，特别是在保险尚不为人熟知的市场中，保险产品会作为电信用户的额外利益而纳入保单。这不仅带来了将顾客转变为支付保费的人的挑战，还可能意味着顾客甚至没有意识到他们拥有保险，从而使他们在需要索赔时却不知道怎样去做。在销售链中也没有销售代理，所以也没有产品说明或协助投保。付费保险的保费收取也可能成为问题，保费通常以电子钱包或空期信用扣除的方式收取。然而并不是所有的移动用户都有电子钱包，因此这是一个明确的限制因素。此外，从话费中扣除费用的信用支付方式也有缺点，因为客户在打电话前可能需要充值。尽管如此，移动电话网络是目前在发达国家以外销售保险的最成功方式之一。

那么，如果我们展望未来，不再关注现在可以实现的目标，而是去关注未来可以实现的目标，会怎么样呢?

互联网将成为游戏规则的改变者，因为它能解决目前困扰小额保险交付的许多问题。一旦人们能够使用互联网智能手机（更不用说个人电脑和平板电脑了），更多的可能性就会出现。

- 可以使用用户的语言（包括方言）来提供有关保险和风险管理的信息。这不仅仅局限于文字材料，对于那些苦于书面文字的人而言，视频和音频还能够提供相同的信息。
- 当然，不能阅读的人自然也不会写字，所以销售代理的角色可能依旧会存在。这至少是因为他们很可能是社区中值得信赖的成员，并且能够给人们解释所购买的保险产品的性质。但设想一下，如果销售代理拥有一台平板电脑，让他能够帮助客户在线填单、即刻承保（或以其他方式承保）以及直接生成并打印保单文件，那么他的可信度会有多高。同时，客户数据和所购买保险的财务信息会自动加载到保险公司的云计算策略管理系统中，因此，对于风险从何时开始计量，以及文件通过邮件发送后会到达何处，也就不会再有任何疑问了。
- 可以在线方式支付保费，而不必依赖于银行账户。PayPal 就是一个很好的例子。Whats App 在 2017 年初宣布，它们也将推出在线支付的功能。当然，如果能通过这种方式缴费，那也就能通过这种方式获得索赔，这将有助于索赔付款的转移。
- 保险公司将使用基于云计算的保单管理系统，这意味着它能够降低间接成本，从而提高低保费保险的可行性。没有服务器，没有 IT 部门，也没有重复处理。
- 向消费者提供的保险产品范围能够大大扩大，保险条款也能够根据个人需要进行调整。在线自动评估将使得在保险金额、保险单超额水平、可覆盖的财产范围等方面具有更大的灵活性。与此同时，保险公司将能够更好地、更自动化地评估个人风险。

- 事故照片及收据、发票照片的上传使得在线处理成为可能。
- 当然，还有数据分析。一旦信息上网，很多保险公司就可以使用这些信息了，这是目前无法想象的。它将成为了解风险和客户行为的工具，而且能够成为骗保检测的手段。

特别有趣的是，我在这里描述的所有技术其实都已经实现了，而这些技术已在发达国家获得了一定的关注。在线销售越来越被视为必不可少的渠道，尤其是作为一种接触千禧一代的手段。千禧一代希望能够在网上完成任何事，而不必去办公室或呼叫中心等待。虽然保险公司在很大程度上尚未使用云策略管理系统，但这种情况肯定正在改变。

世界上的欠发达地区也许还需要一段时间才能像欧洲、北美、新西兰、澳大利亚等国家一样，把使用互联网看成日常生活中不可或缺的一部分。但在许多方面，它们将开始领先，随着技术不再处于起步阶段，互联网可以以显著的速度为它们带来可观的收益。

个人资产负债管理系统

邱明
精算金融集团首席执行官
崔亚伟博士
穆迪公司高级学术总监

从 2010 年到 2017 年，第一波保险科技创新已经对传统保险价值链产生了深刻的影响。在保险科技这个术语发明之前，基于互联网的保险创新主要集中于产品的价格比较和拓宽产品的销售渠道，例如，印度的 Policybazaar 证明了价格比较网站在价格敏感市场中的重要性，而 InsWeb 在美国的兴衰则证明了纯网络保险销售渠道的局限性。这一波开始于2010年的保险科技创新浪潮的关键特征是保险价值链和关联保险的分离。传统零售车险产品的设计和定价已经被远程信息处理学的可用性、应用保险和行为保险的定价算法所改变。无处不在的智能手机和云大数据算法正在优化承保的流程。

中国众安保险公司凭借自2013年成立以来就拥有的强大互联网创业基因，在2015年11月11日的电商大促销日，利用云计算和实时定价，发行了超过1亿份的一揽子运输保险。

无人机和航拍图像被用来承保财产风险并提升财产损失索赔效率。Cape Analytics公司使用机器学习技术并通过航空图像来识别财产风险的水平。Dropin为无人机或智能手机制作的实时流媒体视频开发了一个平台，帮助保险公司远程调整索赔要求。可穿戴设备可以为践行健康生活方式并降低医疗成本的保单持有人带来补偿。2016年，医疗数据分析公司Springbuk发布了一项研究成果，在两年的时间里，使用可穿戴健身监测设备的员工的医疗成本，比对照组员工平均少1292美元。总部位于英国的Neos提供了一款由慕尼黑再保险公司承保的家居保险产品，该产品配有八个传感器和一个摄像头，帮助客户检测家居中的潜在问题。当你的家因为连接的智能设备而变得更加安全，当你提升自己的驾驶技术，不断降低自身的驾驶风险时，个人风险将会变得更加标准化和商品化。

虽然这些技术有助于保险公司在保险业务的提供方面进行创新，但人们普遍认为，投保人在理解这些保险产品的特性和理解产品的成本 / 收益方面依然存在困难。我们认为，将传统精算定价与储备模型和大数据、AI等更具创新性的“武器库”相结合，并在保险业务的需求方面创建复杂的可视化分析和保险产品定制，将是一个重要且不断涌现的机遇。

与传统的精算方法相比，我们不应夸大大数据和AI在预测意外事件（如疾病、残疾、车祸，甚至个人和家庭可能遇到的死亡）发生概率方面的能力。由独立保险科技初创公司开发的移动应用程序和在线平台，能够帮助投保人或潜在的保险购买者更好地了解自己面临的风险和保险需求。瑞士公司Finance Fox声称自己是首个完全独立的保险服务平台，它们可以随时随地查看所有的保险合同，而且只需轻轻一点就能进行保单交换。此外，我们预计，下一波针对在线金融平台的创新浪潮，将把金融服务分析的需求端推到一个更复杂的阶段。个人和家庭将可以在线实时 360 度查看所有的有形和无形资产、负债、不可预见事件风险以及解决方案。Mint 和 Personal Capital 等个人理财平台率先提出了以现金流分析为核心的综合个人资产和负债分析概念。中国的蚂蚁金服率先提出了“数字生活”的概念，将客户的支付、保险需求和财富管理活动整合为一个平台。

机构资产负债管理实践已从现金流分析发展到财务报表的经济估值，以及基于场景的经济预测。在美国，寿险公司被要求进行现金流测试，而《欧盟保险偿付能力监管标准 II》(*Solvency II*) 是一个综合性原则的保险监管框架，需要经济价值模拟。升级版的个人资产负债管理系统可以将其能力扩展到银行存款、工资、抵押贷款、汽车贷款、信用卡支付及各种负债支付的现金流分析之外。

对中国新兴的中产阶级来说，对他们的房地产、汽车、投资组合进行“实时”估值，并扣除负债以算出他们的净资产是一种受欢迎的公共事业。中国的几家金融科技初创企业，比如挖财和 51 信用卡，都在自己的应用程序中加入了全面的个人理财记账功能。通过对未来个人资产负债现金流和估值的预测，以及按生命周期阶段划分的各种保险需求和承保范围，都表明需求将进一步增加。例如，中国中产家庭最近的热门话题包括生二胎对经济的影响，提高退休时的税收优惠储蓄，以及为年迈的父母提供长期护理保险。一个复杂的资产负债预测系统和用户定义的“假设”场景将有助于公司做出更好的决策。在金融科技出现之前，这种高价值的复杂金融分析工具还无法在个人层面上使用，并且也还没有出现在个人应用程序市场上。

智能顾问的兴起，解决了财富管理行业中长尾客户的个人资产积累问题。为了应用资产配置优化算法，必须评估投资者的风险偏好和风险承受能力。通过分析一个人的银行报表，可以准确地描述他的消费模式和对储蓄或借贷的态度，从而为他的风险厌恶提供一个强有力的预测工具。

然而，我们认为保险科技应该作为 360 度个人资产负债管理系统的核心，而不是一个集处理存款信贷、投资、簿记、投资和保险的并行功能模块。当我们考虑一个人或一个家庭遇到的最重要的需求和保障时，我们将医疗服务、退休储蓄、意外死亡保护、主要居民损害保护和许多不可预见的事件视为真正改变生活的意外事件。保险公司已经收集了最敏感的数据，如健康状况、退休需求、人寿保险、财产价值等。保险科技公司利用嵌入的传统精算模型来评估偶然事件的概率，并进行大数据预测分析，以更清晰地描绘出个人不可预见的事件风险，并为保险责任范围提供更好的成本和效益分析。此外还可以在信用评级、年金合同的年金支付预测、疾病和残疾的风险覆盖、死亡率保险成本、预期机动车保险费以及代理人的佣金结构等方面获得重要的见解。这些建议使保险产品更透明、更容易理解，并可以创建一个新的个人资产负债体系，将金融服务的需求方与供给方联系起来。

可以开发一种云自动定价和承保方案来提供直通处理。由此，真正为个人或家庭定制保险方案将成为现实，因为精算定价所需的参数会直接从投保人上传至保险公司，几乎是瞬间承保和发行。保险责任通过个人财富的确定性在优化个人或家庭效用功能方面起到至关重要的作用。我们预测，一个综合的个人资产负债平台可以通过降低客户的抵押贷款利率、汽车贷款利率和信用卡利率来有效降低负债现金流，同时增强投资方面的风险偏好。

我们正在致力于打造以保险科技为中心的下一代综合个人理财平台。该架构具有完整的资产负债分析能力，主要功能模块包括支持财富技术的投资模块、支持借贷技术的存款借贷模块、簿记模块和社交网络模块。我们通过这些模块来与金融咨询提供方建立联系。欢迎使用个人资产负债管理系统！

保险中的社交媒体

埃里克·亚伯拉罕森

Digital Fineprint（DFP）创始人及首席执行官

社交媒体几乎在世界上每一个人的生活中都占有一席之地。截至 2017 年 4 月，Facebook 的活跃用户已经达到 19.7 亿。截至 2017 年 6 月，全球人口为 75 亿，这意味着全球四分之一的人口都在使用社交媒体。正因为如此，人们本以为保险公司早就开始使用这种无所不在的技术了，但是将社会媒体应用于保险是非常困难的，因为要理解社交媒体对技术、法律和道德领域的分析，需要专家来进行指导。在这一节中，我将说明这些主要的挑战，以及我们该如何面对这些挑战。我还会举一些保险公司正确或错误应对这些挑战的例子，并提出保险行业未来面临的两种备选方案。准备好了吗？让我们开始吧。

我们可以从一个事实开始：社交媒体几乎在其他所有行业都普遍存在。我们用 Facebook 登录 Spotify 账户之后就能够收到音乐推荐。我们可以直接从 WhatsApp 或者微信账号上订购鲜花和杂货。甚至银行也意识到了社交媒体数据分析所蕴藏的巨大机遇，它们将其应用于营销，并帮助用户更顺利地通过业务流程。2010 年左右诞生的金融科技加速了社会服务向金融服务的发展，而我们现在开始在保险行业身上看到了同样的苗头。

当我们在伦敦创办 Digital Fineprint 保险科技公司时，我们发现在保险行业中使用社交媒体面临三个关键挑战，它们都来源于保险的特殊性。对于任何想要进入这个领域的行业参与者来说，理解这三个挑战中的每一个都是非常重要的，因此让我们逐一来了解它们。

首先，保险公司需要说服客户分享他们的社交媒体资料（通常通过点击“链接领英”或“登录 Facebook”）。如果没有明确的客户受益点，客户就不太可能这样去做，那么保险公司也将没有足够的数据来进行分析。

其次，平台本身需要了解和认可保险公司使用这些敏感数据的方式。在瞬息万变的法律环境中，微信、Twitter、领英和 Facebook 等平台都在更新自己的隐私政策，只有行动最快的科技公司才能跟上这些变化，并一直保持领先。面对这种非常动态的数据环境时，传统保险公司缺乏相应的技术能力以及专业知识。

最后，即使用户和平台同意与保险公司共享数据，从大量非结构化数据中提取有效信息也存在一个具有挑战性的技术难题。预测保险需求、为保险代理人提供建议，以及从社交媒体数据计算风险分类都极其困难，这就是为什么即便是与银行有合作的社交媒体分析公司，也尚未转向保险领域（截至撰写本文时）。似乎只有把全部精力集中在保险和社交媒体数据上，这个技术挑战才能被克服。

2016年11月，Admiral推出了FirstCarQuote，目标客户是新手司机或者车主，Admiral 计划使用用户 Facebook 个人资料中的数据来设定车险的价格。这取决于他们“喜欢”哪些帖子，以及他们在网上的讲话方式，例如，他们是否会用言简意赅的句子，以及他们是否使用列表。Admiral 最终失败了，但是留下了三个被证实的问题：首先，客户认为与 Admiral 共享敏感 Facebook 数据没有任何好处，而保险公司也没有很全面地向用户传达这些好处；其次，Facebook 的开发者协议没有得到遵守，这导致在 FirstCarQuote 推出的同一天访问就被拒绝了；最后，来自若干来源的媒体报道指出，Admiral 在技术上不具备分析有关数据的能力，因此无法运用它们所收集的任何数据。结果，FirstCarQuote 经历了一次失败的公关，Admiral 被迫在产品发布前不到两个小时将其撤下。现在，越来越多的保险公司开始从外部供应商那里获得帮助，而不是建立内部解决方案来使用敏感的社交媒体数据。

保险公司在适应社会媒体革命方面进展缓慢，尽管它们在这些方面有所尝试，这也许并不会让你感到惊讶。2014 年，安盛宣布与 Facebook 建立战略合作伙伴关系，业内观察人士和业内人士都认为这是一项卓越的创新举措。但近三年来，实际上发生了什么？用户能在 Facebook 上购买保险吗？社交媒体是否被用来增加承保量？令人惊讶的是，保险公司所投入的大量资源并没有在保险中使用社交媒体这一利基领域带来有意义的创新。我认为，这是因为存在三个关键的挑战，而这些挑战尚需由现有的保险公司去克服。因此，我们现在看到了保险行业社交媒体分析这一利基领域的初创企业的重大创新和发展。Common Easy 就是其中一个例子，它让用户能够在他们的社交网络上创建一个“安全网”；Friendsurance 是一家将社交网络与知名保险公司相结合的 P2P 在线保险公司；Inspool 则利用社交网络让司机与家人、朋友进行联结，以让他们组建自己的保险群组。

那么，这一切对保险的未来意味着什么呢？我大胆地为这个行业的未来提出两种不同的设想，并将保险公司应对社交媒体增长的两种方式进行了对比。我们把它们称为“天巡网场景”和“奈飞场景”。简而言之，我认为现有的保险公司要么会像 2005 年左右的旅游公司那样，要么会像 2010 年后的奈飞公司那样。最初，当旅游业在线销售开始在比较网站、直面消费者的平台上出现时，整个行业都对它们置若罔闻，让这些有创意的参与者抢占了整个在线市场。后来，价格成了它们之间的关键差别，突然之间比价网站成了订票的关键场所，尤其是机票。

在这方面，该行业错失了一个利用社交媒体数据提供旅游推荐、建立信任关系，并为客户创造巨大价值的绝佳机会。直到现在，十来年过去了，旅游业才开始使用 Instagram 来释放信息。不幸的是，如今的保险业也走上了同样的轨道，越来越多的比较网站导致了个人保险业务的商品化。

相反，当奈飞公司开始看到其 DVD 租赁业务因为在线流媒体的发展而萎缩时，它们意识到，通过获取最宝贵的资源，也就是数据库，可以彻底扭转它们的命运。因此，它们将客户数据库与积极的社交媒体营销、个人推荐以及大量的分析应用相结合。然后，它最终成了在线流媒体领域的领军企业，如今的利润率远远超过了当年依赖 DVD 租赁业务的时候。保险公司现在拥有完全相同的机会，它们所需要做的就是利用社交媒体分析领域正在进行的创新工作。通过将客户意见与以广告为目标的社交媒体相结合，或者将风险分数与在线个人资料联系起来，那么一个全新的机会世界就会出现。

社交媒体在保险行业的应用是不可避免的。这些数据的价值太大，保险公司不能不使用它们。作为一个行业，我们必须就如何使用（而不是是否使用）这些数据来使客户受益达成一致。通过克服前面提到的挑战，我们可以向一家基于社交媒体的保险公司迈出第一步。

要想展望未来，我们可以先向东方看。许多行业观察人士发现，自 2013 年创立到 2015 年底，中国的众安科技保险公司从一无所有发展为一个能够为 3.69 亿客户提供 200 种不同的保险产品，承保了 36 亿份保单的大公司。这绝对是一个震惊了整个行业的发展之旅。观察人士想知道，是什么让它能够如此迅速地成长，并且已经实现盈利。我认为，到目前为止所讨论的一切在众安公司身上都有所体现，因为它们成功地解决了所有问题，并且克服了三个挑战。它们采取了“奈飞”的创新方式，为世界其他地区提供比其他任何科技保险公司都要多的经验。中国现有的保险公司对如此巨大的成长也感到震惊和敬畏，它们现在正在努力复制众安保险公司为取得成功所采取的步骤。

那么，为了实现这一切，众安公司采取了什么不同的做法呢？它们将整个保险业务与中国最大的社交媒体平台微信整合在了一起。

保险科技与“资产价值对冲技术”的前景

吉拉德·沙伊
LA 保险科技公司创始人

保险科技是什么？对于科技创业者来说，这是一个令人生畏而又老生常谈的问题。你的公司到底在做什么？只有涉及保险行业时，这个问题才会变得更加难以回答，因为保险行业通常被视为一个发展缓慢、缺乏创新的老旧行业。然而，我们可以确定地说，保险科技是一种“资产价值对冲技术”。如今，保险科技为保险行业带来的进步，就像爱彼迎和优步为住房和交通运输行业带来的进步一样。尽管对冲风险和价值恢复仍然是非常关键的保险基础，但在保险价值链中，保险科技让公司或产品通过利用科技创造价值。

保险价值链

客户与保险公司的关系有三个（有时候是四个）阶段：保单购买、保费支付、索赔归档和收回。保险公司在客户的视野之外，进行着许多的流程和操作，以维护这种关系并且保持利润增长。第一阶段的关系通常包括曝光、教育、发现、决策、资格、批准和购买；第二阶段需要与客户进行交互，以收取保费、加深彼此关系以及进行交叉销售；在第三个阶段也就是最后一个阶段，即如果出险，被保险人可以通过代理人、公司客服或者本人在线提交索赔申请，然后由公司对索赔申请进行受理、审查骗保、调整、批准，并支付赔偿金以弥补客户损失。这些机会可以通过特别技术附加或者最新技术动向的智能开发来抓住。

科技发展趋势

五大关键科技发展趋势正在塑造保险行业（以及其他行业）：

1. 大数据与建模；
2. 自动化；
3. 连接和移动性；
4. IT 基础设施；
5. 远程信息处理技术和物联网（以及无人机）。

这些趋势是保险公司在客户参与、营销分销、洞察力、生产力和风险等战略层面进行创新的基础。目前，保险公司主要在市场营销和分销维度上相互竞争，目标是通过客户参与来增加市场份额或者追加销售。这种方法很简单，一旦成功，就会带来业绩增长。这样就足够了吗？保险公司是否应该在其业务范围内进行更多的技术创新呢？

如果保险公司这样做，就可以将已有技术融入它们的系统和流程，从而摘到那些唾手可得的果实。例如，它们可以利用大数据，让商业承销商能够更准确地评估风险；它们可以让理赔人员使用无人机来拍摄照片辅助理赔；或者让实体店能够自动对索赔进行投标，让代理商可以通过移动设备来管理它们的业务。然而如此一来，从长远来看，这个行业的格局将会改变。现有保险公司需要做出决定，是像过去那样积极地决定这种变化的方向，还是被迫被动地去适应这种变化。

保险科技的机会

历史上，强大的品牌、分销渠道和供应商管理一直都是保险公司的竞争优势。最近，保险公司、经纪公司和代理机构已经认识到了技术的进步和现代客户体验下的按需、移动以及定制保险的新需求。然而，它们不是科技公司，而科技也不是它们 DNA 中的一部分。更糟糕的是，过去它们将 IT 视为成本，并且把大部分业务和技术外包出去，使得自己严重依赖离岸服务提供商。这种保守的文化让保险公司变得很脆弱，而且也没有技术竞争优势。现在，由于竞争正在向技术领域转移，而保险公司没有相配套的硬件、思维模式以及专业技能，因此，企业家就有机会去创建保险科技初创公司，原因如下：

1. 服务商；
2. 赋能者；
3. 新型的保险公司。

这三个类别中的每一个都可以用以下一个或多个属性进行分类：策略聚合器、保障比较引擎、平台即服务（PaaS）、数据聚合器、数据建模、物联网、客户参与、风险管理、生产力工具、办公室管理、数字保险公司、数字经纪人和数字代理。服务商主要提供或开发面向客户的应用程序，以简化保单的搜索。在

2015 年保险科技初创公司激增之前，它们就开始为客户提供服务，保单价格比较引擎就是一个例子。大多数服务商都是通过设置会员或者收取经纪费用来盈利的，它们已经成为数字时代客户获取流量的主要来源。赋能者是那些开发技术以帮助保险公司提供新业务线（LoB）或者改进运营模式的公司。最重要的是，它们本身不会提供保险，它们与其他公司合作。无论是现有公司还是新进入的公司，这些公司的存在是由赋能者的技术实现的。例如，一些赋能者让保险公司能够提供基于使用的保险（UBI），而其他赋能者能够收集数据并协助保险公司进行骗保检测。

赋能型企业家在保险价值链中拥有最大的机会池。需要注意的是，只有那些能够忍受长期采购过程的初创公司，才能享受这些机会。

最后是新的保险公司。它们提供保障，并且提供新的业务线或者你很熟悉的但具有更好的用户体验和更便宜的可变更基础框架的保险产品。移动端先行的财产保险公司要想威胁现有保险公司的市场份额，还需要几年的时间。但在短期内，它们很可能成为该行业的领头羊，为客户参与、索赔处理和新型保险产品提供概念证明。

保险科技初创公司的主要投资者是再保险公司和保险公司的风投部门的天使投资者。保险科技企业家、风投和天使投资人将拥有几种可能的获得投资回报的退出方式。它们可能会让一家公司上市，然后把它卖掉，或者把它发展到相当大的规模。再保险人和保险公司的风投部门背后的动机类似于风投的投资回报目标（ROI），通常它们的投资组合服务于唯一的有限合伙人，这也是再保险公司的战略需要。人们的预期是，投资组合初创公司将有一个具有指导意义的机会被某一细分市场收购，或者被某一技术堆栈收购。在规划保险科技初创公司的长期目标和可能退出时，重要的是要考虑核心系统（例如保单系统）和辅助系统（例如 AI 驱动的保险代理聊天机器人）带来的不同机遇和挑战。此外，外围产品依赖于这样一种假设，即保险公司可以将新产品与其遗留系统整合在一起。在许多情况下，尽管认识到这一点并做出改变可能是许多公司面临的一大文化障碍，但替换旧的核心系统可能比只是改良要更加容易。那么，保险公司会消失吗？答案是它们非但不会消失，而且还会变得更好。

作为“资产价值对冲技术”的保险

保险是一种重要的金融工具。它是一个经济推动器，让人们可以对冲掉他们不想要的风险，在他们想要的风险上下更大的赌注。当我们回过头来看财产险的演变时，会发现保险可以促进人员的流动和货物的运输，它守护着贸易、探索和发现，它也对冲了房屋、商业建筑和基础设施建设的风险。换句话说，它赋予个人和企业权力。创新理念可以从其他行业以及商业模式中借鉴。

软件即服务（SaaS）改变了企业获取和使用软件的方式。它的下一步演进——平台即服务（PaaS），重新塑造了企业开发软件的方式。PaaS 降低了进入成本，降低了运营成本，转移了维护责任，具有可调整性并且是可按需获得的。与 PaaS 促使公司开发和交付更好的产品一样，保险即服务（IaaS）也能够促使保险公司开发新产品。

IaaS 将推动“资产价值对冲技术”的发展

当将 SaaS 的一般概念应用于保险行业时，我们可以将各种保险流程转换为服务，包括承保、索赔，甚至整个保险流程本身。让这些流程以一种简单的方式普遍化，这些服务可能会减少新公司和更具创造性的公司的进入壁垒，从而刺激行业创新。

理想情况下，一家公司将能够识别用户对保险或风险对冲的需求，并在短时间内提供一种新的保险产品。例如，保险公司注意到新婚夫妇希望对冲蜜月被坏天气破坏的风险。一家灵活的初创公司可能能够通过集成 IaaS 和 SaaS 组件的无服务器技术栈快速进入市场。

IaaS 并不局限于第一批迁移者

那些将自己定义为快速追随者的公司应该利用 IaaS，并将保险科技作为 SWOT 分析中的优势和机会象限因素，而不是劣势和威胁象限的因素。保险科技有可能从根本上弥补保险业在创新方面的不足。大型保险公司和保险科技初创公司之间的合作将对双方都有利。前者将带来客户和品牌，后者将带来创新的能量和崭新的思路、文化。

保险 2029：生活备份的同伴

乔治·凯塞尔曼
亚洲保险科技协会主席兼创始人

如果你能明确今天问题发生的可能性，包括生病、出意外、家里发生不好的事，那你会怎么做？想象一下，当你挥手告别尼古拉（你的 AI 伙伴）时，他正在告诉你一些需要特别注意的事情，以及你订制的晨间简报。可以确定的是，尽管这些风险令人烦恼，但如果它们真的发生了，也不会是世界末日，你将得到绝对最好的医疗服务，任何资产都将被迅速、无缝地进行替换。你告诉你的 AI 伙伴："不要再这样担心了，尼古拉！"作为回应，你听到耳边传来尼古拉轻轻的笑声："乔治，我就是来替你担心的，这样你就不用担心了。"这就是保险的未来世界，在不远的将来，它将完全融入我们的日常生活，甚至消失在我们的生活背景中。那时，我们将不会把订阅苹果云端视作收集我们的手机和电脑里的数据的保险，同样我们也会停止将保险视为产品，而只是将其作为日常备份来进行关联，这将影响我们的每月保险账单。

欢迎来到未来，我们每个人以及周围环境数据的激增，再加上机器学习对这些数据的深刻理解，意味着这个世界将变得更加可以预测。正如我们所说的，人类文明在理解遗传编码方面正在迅速进步，这可能会增加我们对某些疾病的易感性。这种理解，再加上来自物联网、可穿戴设备和我们日常生活中事物的大数据，意味着准确的风险概率。这并不像听起来那么牵强。很多公司已经开始使用数据来预测某些事件，比如个人心脏病发作几小时前的风险以及老年人发病几周前的发病率。

当面对未来的可能性时，大多数人首先想到的问题是，人们是否会愿意分享这些私人数据。这很可能会成为一种社会规范，就像人们习惯了谷歌公司可以扫描电子邮件和网络搜索，而 Facebook 可以控制社交媒体一样。十年前还被视为禁忌的东西，现在已经变成了人们习惯的东西。数据监控不仅将采取实时监控和风险管理的形式，而且将成为必不可少的日常伴侣。这听起来确实是一个很有吸引力的未来，而且可以让保险重新发挥其作为社会安全网的作用。

让我们后退一步，看看保险现在到了哪里，以及它将如何走向未来。

回到过去：回到现实

想象那个街道上油灯朦胧闪烁的时代。即便你有幸在屋外拥有这样一件装置，在大部分时间里，你也不会因此感到过度的快乐，这是情有可原的。虽然油灯有重要的用途，但它很难保养，而且石油在储存和运输过程中容易起火。此外，除了需要定期清洁，还得有人每天来点亮以及熄灭它。当时，制造商们不断推出更好、更安全的油灯，但是这些“好处”带来了更高的总体拥有成本。油灯制造商很难意识到社会需要的是“光的公用事业”，而不是更好的油灯。因此，大多数人如今认为理所当然的电力和电力照明，其变革并不是电灯制造商促成的。保险的故事和从油灯到电力的转变没有什么区别。它们之间有很多相似之处，尤其在公用事业的道路上，保险行业会如何演变，将给我们提供有用的参考，明白这个故事是一个重大的转变。

公用事业的力量

多年来，保险已经演变成一种“复杂的油灯装置”。要解决当前风险转移模型固有的结构限制是十分复杂的。

保险的唯一出路是成为一种公用事业，就像水电一样。作为一个消费者，你想要保险的理由与你想要电力的理由完全相同，即为了获得更大的快乐、安全保障和生产力。就像电力一样，保险是社会需求的核心。此外，电力从最初的照明用途扩展到为从互联网到交通运输的一切事物提供电力，与电力类似，一旦保险成为一种公用事业，保险就有机会在更大范围内积极地影响我们的社会（见表9–1）。

表 9–1　保险与油灯的类比

	油灯	现代的保险（油灯时代）	未来的保险（公用事业）
销售	挨家挨户	挨家挨户	随需 / 即时启用，并选择少数公用事业合作伙伴
服务	人工定时清洗	大部分是人工	完全自动化

续前表

	油灯	现代的保险（油灯时代）	未来的保险（公用事业）
使用	点火、加油、手动照明、日常开关。光线有限，又脏又臭	高度依赖人工索赔处理，需要很长时间来启动和解决。结算与预期之间的落差很大	无缝的住宿、结算、事故预防系统
道德风险	有人会在运输和运营过程中偷油	至少 10% 的索赔是骗保行为	一体化系统、无漏洞、无骗保
价格价值比	高价格、低价值	高价格、低价值	价格价值高度匹配

长期以来，保险业一直试图逐步解决自身的问题。尽管倾注了大量的投资和资源，但保险业在过去 20 年里只实现了小幅增长。这其中既有具有挑战性的制约因素，又有实力强大的游说团体，是它们让这个行业无法进步的。

未来之旅

随着我们从“油灯”保险发展到保险作为一种公用事业，未来保险科技产业转型大致将经历以下三个主要阶段：

1. 优化；
2. 产品设计；
3. 公共事业型保险。

这一转型将在未来 10 年里发生，并将在保险行业历史上出现大量行业裁员和跨价值链的、价值再分配的组合。在我们讨论价值再分配时，务必牢记当前的“价值堆栈”，因为它将为我们提供一个很好的参考点，以便了解事情可能如何进展。

保险值栈：快速刷新

保险价值堆栈（如表 9–2 所示）是客户保险费在保险费用的广泛领域中的平均分配。这已经在许多行业利益相关者中得到验证，并且在一般保险、人寿保险和商业保险的主要产品线中表现得相当一致。

表 9–2　保险价值堆栈

内容	销售	核心风险	后勤部门	再保险	骗保
价值	20%	55%	12% ~ 22%	5%	5%
原因	寻找客户	实际损失（索赔）	营业费用	保险公司的保险	夸大及骗保损失
对象	代理人、经纪人、银行	客户	保险人	再保险人	罪犯

第一阶段：优化

第一阶段的重点是通过应用数字解决方案，向保险公司介绍运营和分销效率。主要候选方案包括简单风险的自动承保、自助保单更改、即时索赔处理、复杂的骗保检测、社会营销和 80% 后台任务的流程自动化等容易实现的成果。虽然技术的应用降低了销售、风险评估（承保）、保单服务和索赔的成本，但发布的收益不会在整个价值链中平均分配。预计分销合作伙伴将保留价值中不成比例的份额，而客户可能会通过折扣和扩大覆盖面等形式获得适度的价值增长。价值的提升逐步与服务、销售体验的提升相结合，鼓励消费者购买更多的保险。尽管如此，可调整性仍然面临挑战，因为客户在试图理解现成的保险产品及其固有的技术复杂性时可能会遇到困难。

第二阶段：产品重新设计——更精确地反映风险和需求

下一阶段将集中于保险产品的数字化。传统产品将通过重新设计予以简化。产品的粒状特性，包括尺寸（金额保证）和期限，意味着它们可以根据客户的实际风险状况进行定制包装。这将为保险的大规模定制铺平道路。基于对客户独特风险的理解，技术将允许我们创建一个能够精确满足客户需求的包。想想那些在旅途中仅需要为乘客投保的优步司机。现在，爱彼迎的房东只需将自己的一间房子每月租出去一个晚上就足够支付房子的保费了。以前不可保的风险将被理解和承保（如食物中毒、流行病、已有的医疗条件和交通延误）。作为一个利基和数字渠道，将是分销这些产品的唯一途径。

在这个阶段，价值再分配将会加速，客户将会看到 25% 的显著增长，这与更简单的、大规模定制的产品一起，帮助保险公司重新赢得消费者的信任。反过来也将推动保险进入指数增长阶段。

第三阶段：保险作为一种实用工具——欢迎来到未来

未来 10 年，随着保险产品和业务的深刻变革，保险将开始变得像一种公用事业。在供给侧有风险资本，在需求侧有客户对风险资本的消费。与预先购买保险不同，保险将进入实时消费领域，从而适当降低风险。客户将根据使用情况而支付费用，并获得精准的保护。例如，如果你周四参加了一项高风险运动，并选择在下周五晚上去吃不健康食物，你可能会发现这段时间内你的保费也会随之飙升。在最后一个阶段，价值进行再分配，生态系统通过这三个阶段达到平衡，客户获得 60% 以上的额外价值。保险公司和再保险公司之间的界限可能会模糊到无法区分的程度。在这一点上，保险可以像病毒一样迅速传播，并迅速成为你的生活备份的同伴，帮助你识别和避免风险，或迅速修复任何出错的地方。表 9–3 显示了新的保险值堆栈。

表 9–3　新的保险价值堆栈

时间 / 价值	核心风险（消费者）	销售（分销）	后勤部门（保险人）	再保险（再保险人）	骗保
现阶段	55%	20%	15%	5%	5%
第一阶段：2020 年	60%	18%	10%	5%	2%
第二阶段：2025 年	75%	13%	5%	4%	1%
第三阶段：2030 年	90%	4%	6%		~ 0%

The INSURTECH Book:The Insurance Technology Handbook for Investors, Entrepreneurs and FinTech Visionaries by Sabine L.B.Vanderlinden, Shân M.Millie,Nicole Anderson,Susanne Chishti.

ISBN: 978-1119362210.

北京阅想时代文化发展有限责任公司为中国人民大学出版社有限公司下属的商业新知事业部，致力于经管类优秀出版物（外版书为主）的策划及出版，主要涉及经济管理、金融、投资理财、心理学、成功励志、生活等出版领域，下设“阅想·商业”“阅想·财富”“阅想·新知”“阅想·心理”“阅想·生活”以及“阅想·人文”等多条产品线，致力于为国内商业人士提供涵盖先进、前沿的管理理念和思想的专业类图书和趋势类图书，同时也为满足商业人士的内心诉求，打造一系列提倡心理和生活健康的心理学图书和生活管理类图书。

《Fintech：全球金融科技权威指南》

- 全球第一本通过众包形式完成的金融科技类图书。
- 科技正在颠覆与重塑金融行业，FinTech 无疑将成为互联网商业的下一个风口。
- 汇集全球 86 位金融科技前沿实践者的前沿洞见与实战经验之大成，全面透视金融技术风暴、深刻解析金融科技行业颠覆、创新与机遇的专业权威著作。

《一本书读懂 FinTech》

- 一本全面梳理 FinTech 前沿趋势和相关知识的入门读本。
- 清晰了解Fintech为大众生活带来的翻天覆地的变化。

《财富科技：财富管理数字化转型权威指南》

- 世界第一部通过众包形式完成的财富科技类图书。
- 汇集全球 83 位财富管理和数字领域思想领袖和先行者的前沿洞见与实战经验，全面透视颠覆财富管理行业的核心问题、创新机遇和未来发展趋势。

《区块链冲击：改变未来产业的核心技术》

- 本书是日本区块链业界梳理区块链发展脉络和展望未来趋势的权威著作。
- 前瞻性地展望了区块链技术的未来发展趋势，为我们持续关注和研究正在急剧变化的区块链技术及其面临的环境提供了支持。

《语音界面冲击：人机交互对话的未来与应用》

- 语音技术的进步使科幻电影中人机对话的场景正在逐渐走进现实生活。
- 语音界面看似简单，但其开发却蕴含着很多我们意想不到的问题和困难，这本书将带领我们全面了解。

《聪明的期权投资者：期权交易中的价值投资策略》

- 一本系统、有效学习期权投资策略、完善投资组合、改进投资结果的实战指南书。
- 清晰而系统地指出了一条通往长期财富的路径，让投资新手可以学到期权稳赚的万能解决方案。